U0597431

财务管理与金融创新

张晓哲　张海静　陆凯　主编

中国纺织出版社

图书在版编目（CIP）数据

财务管理与金融创新 / 张晓哲，张海静，陆凯主编
. -- 北京：中国纺织出版社，2018.1
ISBN 978-7-5180-3489-5

Ⅰ.①财… Ⅱ.①张… ②张… ③陆… Ⅲ.①财务管
理—关系—金融管理—研究 Ⅳ.① F275 ② F830.2

中国版本图书馆 CIP 数据核字 (2017) 第 075343 号

策划编辑：汤　浩　　　　　　　　　　　　　　　　责任编辑：汤　浩
责任设计：林昕瑶　　　　　　　　　　　　　　　　责任印制：储志伟

中国纺织出版社出版发行
地　　　址：北京市朝阳区百子湾东里 A407 号楼　　邮政编码：100124
销售电话：010-67004422　　　传真：010-87155801
http://www.c-textilep.com
E-mail：faxing@c-textilep.com
中国纺织出版社天猫旗舰店
官方微博 http://weibo.com/2119887771
北京虎彩文化传播有限公司 各地新华书店经销
2018 年 1 月第 1 版第 1 次印刷
开　　本：787×1092　1/16　　印张：20.125
字　　数：320 千字　　定价：98.50 元

编 委 表

本书由张晓哲、张海静、陆凯担任主编，李娜担任副主编，具体分工如下：

张晓哲（中国人民银行铁岭市中心支行）负责第十二章至第十六章、第十九章内容编写，共计11万字；

张海静（后勤学院）负责第一章、第二章、第九章、第十一章、第十八章内容编写，共计9万字；

陆　凯（临沂大学商学院）负责第五章、第六章、第七章、第十章、第十七章内容编写，共计9万字；

李　娜（铜仁学院）负责第三章、第四章、第八章内容编写，共计3万字。

前　　言

　　社会主义市场经济体制的改革作为一个外在力量不断推动着我国企业在经营和管理方式的转变。这些转变不仅仅体现在企业的生产和销售上，也体现在企业投融资的方式上。然而，它们已经渡过了社会主义市场经济转变的最艰难时期，而且正在不断完善自身经营和管理决策体系。在跨越了计划经济期的融资转变之后，市场经济条件下的企业融资得到极大拓展，以股票和债券为主的融资方式在很大程度上提升了企业经营的自主性。然而，社会的科技和经济水平都处于高速增长期，企业也应当不断地适应新的市场要求，对此积极制定相应的管理体系。本书就当前我国企业构建金融投资财务管理决策体系的问题进行探讨，并对金融投资的重要性进行了分析，希望可以为企业提供相应的参考。

　　21世纪的经济发展无疑是围绕金融体系所展开的，因为其不仅作为整体经济体系的核心进行循环，而且还起着对经济发展的推动作用。然而，在国际化交流程度加深，企业间交流活动频繁的同时，企业的财务风险也逐渐增多，包括汇率波动、利率变化和物价上涨等问题，不仅改变企业的预期价值，更对企业的实际现金流入问题造成影响，不断诱发企业的财务风险，甚至国外市场毫不相关的波动也会对国内的企业产生蝴蝶效应，引发连锁性的财务风险。因此，积极制定相应的管理决策体系，对于企业有效地控制投融资所带来的决策风险具有十分重要的意义。

目 录

CONTENTS

第一章 财务管理

第一节 财务管理的概念

一、财务管理的内涵

（一）财务管理的概念

财务管理（Financial Management）是在一定的整体目标下，关于资产的购置（投资）、资本的融通（筹资）和经营中现金流量（营运资金），以及利润分配的管理。财务管理是企业管理的一个组成部分，它是根据财经法规制度，按照财务管理的原则，组织企业财务活动，处理财务关系的一项经济管理工作。简单地说，财务管理是组织企业财务活动，处理财务关系的一项经济管理工作。

（二）财务管理的特性

（1）财务管理的基本特征是价值管理。为保证企业生产经营活动的顺利进行，必须加强企业管理。企业管理包括计划、生产、技术、劳动、设备、物资、人力和财务等管理工作，具体实施时，有的侧重于使用价值管理；有的侧重于劳动组织管理；有的侧重于价值形成管理；有的侧重于资源利用管理。财务管理主要是利用价值形式，来组织、监督和调节企业的财务活动，处理企业与各方面的财务关系。价值管理构成了财务管理的核心，而财务管理构成了企业管理的核心。

（2）财务管理是一项综合性管理工作。财务管理既是企业管理的独立方面，又是综合性管理工作。以价值形式为核心的财务管理可以克服其他计量形式的不可比性，通过货币价值形式将企业的生产经营活动统一起来；同时，企业各方面生产经营活动的质量与效果都可以在资金运动中综合地反映出来，通过合理组织资金运动，还可以促进企业改善生产经营管理，提高经济效益。

（三）财务管理的职能

财务管理的职能是指其职责和功能。财务管理的基本职能是财务决策。复杂多变的市场需求和企业环境，要求企业能够针对种种不确定的经济因素，及时做出科学有效的决策。财务管理不仅要对企业涉及全局性的重大事项提出决策，制定与企业目标相一致的财务管理目标，而且须对各种具体目标做出决策。如选择什么样的筹集渠道和筹集方式，决定什么样的投资方向和投资规模，企业生产经营的各个环节如何安排资金投放，怎样组织收入，怎样确定分配方案等。因此，企业财务主管人员的主要精力，要放在财务决策上。财务决策，是企业财务管理的基本职能。

在此前提下，企业财务管理还有以下主要职能：

1. 财务决策职能

财务决策是指企业财务人员根据企业经营目标和财务管理目标的总体要求，从若干个可供选择的财务活动方案中选择最优方案的过程。财务决策程序一般包括：①确定财务决策目标；②制定可实现目标的各种方案；③评价和比较各种方案；④确定实现目标的最优方案。

2. 财务计划职能

财务计划是指财务人员对企业未来一定时期内现金流量、经营成果和财务状况所做的数量预测。包括资金需要量计划、成本和费用计划、材料采购计划、生产和销售计划、利润计划、财务收支计划等。财务计划的编制程序一般包括：①根据企业发展规划，制定财务收支的总体规划；②对需要和可能进行协调，实现综合平衡；③根据协调结果，制定可执行的具体计划。

3. 财务控制职能

财务控制是指在财务管理中，通过特定手段调节和指导企业的财务活动，以确保企业计划中财务目标的实现。财务控制的方式主要有：①防护性控制，即在财务活动发生之前，通过建立合理的组织结构、科学的职责分工和完善的规章制度，确保财务目标的实现；②前馈性控制，即采用科学的方法，对财务运行系统进行监督，预测可能出现的偏差，以便及时采取财务措施，消除偏差；③反馈性控制，即对财务活动的运行结果进行追踪、记录和计量，及时发现实际与计划之间的差异，确定差异产生的原因，并采取纠正措施消除差异，或避免以后出现类似的问题。反馈性控制在财务管理中是最常用的方法。

上述三个职能相互联系，相辅相成。在市场经济条件下，财务管理的核心是财务决策，因此财务决策是财务管理最基本的职能，财务计划是财务决策的具体化，也是财务控制的依据，而财务控制则是实现财务计划的保证。

二、财务管理的内容

财务管理的主要内容包括投资决策、筹资决策、股利分配决策三个方面。

（一）投资决策

它是以收回现金并取得收益为目的而发生的现金流出。企业的投资决策，按不同的标准可以分为：

1. 项目投资和证券投资

项目投资是把资金直接投放于生产经营性资产，以便获取营业利润的投资。

证券投资是把资金投放于金融性资产，以便获取股利或者利息收入的投资。

2. 长期投资和短期投资

长期投资是影响所及超过一年的投资。长期投资又称资本性投资。用于股票和债券的长期投资，在必要时可以出售变现，而较难以改变的是生产经营性的固定资产投资。长期投资有时专指固定资产投资。

短期投资是影响所及不超过一年的投资，短期投资又称为流动资产投资或营运资产投资。

（二）筹资决策

筹资一般是指筹集资金。筹资决策要解决的问题是如何取得企业所需要的资金，包括向谁、在什么时候、筹集多少资金。可供企业选择的资金来源有许多，我国习惯上称为"资金渠道"。按不同的标准可以分为：

1. 权益资金和借入资金

权益资金是企业股东提供的资金。它不需要归还，筹资的风险小，但其期望的报酬率高。

借入资金是债权人提供的资金。它要按期归还，有一定的风险，但其要求的报酬率比权益资金低。

2. 长期资金和短期资金

长期资金是企业可长期使用的资金，一般包括长期负债和权益资金。

短期资金一般是指在一年内要归还的短期借款。也就是说，短期资金的筹集应主要解决临时的资金需要。

（三）股利分配决策

股利分配决策是指在公司赚得的利润中，有多少作为股利发放给股东，有多少留在公司作为再投资的决策。

主要公式：利率＝纯粹利率＋通货膨胀补偿率＋风险收益率

第二节　财务管理的目标

一、财务管理的目标

财务管理的目标是指财务管理所要达到的最终目的。财务管理是企业管理的重要组成部分，其目标应该与企业的总体目标一致。财务管理的目标决定着财务活动是否合理，也决定着财务管理的基本内容和方法。根据现代企业管理的理论和实践，财务管理的目标分为总体目标和具体目标。

（一）财务管理的总体目标

财务管理的总体目标是企业财务活动的最终目标。目前理论界提出的财务管理的总体目标主要有以下几种：

1. 利润最大化

传统的财务管理都把追求利润最大化作为自己的最终目标。利润最大化通常也被作为公司的目标。企业是以营利为目的的经济组织，因此，将财务管理的目标确定为实现企业利润最大化是与企业追求的最终目标一致的。

优点：

（1）简明实用，符合传统观念对利润指标的理解。

（2）便于理解，计算方便。

（3）有利于企业加强管理，增加利润。

缺点：

（1）没有考虑资金的时间价值。

（2）没有考虑风险因素。

（3）片面追求利润最大化可能导致企业短期行为。

2.资本利润率最大化或每股利润最大化

资本利润率是企业在一定时期的税后利润与投资者投入资本额的比率，克服了利润最大化目标的不足。

首先，该目标将企业在一定时期实现的利润与投资者投入的资金联系起来，反映出投入与产出之间的关系，较全面地说明了企业经济效益水平的高低。其次，有利于不同规模，或同一企业不同时期盈利水平的比较。最后，通过资本利润率或每股利润指标的分析，能反映企业未来的发展前景，确定企业的投资方向和规模。

同利润最大化目标一样，资本利润率最大化或每股利润最大化目标也未考虑资金的时间价值和风险。

3.企业价值最大化

企业价值最大化即是股东财富最大化，就是指企业值多少钱。在商品经济条件下，企业可以作为一种商品进行买卖。如果企业作为一个整体，就可以通过市场评价来确定企业的买卖价格或价值。作为投资者，将资金投入企业，一方面希望受托的经营者通过生产经营活动和资金运作，来赚取更多的利润，同时也要求企业的经营者使自己所拥有的资产能够保值并增值，使企业的价值最大化。如果一个企业的利润在不断增加，而所拥有的资产却在贬值，对投资者来说，等于是舍本求末。因此，一个有发展潜力的企业，在追求利润最大化的同时，还要努力使企业的资产增值。只有资产增加了，生产规模扩大了，企业价值提高了，企业才能创造更多的财富，才有抵御经营风险和财务风险的能力，才能促使企业注重长远利益，在财务决策中，才能维护股东的利益，保障企业长期稳定发展。

企业价值最大化作为财务管理的目标具有以下优点：

（1）企业价值最大化目标考虑了货币时间价值因素和风险因素，企业的利润越多，发展潜力越大，企业的价值也就越高。

（2）避免企业的短期行为。企业价值最大化不仅要注重企业现在的利润，而且要考虑企业未来的发展对企业价值的影响。

4. 相关利益者价值最大化

这种观点认为，企业的本质是利益相关者的契约集合体，利益相关者是所有在公司真正拥有某种形式的投资并且处于风险之中的人，企业利益相关者包括股东、经营者、员工、债权人、顾客、供应商、竞争者以及国家。由于契约的不完备性，利益相关者共同拥有企业的剩余索取权和剩余控制权，进而共同拥有企业的所有权。对所有权的拥有是利益相关者参与公司治理的基础，也是利益相关者权益得到应有保护的理论依据。

在利益相关者框架下，企业是一个多边契约的结合体，它不仅仅由单纯的股东或单一的利益相关者构成，而且是由所有的利益相关者通过契约关系组成。也就是说，企业是使许多冲突目标在合约关系中实现均衡的结合点。对众多利益相关者专用性资源进行组合，其目的是获取单个组织生产所无法达到的合作盈余和组织租金。各产权主体在合作过程中，由于向企业提供了专用性资源并承担着企业的经营风险，因此都有权获得相对独立于其他利益相关者的自身利益。

5. 社会价值最大化

由于企业的主体是多元的，因而涉及社会方方面面的利益关系。为此，企业目标的实现，不能仅仅从企业本身来考察，还必须从企业所从属的更大社会系统来进行规范。企业要在激烈的竞争环境中生存，必须与其周围的环境取得和谐，这包括与政府的关系、与员工的关系以及与社区的关系等，企业必须承担一定的社会责任，包括解决社会就业、讲求诚信、保护消费者、支持公益事业、保护环境和搞好社区建设等。社会价值最大化就是要求企业在追求企业价值最大化的同时，实现预期利益相关者的协调发展，形成企业的社会责任和经济效益间的良性循环。

社会价值最大化是现代企业追求的基本目标，这一目标兼容了时间性、风险性和可持续发展等重要因素，体现了经济效益和社会效益的统一。

（二）财务管理的具体目标

财务管理的具体目标是为实现财务管理的总体目标而确定的各阶段的奋斗目标。只有做好了各阶段、各环节的财务工作，企业才能完成财务管理的总体目标。

按照资金运动的顺序分，财务管理可分为筹资管理、投资管理和分配管理三部分，各部分的财务管理工作都有其特色和内容，相应的各阶段财务管理工作追求的目标也不同。

（1）筹资管理的目标。筹资活动是企业财务活动的基础，也是企业资金运动和从事其他财务活动的前提条件。筹资活动目标是以最少的资金成本和较小的筹资风险，获得同样多或较多的资金。

（2）投资管理的目标。投资过程就是使用资金的过程，包括对外投资和对内投资。对外投资如购买债券、股票等；对内投资如购买材料、固定资产、支付工资等资金使用活动。投资管理的目标是以最少的投资额与最小的投资风险，获取最大的投资收益。

（3）分配管理的目标。分配就是对获取的收益进行分配。包括分配股东的股利、提取公积金等。分配管理的目标是合理确定利润的留存和分配比例及分配方式，提高企业的潜在收益能力。

二、财务管理的任务

要实现财务管理的目标，财务管理工作必须要完成以下主要任务：

（1）合理筹集资金，满足生产经营对资金的需要。

（2）正确选择投资方案，提高资金的投资效率。

（3）加强资金的日常管理，提高资金使用效率。

（4）加强财务监督，维护财经纪律。

三、财务管理目标的协调

尽管企业价值最大化是企业合理的理财目标，但财务活动所涉及的不同利益主体之间在对待利益的问题上仍然存在矛盾和冲突，如何进行协调也是财务管理必须解决的问题。

（一）所有者和经营者的矛盾与协调

企业价值最大化直接反映了企业所有者的利益，与企业经营者没有直接的利益关系。对所有者来讲，其所放弃的利益也就是经营者所得到的利益。在西方，这种被放弃的利益也被称为所有者支付给经营者的享受成本。对所有者和股东来说，问题的关键不是享受成本的多少，而是在增加享受成本的同时，是否更多地提高了企业的价值。因而，经营者与所有者的主要矛盾就是经营者希望在创造企业价值和股东财富的同时，能得到更多的享受成本；而所有者和股东则希望以较小的享受成本支出带来更多的企业价值和股东财富。为了解决这一矛盾，应采取让经营者的报酬与绩效相联系的办法，并辅之以一定的监督措施。

（二）所有者和债权人的矛盾与协调

所有者的财务目标可能与债权人期望实现的目标发生矛盾。首先，所有者可能要求经营者改变举债资金的原定用途，将其用于风险更高的项目，这会增大偿债的风险，债权人的负债价值也必然会降低。若高风险的项目一旦成功，额外的利润就会被所有者独享；若失败，债权人却要与所有者共同负担由此而造成的损失，这对债权人来说风险与收益是不对称的。其次，所有者可能未征得现有债权人同意，而要求经营者发行新债券或举借新债，致使旧债券或老债券的价值降低。

为协调所有者与债权人的上述矛盾，通常可采用以下方式：第一，限制性借债，即在借款合同中加入某些限制件条款，如规定借款的用途、借款的担保条款和借款的信用条件等。第二，收回借款或停止借款，即当债权人发现公司有侵蚀其债权价值的意图时，采取收回债权或不再给予公司增加放款的措施，从而保护自身的权益。

（三）企业和社会的矛盾与协调

企业理财目标与社会目标在很大程度上是趋于一致的，但它们之间也是有矛盾的，因为企业理财目标主要是经济利益性的，而社会目标主要是社会公益性的，企业在追求经济利益时，很可能会忽视社会利益，如伪劣产品问题、职工权益保障问题、环境污染问题等都是其具体表现。

企业与社会矛盾的协调，需要从法律约束、道德约束、舆论监督与行政监督等多层面、全方位来要求企业维护社会利益，履行社会责任。

第三节　财务管理的环境

　　财务管理环境，或称理财环境，是指对企业财务活动和财务管理产生影响作用的企业内外各种条件的统称。环境构成了企业财务活动的客观条件。企业财务活动是在一定的环境下进行的，必然受到环境的影响。企业资金的取得、运用和收益的分配均会受到环境的影响，资金的配置和利用效率会受到环境的影响，企业成本的高低、利润的多少、资本需求量的大小也会受到环境的影响，企业的兼并、破产、重整与环境的变化仍然有着千丝万缕的联系。所以，财务管理要获得成功，必须深刻认识和认真研究自己所面临的各种环境。

　　环境是个相对的概念，它是相对于主体而言的客体。任何事物都是在一定的环境条件下存在和发展的，是一个与其环境相互作用、相互依存的系统，作为人类重要实践活动之一的财务管理活动也不例外。在财务管理活动中，财务管理主体需要不断地对财务管理环境进行审视和评估，并根据其所处的具体财务管理环境的特点，采取与之相适应的财务管理手段和管理方法，以实现财务管理的目标。因此，企业财务管理环境就是影响企业财务主体的财务机制运行的各种外部条件和因素的总和。不难看出，由于影响企业财务主体的财务机制运行的外部条件和因素错综复杂，且变幻莫测，因此，财务管理环境本身就构成了一个复杂多变的系统。

一、一般财务管理环境

　　这里的一般财务管理环境就是指企业治理契约或公司治理结构以外的其他影响财务主体财务机制运行的外部条件和因素，主要包括政治环境、法律环境、经济环境、社会文化环境、科技教育环境，等等。其中，影响最大的是政治环境、法律环境和经济环境。

（一）政治环境

　　一个国家的政治环境会对企业的财务管理决策有至关重要的影响，和平稳定的政治环境有利于企业的中、长期财务规划和资金安排。政治环境主要包括：社会安定程度、政府制定的各种经济政策的稳定性及政府机构的管理水平、办事效率等。

（二）法律环境

财务管理的法律环境是指企业发生经济关系时所应遵守的各种法律、法规和规章。国家管理企业经济活动和经济关系的手段包括行政手段、经济手段和法律手段三种。随着经济体制改革不断深化，行政手段逐步减少，而经济手段，特别是法律手段日益增多，越来越多的经济关系和经济活动的准则被用法律的形式固定下来。与企业财务管理活动有关的法律规范主要有以下几个方面：①企业组织法规；②税收法规；③财务法规等。这些法规是影响财务主体的财务机制运行的重要约束条件。

（三）经济环境

经济环境是指企业在进行财务活动时所面临的宏观经济状况。主要包括以下几个方面：①经济发展状况；②政府的经济政策；③通货膨胀和通货紧缩；④金融市场；⑤产品市场；⑥经理和劳动力市场等。

二、具体财务管理环境

具体财务管理环境是指对财务主体的财务机制运行有直接影响的部分外部条件和因素。具体财务管理环境的主要内容可以用企业治理契约或公司治理结构来概括。当以所有者和经营者作为财务主体进行分析时，具体财务管理环境的构成要素主要有以下几方面：

（一）债权人

债权人是企业资金的重要提供者，他们的利益要求决定了企业筹集和使用资金成本的高低。除此之外，债权人还对企业的筹资决策、投资决策和利润分配决策有直接的影响。他们通过与企业签定具有保护性条款的契约的方式对企业所有者和经营者的财务决策施加影响，以促使企业保持较强的偿债能力、变现能力。在企业无力偿还债务时，债权人还可取得对企业的财务控制权。一般财务管理环境中金融市场环境的作用主要通过该要素得以体现。

（二）供应商和顾客

供应商包括原材料、机器设备等生产资料的提供者，顾客则是吸收本企业产出的主体。与供应商和顾客的良好关系是企业增加价值的重要源泉，其对企业降低成本、赢得竞争起着举足轻重的作用，是企业最重要的经济资源。不同类型的与供应商和顾客的关系所导致的成本、利润、存货、应收账款、现金流量等有显著的差异。因此，供应商和顾客是企业营运资金管理、成本管理、利润管理及战略财务管理等需要考虑的最重要环境因素。20世纪90年代以来，风靡全球的业务流程再造、供应链管理、客户关系管理等管理理论和方法的出现，则是企业管理主动营造良好财务管理环境的典型例证。一般地说，产品市场、通货膨胀及经济周期等一般财务管理环境的作用主要通过该具体财务管理环境因素得以体现。

（三）政府

政府对企业财务机制运行的直接影响主要体现在两个方面：一是作为社会管理者所制定的政策法规、管理制度，直接限定了企业作为财务主体开展财务活动的范围；二是作为征税者的政府运用税收手段直接参与企业的利益分配，取得税收收入。我们认为，作为征税者的政府与投资者、供应商、顾客等一样，其对企业管理的目的是足额征收企业应交的税金，满足作为征税者的政府自身利益。从这一意义上说，作为征税者的政府也是企业的利益相关者之一，是公司治理的重要参与主体，是企业具体财务环境中一个非常重要的组成部分。政治环境、法律环境、税收环境等一般财务管理环境的作用主要通过该要素得以体现。

（四）职工

职工是企业经营的主体，他们是企业治理契约或公司治理结构的重要组成部分。对于所有者、经营者来说，他们相互之间及各自与职工之间在财权和利益分配等方面进行博弈，始终是其财务管理的重要内容，对职工的财务激励和约束也始终是财务管理的难题之一。除此之外，企业职工的素质和精神风貌也直接影响着企业财务管理的目标，而且对企业财务目标的实现程度有着直接的影响，因此在财务决策时必须认真考虑企业职工这一环境因素。教育、科技、文化及经理和劳动力市场等一般财务管理环境的作用主要通过该要素来体现。

财务管理活动总是依存于特定的财务管理环境。但是，无论是一般财务管理环境，还是具体财务管理环境，都不是一成不变的。恰恰相反，不断发生变化是它们的基本特点。因此，每一个财务主体必须随时关注其具体财务管理环境的变化，并注意一般财务管理环境可能发生的变化及其所产生的潜在影响，以便尽快适应财务管理环境的变化。只有这样，才能做到在变幻莫测的财务管理环境中得心应手，运营自如。

当然，财务管理活动对财务管理环境特别是对具体的财务管理环境也有一定的反作用。科学的财务管理应当使财务管理环境不断改善，从而更有利于财务主体财务目标的实现。

第二章　资金时间价值与风险分析

第一节　资金时间价值

一、资金时间价值的概念

（一）资金时间价值的含义

货币时间价值是指货币随着时间的推移而发生的增值，是资金周转使用后的增值额，也称为资金时间价值。专家给出的定义：货币的时间价值就是指当前所持有的一定量货币比未来获得的等量货币具有更高的价值。从经济学的角度而言，现在的一单位货币与未来的一单位货币的购买力之所以不同，是因为要节省现在的一单位货币不消费而改在未来消费，则在未来消费时必须有大于一单位的货币可供消费，作为弥补延迟消费的贴水。

更简单地说，资金的时间价值是指同样数额的资金在不同的时间点上具有不同的价值，即资金的增值特性。

（二）产生的原因

（1）货币时间价值是资源稀缺性的体现。经济和社会的发展要消耗社会资源，现有的社会资源构成现存社会财富，利用这些社会资源创造出来的将来物质和文化产品构成了将来的社会财富，由于社会资源具有稀缺性特征，又能够带来更多社会产品，所以现在物品的效用要高于未来物品的效用。在货币经济条件下，货币是商品的价值体现，现在的货币用于支配现在的商品，将来的货币用于支配将来的商品，所以现在货币的价值自然高于未来货币的价值。市场利息率是对平均经济增长和社会资源稀缺性的反映，也是衡量货币时间价值的标准。

（2）货币时间价值是信用货币制度下，流通中货币的固有特征。在目前的信用货币制度下，流通中的货币是由中央银行基础货币和商业银行体系派生存款共同构成的，由于信用货币有增加的趋势，所以货币贬值、通货膨胀成为一种普遍现象，现有货币也总是在价值上高于未来货币。市场利息率是可贷资金状况和通货膨胀水平的反映，反映了货币价值随时间的推移而不断降低的程度。

（3）货币时间价值是人们认知心理的反映

由于人在认识上的局限性，人们总是对现存事物的感知能力较强，而对未来事物的认识较模糊，结果人们存在一种普遍的心理就是比较重视现在而忽视未来，现在的货币能够支配现在商品满足人们现实需要，而将来货币只能支配将来商品满足人们将来不确定需要，所以现在单位货币价值要高于未来单位货币的价值，为使人们放弃现在货币及其价值，必须付出一定代价，利息率便是这一代价。

（三）资金时间价值的表现形式

资金时间价值既可以用绝对数表示，也可以用相对数表示，即以利息额或利息率来表示。但是在实际工作中资金的时间价值对这两种表示方法并不做严格的区分，通常以利息率进行计量。利息率的实际内容是社会资金利润率。各种形式的利息率（贷款利率、债券利率等）的水平，就是根据社会资金利润率确定的。但是，一般的利息率除了包括资金时间价值因素以外，还包括风险价值和通货膨胀因素。资金时间价值通常被认为是没有风险和没有通货膨胀条件下的社会平均利润率，这是利润平均化规律作用的结果。作为资金时间价值表现形态的利息率，应以社会平均资金利润率为基础，同时又不应高于这种资金利润率。

二、资金时间价值的影响因素

（1）资金的使用时间。在单位资金和利率（或利息，$i>0$，现实中利率或利息总是大于0）一定的条件下，资金使用时间越长，则资金的时间价值越大；反之，资金使用时间越短，则资金的时间价值越小。

（2）资金数量的多少。在单位时间和利率（或利息，$i>0$，现实中利率或利息总是大于0）一定的条件下，资金数量越大，资金的时间价值就越大；反之，资金的数量越小，资金的时间价值就越小。

（3）资金投入和回收的特点。在总投入资金一定的情况下，前期投入的资金越多，资金的时间价值越小；反之，后期投入的资金越多，资金的时间价值越大。在资金回收额一定的情况下，前期回收的资金越多，资金的时间价值越大；反之，后期回收的资金越多，资金的时间价值越小。

（4）资金周转的速度。在单位时间、单位资金和利率（或利息，i＞0现实中利率或利息总是大于0）一定的条件下，资金周转越快，资金的时间价值越大；反之，资金周转越慢，资金的时间价值越小。

第二节　风险分析

一、风险的含义

风险，就是生产目的与劳动成果之间的不确定性，大致有两种定义：一种定义强调了风险表现为收益的不确定性；而另一种定义则强调风险表现为成本或代价的不确定性。若风险表现为收益或者代价的不确定性，说明风险产生的结果可能带来损失、获利或是无损失也无获利，属于广义风险，所有人行使所有权的活动，应被视为管理风险，金融风险属于此类。而风险表现为损失的不确定性，说明风险只能表现出损失，没有从风险中获利的可能性，属于狭义风险。风险和收益成正比，所以一般积极进取的投资者偏向于高风险是为了获得更高的利润，而稳健型的投资者则着重于安全性的考虑。

（一）风险的分类

风险的分类有多种方法，常用的有以下几种。

按照风险的性质划分：

（1）纯粹风险：只有损失机会而没有获利可能的风险。

（2）投机风险：既有损失机会也有获利可能的风险。

按照产生风险的环境划分：

（1）静态风险：自然力的不规则变动或人们的过失行为导致的风险。

（2）动态风险：社会、经济、科技或政治变动产生的风险。

按照风险发生的原因划分：

（1）自然风险：自然因素和物力现象所造成的风险。

（2）社会风险：个人或团体在社会上的行为导致的风险。

（3）经济风险：经济活动过程中，因市场因素影响或者管理经营不善导致经济损失的风险。

按照风险致损的对象划分：

（1）财产风险：各种财产损毁、灭失或者贬值的风险。

（2）人身风险：个人的疾病、意外伤害等造成残疾、死亡的风险。

（3）责任风险：法律或者有关合同规定，因行为人的行为或不作为导致他人财产损失或人身伤亡，行为人所负经济赔偿责任的风险。

（二）风险的特征

风险具有以下七个主要特征：

1.风险存在的客观性

风险是客观存在的，是不以人的意志为转移的。风险的客观性是风险产生和发展的自然基础。人们只能在一定的范围内改变风险形成和发展的条件，降低风险事故发生的概率，减少损失程度，而不能彻底消除风险。

2.风险的损失性

风险发生后必然会给人们造成某种损失，然而对于损失的发生人们却无法预料和确定。人们只能在认识和了解风险的基础上严防风险的发生和减少风险所造成的损失，损失是风险的必然结果。

3.风险损失发生的不确定性

风险是客观的、普遍的，但就某一具体风险损失而言其发生是不确定的，是一种随机现象。例如，火灾的发生是客观存在的风险事故，但是就某一次具体火灾的发生而言是不确定的，也是不可预知的，需要人们加强防范和提高防火意识。

4.风险存在的普遍性

风险在人们的生产和生活中无处不在、无时不有，威胁着人类的生命和财产安全，如地震灾害、洪水、火灾、意外事故的发生等。随着人类社会的不断进步和发展，人类将面临更多新的风险，风险事故造成的损失也可能越来越大。

5.风险的社会性

没有人类社会，就谈不上风险。风险与人类社会的利益密切相关，时刻关系着人类的生存与发展，具有社会性。随着风险的发生，人们在日常经济和生活中将遭受经济上的损失或身体上的伤害，企业将面临生产经营和财务上的损失。

6.风险发生的可测性

单一风险的发生虽然具有不确定性，但对总体风险而言，风险事故的发生是可测的，即运用概率论和大数法则对总体风险事故的发生是可以进行统计分析的，以研究风险的规律性。风险事故的可测性为保险费率的厘定提供了科学依据。

7.风险的可变性

世间万物都处于运动、变化之中，风险也是如此。风险的变化，有量的增减，有质的改变，还有旧风险的消失和新风险的产生。风险因素的变化主要是由科技进步、经济体制与结构的转变、政治与社会结构的改变等方面的变化引起的。

二、 风险的因素

（一）风险因素

风险因素是风险事故发生的潜在原因，是造成损失的内在的或间接的原因。

根据性质不同，风险因素可分为实质风险因素、道德风险因素和心理风险因素三种类型：

（1）实质风险因素。

（2）道德风险因素。（故意）

（3）心理风险因素。（过失、疏忽、无意）

（二）风险事故

风险事故是造成损失的直接的或外在的原因，是损失的媒介物，即风险只有通过风险事故的发生才能导致损失。

就某一事件来说，如果它是造成损失的直接原因，那么它就是风险事故；而在其他条件下，如果它是造成损失的间接原因，它便成为风险因素。

举例：（1）冰雹直接击伤行人；（2）下冰雹路滑发生车祸，造成人员伤亡。

（三）损失

在风险管理中，损失是指非故意的、非预期的、非计划的经济价值的减少。通常我们将损失分为两种形态，即直接损失和间接损失。

风险是由风险因素、风险事故和损失三者构成的统一体，三者的关系为：

风险因素是指引起或增加风险事故发生的机会或扩大损失幅度的条件，是风险事故发生的潜在原因；

风险事故是造成生命财产损失的偶发事件，是造成损失的直接的或外在的原因，是损失的媒介；

损失是指非故意的、非预期的和非计划的经济价值的减少。

由此可见，风险因素引起或增加风险事故；风险事故的发生可能造成损失。

三、风险与收益

根据资本资产定价模型"$Ri=Rf+R_j(Rm-Rf)$"，资产的期望收益率Ri随着风险系数R_j的增大而提高，随着风险系数R_j的减小而降低，即收益与风险价值具有对称性，风险越小，收益越低；风险越大，收益越高，这就是风险收益均衡原则。

企业要获得超额收益，就必须敢于挑战风险。需要注意的是，高风险并不必然带来高收益。由于高风险，其不确定性提高，发生损失的可能性也提高，有时甚至会造成致命的损失。所以，企业要实现价值最大化目标，一方面要敢于冒险，另一方面要善于冒险。

在筹资管理中，要权衡财务杠杆收益与筹资风险。筹资风险可用财务杠杆系数来衡量，系数越大，筹资风险越大，杠杆收益也越大；反之，系数越小，筹资风险越小，杠杆收益也越小。在具体运用风险收益均衡原则时，可依据资产利润率的大小来操作：当资产利润率上升时，调高负债筹资比率，提高财务杠杆系数，充分发挥财务杠杆效益；当资产利润率下降时，适当调低负债筹资比率，虽然财务杠杆效益降低，但可以有效防范筹资风险；当资产利润率下降到债务利息率以下时，尽可能少举债甚至不举债，以减少财务杠杆的负面影响。

不同的筹资者对风险的态度不同，资本结构中负债所占的比重亦不同，承担的风险不同，最终获得的收益亦不同。企业财务实力较强、信用好，而且驾驭环境能力较好的理财者，可以适度提高筹资中的负债比率，从而提高财务杠杆系数，以获取较多的风险收益；在资产占用和资金来源上可以采取相对激进的策略，用短期债务资金来满足长期资产占用需要，降低成本，提高现金性筹资风险，从而提高风险收益。

需要注意的是，利率、汇率等是经常变动的，当利率提高、借入外币升值等都会使筹资成本增大，当超过资产利润率时，负债筹资越多，杠杆的负面效应就越大，所以，理财者要关注利率、汇率的变动趋势。另外，目前我国不少企业的资本结构中负债比重偏高，超出了企业所能承受的负荷，面临的风险很大，亟须调整。

在投资管理中，要权衡投资收益与投资风险。不同的投资者，对风险的态度不同，选择投资项目或组合的风险大小也不一样，取得的收益也不同。投资项目或组合的选择，一定要从企业自身实际出发。对于市场信息反映灵敏并能精确加工应用于投资项目和组合的预测、决策、预算、控制和分析之中，而且财务实力雄厚、抗风险能力较强的企业，可以选择风险相对较高的投资项目或组合，以期获得较高的收益。

相反，信息管理水平低下、财务实力薄弱的企业，应选择自己所能承受的风险项目或组合。需要强调的是，风险虽然可恶，但若驾驭得好，可以使一个企业甚至一个国家迅速地富有、强大起来。美国经济之所以如此快速发展，与风险投资密不可分。美国一大批优秀企业如英特尔、微软、思科、雅虎等的崛起都得益于风险投资的支持，硅谷的成功就是风险投资创造高科技的典范。

近年来，我国也加快了风险投资的发展，但要搞好高风险高收益的风险投资，从宏观上看，需要加强立法和制度建设，建立信用担保制度和风险保障机制，进一步完善市场机制；从企业自身看，需要培养风险投资人才，提高理财水平。只有这样，才能在降低或控制风险的同时，取得高额收益。在营运管理中，营运资金的数量控制要在风险和收益之间进行权衡。企业营运资金越多，风险越小，收益率亦越低；反之，营运资金越少，风险越大，收益率亦越高。合理使用资金，加速资金周转，提高资金利用效果，是营运资金的管理目标。

要实现这一目标，对于现金管理，要在流动性和收益性之间作出合理选择，即在保证企业正常业务经营、偿债和纳税需要的同时，降低现金的占用量，提高闲置现金的投资收益；对于应收账款管理，要在发挥其强化竞争、扩大销售功能效应的同时，尽可能降低投资的机会成本、坏账损失与管理成本，从而降低其投资风险，最大限度地提高应收账款的投资收益；对于存货管理，要权衡存货的收益与成本之间的利弊，在充分发挥存货功能的同时降低成本、增加收益。目前企业普遍存在营运资金不足的问题，其中一个非常重要的原因是没有处理好固定资产和流动资产的投入比率。

从盈利性来看，营运资金投资减少，则意味着企业投资到盈利能力较高的固定资产上的份额较大，从而使企业整体的盈利水平提高；但从风险性来看，企业营运资金减少，则意味着流动资产投资少，到期无力偿债的风险增大。这样，极易引起流动资金紧张，无力进货，拖欠工资和借款，导致经营混乱。所以，营运资金要加强预算，科学确定现金最佳持有量，制定合理的应收账款信用政策和收现保证率，计算和控制存货的经济进货批量等，从而使营运资金既能满足日常营运需要，又能在减小或控制风险的前提下，提高营运资金的盈利水平。

分配不仅涉及各利益主体的经济利益，而且涉及企业的现金流出，影响企业财务的安全和稳定以及潜在的收益能力。所以，企业分配要合理确定利润的留分比率以及分配方式，把握好再投资风险和再投资收益的变动趋势。

具体要把握以下几点：

（1）正确认识股利理论。由于股利无关论是建立在"完美且完全的资本市场"这一严格假设前提的基础上，而现实的资本市场未能达到强有效市场的标准，所以分不分股利和分多分少对企业的价值是有影响的，即股利重要论。另外，国家对股利和资本利得征收的税率不同，分不分股利和分多分少都将影响投资者的实际收益，所以，要用好税差理论。

（2）正确选择股利政策。企业在确定利润分配政策时，应综合考虑各种因素，结合自身所处的发展阶段、财务状况、投资机会和投资者的态度等，权衡利弊得失，从优选择。选择得当，可以增强企业的再筹资能力，提高股票价格，提高企业的市场价值，而风险却较小。

（3）合理确定股利是否支付以及支付的比率和形式。这要根据企业所处的成长周期、投资机会、再筹资能力和筹资成本、控制权结构、顾客效应、股利信息传递功能等综合考虑和确定。只有这样，才能树立良好的财务形象和市场形象，从而降低和控制分配风险，提高企业的潜在获利能力。

总之，企业的收益形成现金流入，分配形成现金流出，当收益确定的会计方法、分配的形式和时间及金额、留存收益再投资项目的选择等得当时，现金流入和现金流出相适应，收益分配的风险就小；反之，则发生收益分配的风险较大。

风险收益均衡原则在具体运用中要注意以下问题：

（1）牢固树立风险意识，杜绝侥幸心理。股票交易的行话"股市有风险，入市须谨慎"值得借鉴。在企业理财的各个环节中，风险与收益始终同在，对待风险要谨慎。不少理财者在巨大利益的诱惑下，往往忽视风险的存在或轻视风险的威胁，致使盲目冒进而遭受不应有的损失。理财一定要从企业的财务实力和理财水平出发，杜绝一切不顾实际的贪大、图快、搏一把，不顾企业长远利益的理财行为。

（2）健全决策机制，控制理财风险。投资是项目开发、论证评估、决策、计划、实施、结果评估的一系列过程，其中决策是关键，要充分发挥各类专家在决策中的参谋作用，杜绝领导个人独断专行，不懂经济规律而拍脑袋做出的决策。中航油之巨额亏损就是典型一例，陈久霖的个人权力凌驾于公司内部监督及风险控制制度之上，使公司断送在赌台上。

（3）挑战风险，建立财务风险预警系统。风险包藏着危机，但更孕育着无限的商机和收益，所以要敢于并善于挑战风险。风险来源于滞后的管理理念、错误的决策、资源配置的低效率及风险应对不当。理财者要善于学习，不断提高理财水平，提高挑战风险的能力，从而为企业谋取更多的收益。为了有效地降低财务危机和风险，企业还应该建立财务风险预警系统，对企业可能或将要面临的财务危机和风险进行监测预报，并采取有效的化解对策。

第三章　资金成本与资金结构

第一节　资金成本

一、资金成本概述

（一）资金成本的概念

资金成本是指企业为筹集和使用资金而付出的代价。资金成本包括资金筹集费用和资金占用费用两部分。资金筹集费用是指资金筹集过程中支付的各种费用，如发行股票，发行债券支付的印刷费、律师费、公证费、担保费及广告宣传费。需要注意的是，企业发行股票和债券时，支付给发行公司的手续费不作为企业筹集费用。因为此手续费并未通过企业会计账务处理，企业是按发行价格和除发行手续费后的净额入账的。资金占用费用是指占用他人资金应支付的费用，或者说是资金所有者凭借其对资金所有权向资金占用者索取的报酬，如股东的股息、红利、债券及银行借款支持的利息。

用资费用指企业在生产经营、投资过程中因使用资金而付出的费用。例如，向股东支付的股利、向债权人支付的利息等。这是资金成本的主要内容。长期资金的用资费用，因使用资金数量的多少和时期的长短而变动，属于变动性资金成本。

筹资费用指企业在筹集资金活动中为获得资金而付出的费用。例如，借款手续费和证券发行费等。筹资费用通常是在筹措资金时一次支付的，在用资过程中不再发生。因此，属于固定性的资金成本，可视作筹资总额的一项扣除。筹资总额减去筹资费用的差额，可称为有效筹资额。

（二）资金成本的性质

1.资金成本是商品经济条件下资金所有权和资金使用权分离的产物。

2.资金成本具有一般产品成本的基本属性即同为资金耗费，但又不同于账面成本，而属于预测成本，其一部分计入成本费用，相当一部分则作为利润分配处理；资金成本的基础是资金时间价值，但通常还包括投资风险价值和物价变动因素。

（三）资金成本的特点

1.资金成本是较满意的财务结构前提下的产物；

2.资金成本着眼于税后资金成本，即考虑筹资方式的节税效应后的成本；

3.资金成本强调资金成本率和加权平均资金成本率。

（四）资金成本的作用

资金成本在企业筹资决策中的作用表现为：

1.资金成本是影响企业筹资总额的重要因素；

2.资金成本是企业选择资金来源的基本依据；

3.资金成本是企业选用筹资方式的参考标准；

4.资金成本是确定最优资金结构的主要参数。

资金成本在投资决策中的作用表现为：

1.在利用净现值指标进行投资决策时，常以资金成本作为折现率；

2.在利用内部收益率指标进行决策时，一般以资金成本作为基准收益率。

二、资金成本分类

（一）个别资本成本

个别资本成本是指各种单个资本来源的成本，包括债务资本成本和股权资本成本。

1.债务资本成本

债务资本成本是指企业通过债务形式融资所必须支付的报酬。债务资本成本可以分为长期借款资本成本和长期债券资本成本两类。长期借款资本成本是指企业通过长期借款方式融资所必须支付的代价，它主要取决于长期借款的利率和企业适用的所得税税率。长期债券资本成本是指企业以发行长期债券方式融资所必须支付的代价，它主要由债券的票面利率和企业适用的所得税税率决定。企业债务的利率是由市场经济状况和企业自身的状况决定的。总的债务资本成本等于长期借款资本成本和长期债券资本成本的加权平均。

2.股权资本成本

股权资本成本是指股东对投入企业的资本所期望得到的报酬。股权资本融资发行费用一般比债务资本融资要高，股利也没有抵税作用，而且还会造成企业控制权的稀释，导致股票价格的下跌。另外，投资人对股权资本的回报要求通常要高于债务资本，因而企业应谨慎选择融资方式，确定合理的资本结构。

股权资本成本又分为两类：留存收益资本成本和普通股资本成本。留存收益资本成本事实上是一种机会成本，普通股资本成本是指企业通过发行股票融资所需支付的代价，这里的普通股是指企业新发行的普通股。普通股资本成本与留存收益资本成本的区别在于前者有筹资费用而后者没有。总的股权资本成本是留存收益资本成本和新发行股票资本成本的加权平均。

（二）综合资本成本

20世纪60年代初，一些学者开始认识到企业资本成本在很大程度上受到企业负债比例的影响，因此不能孤立地以每一种资本的成本来看待企业资本成本问题，而应该是负债资本成本与股权资本成本的加权平均。所以，企业资本成本开始被理解成一个"加权平均资本成本"的概念，并在当时的学术界广为流行。而在此基础上产生了两种较为流行的加权平均资本成本计量模型，即索罗门的"现代公式"以及莫迪格利安尼（Modigliani）和米勒（Miller）的"平均资本成本方法"（MM模型）。1963年索罗门在出版的《财务管理理论》中认为"加权平均资本成本"就是"促使企业预期未来现金流量的资本化价值与企业当前价值相等的折现率"。

从MM的平均资本成本公式中不难发现，公式放弃了"加权平均"的思想，认为企业的加权平均资本成本与负债资本成本本身无关，这从理论上难以令人信服，而且它也只能求得过去的资本成本。由于MM平均资本成本模型有上述缺陷，建议采用索罗门的"现代公式"计算企业加权平均资本成本，即先求出个别资本成本，再以各种资本占总资本的比重为权数，运用统计上的加权平均方法算出企业的加权平均资本成本。

（三）边际资本成本

企业无法以某一固定的资金成本来筹集无限的资金，当其筹措的资金超过一定限度时，原来的资金成本就会增加。在企业追加筹资时，需要知道筹资额在什么数额上便会引起资金成本怎样的变化。这就要用到边际资金成本的概念。

边际资金成本是指资金每增加一个单位而增加的成本。边际资金成本采用加权平均法计算，其权数为市场价值权数，而不应使用账面价值权数。当企业拟筹资进行某项目投资时，应以边际资金成本作为评价该投资项目可行性的经济指标。

西方财务理论认为，在现行资本结构下，只要各种资金成本不变，其新增资金的成本也不会变化；当某种资金的增加突破一定的限度时，就会引起资金成本的变化。在维持原有的资本结构不变的前提下，必然会导致综合资金成本即边际资金成本的增加，而且随着新筹措资金的不断增加，边际资金成本也将会不断上升。

第二节　杠杆原理

一、杠杆原理概述

（一）杠杆效应的含义

财务中的杠杆效应，即财务杠杆效应，是指由于固定费用的存在而导致的，当某一财务变量以较小幅度变动时，另一相关变量会有较大幅度变动的现象。也就是指在企业运用负债筹资方式（如银行借款、发行债券、优先股）时所产生的普通股每股收益变动率大于息税前利润变动率的现象。由于利息费用、优先股股利等财务费用是固定不变的，因此当息税前利润增加时，每股普通股负担的固定财务费用将相对减少，从而给投资者带来额外的好处。

财务中的杠杆效应，包括经营杠杆、财务杠杆和复合杠杆三种形式。

（二）经营杠杆与经营风险

经营杠杆是指由于固定成本的存在而导致息税前利润变动大于产销业务量变动的杠杆效应。

1.经营杠杆的计量

对经营杠杆的计量最常用的指标是经营杠杆系数或经营杠杆度。经营杠杆系数，是指息税前利润变动率相当于产销业务量变动率的倍数。

计算公式为：

经营杠杆系数=息税前利润变动率/产销业务量变动率

经营杠杆系数的简化公式为：

报告期经营杠杆系数=基期边际贡献/基期息税前利润

2.经营杠杆与经营风险的关系

经营风险又称营业风险，是指在企业的生产经营过程中，供、产、销各个环节不确定性因素的影响导致企业资金运动的迟滞，产生企业价值的变动。另一种说法：企业由于战略选择、产品价格、销售手段等经营决策引起的未来收益不确定性，特别是企业利用经营杠杆而导致息税前利润变动形成的风险叫作经营风险。经营风险时刻影响着企业的经营活动和财务活动，企业必须防患于未然，对企业经营风险进行较为准确的计算和衡量，是企业财务管理的一项重要工作。

经营杠杆系数、固定成本和经营风险三者呈同方向变化，即在其他因素一定的情况下，固定成本越高，经营杠杆系数越大，企业经营风险也就越大。其关系可表示为：

经营杠杆系数=基期边际贡献/(边际贡献-基期固定成本)

（三）财务杠杆与财务风险

1.财务杠杆的概念

财务杠杆是指由于债务的存在而导致普通股每股利润变动大于息税前利润变动的杠杆效应。

2.财务杠杆的计量

对财务杠杆计量的主要指标是财务杠杆系数。财务杠杆系数是指普通股每股利润的变动率相当于息税前利润变动率的倍数。

计算公式为：

财务杠杆系数=普通股每股利润变动率/息税前利润变动率

=基期息税前利润/(基期息税前利润-基期利息)

对于同时存在银行借款、融资租赁，且发行优先股的企业来说，可以按以下公式计算财务杠杆系数：

财务杠杆系数=息税前利润/[息税前利润−利息−融资租赁积金−(优先股股利/1−所得税税率)]

3.财务杠杆与财务风险的关系

财务风险是指企业为取得财务杠杆利益而利用负债资金时，增加了破产机会或普通股每股利润大幅度变动的机会所带来的风险。财务杠杆会加大财务风险，企业举债比重越大，财务杠杆效应越强，财务风险越大。财务杠杆与财务风险的关系可通过计算分析不同资金结构下普通股每股利润及其标准离差和标准离差率来进行测试。

（四）复合杠杆与复合风险

复合杠杆是指由于固定成本和固定财务费用的存在而导致的普通股每股利润变动率大于产销量变动率的杠杆效应。

1.复合杠杆系数的影响因素

在其他因素不变的情况下，固定成本a、利息I、融资租赁租金、优先股股利D越大，则复合杠杆系数越大；边际贡献M越大（单价P越高、销量x越多、单位变动成本b越低），则复合杠杆系数越小。

2.复合杠杆系数的作用

（1）能够从中估计出销售额变动对每股盈余造成的影响。

（2）可看到经营杠杆与财务杠杆之间的相互关系，即为了达到某一总杠杆系数，经营杠杆和财务杠杆可以有很多不同的组合。

3.复合杠杆与复合风险的关系

由于复合杠杆作用使普通股每股利润大幅度波动而造成的风险，称为复合风险。复合风险直接反映企业的整体风险。在其他因素不变的情况下，复合杠杆系数越大，复合风险越大；复合杠杆系数越小，复合风险越小。通过计算分析复合杠杆系数及普通股每股利润的标准离差和标准离差率可以揭示复合杠杆同复合风险的内在联系。

二、杠杆原理的理论基础

所谓经济杠杆，简单地说，就是与经济利益密切相关，对经济活动起调节作用，并为国家所控制的一种价值形式的手段。对于这个定义，需要说明以下三点。

（一）经济杠杆是物质利益的引导杠杆

马克思主义认为，人们奋斗所争取的一切都同他们的利益有关。经济利益是推动经济发展的内在动力，是经济杠杆作用的"支点"。社会主义社会客观上存在国家利益、企业利益、劳动者个人利益，经济杠杆就是通过对各方面经济利益的调节来对经济活动起调节作用。正因为经济杠杆是通过对经济利益的调节来调节经济活动的，所以它才取得了经济杠杆这个名称。

（二）经济杠杆是价值形式的调节手段

在社会主义的有计划商品经济条件下，国家与企业之间、企业与企业之间、国家与劳动者之间、企业与劳动者之间的经济利益关系，主要是通过价值形式反映的，各种经济杠杆都采取了价值形式。其中，价格是商品价值的货币表现。税金、利息和工资是商品价值的组成部分。正因为经济杠杆采取了价值形式，才使它们共同形成一个经济杠杆体系，从而才能使人们在全社会规模上自觉地综合运用各种经济杠杆来协调微观经济活动与宏观经济活动，使整个国民经济协调地运行。

（三）经济杠杆是由国家掌握的、为国民经济有计划发展服务的调节手段

社会主义国家具有从宏观上管理国民经济的职能，因而是综合运用经济杠杆的主体。在社会主义的有计划商品经济条件下，国家管理经济的职能，主要表现为运用经济杠杆进行宏观调节和宏观控制。

第三节 资本结构

一、资本结构理论

（一）资本结构的含义

资本结构是指企业各种资本的价值构成及其比例关系，是企业一定时期筹资组合的结果。广义的资本结构是指企业全部资本的构成及其比例关系。企业一定时期的资本可分为债务资本和股权资本，也可分为短期资本和长期资本。狭义的资本结构是指企业各种长期资本的构成及其比例关系，尤其是指长期债务资本与（长期）股权资本之间的构成及其比例关系。最佳资本结构便是使股东财富最大或股价最大的资本结

构，亦即使公司资金成本最小的资本结构。企业融资结构，或称资本结构，反映的是企业债务与股权的比例关系，它在很大程度上决定企业的偿债和再融资能力，决定企业未来的盈利能力，是企业财务状况的一项重要指标。合理的融资结构可以降低融资成本，发挥财务杠杆的调节作用，使企业获得更大的自有资金收益率。

（二）资本结构理论

1.早期资本结构理论

（1）净收益观点。这种观点认为，在公司的资本结构中，债权资本的比例越大，公司的净收益或税后利润就越多，从而公司的价值就越高。按照这种观点，公司获取资本的来源和数量不受限制，并且债权资本成本率和股权资本成本率都是固定不变的，不受财务杠杆的影响。

（2）净营业收益观点。这种观点认为，在公司的资本结构中，债权资本的多寡，比例的高低，与公司的价值没有关系。按照这种观点，公司债权资本成本率是固定的，但股权资本成本率是变动的，公司的债权资本越多，公司的财务风险就越大，股权资本成本率就越高；反之亦然。经加权平均计算后，公司的综合资本成本率不变，是常数。因此，资本结构与公司价值无关。从而，决定公司价值的真正因素应该是公司的净营业收益。

除了上述两种极端的观点以外，还有一种介于这两种极端观点之间的折中观点，我们称之为传统观点。按照这种观点，增加债权资本对提高公司价值是有利的，但债权资本规模必须适度。

2.MM资本结构理论

（1）MM资本结构理论的基本观点。MM资本结构理论的基本结论可以简要地归纳为：在符合该理论的假设之下，公司的价值与其资本结构无关。公司的价值取决于其实际资产，而不是其各类债权和股权的市场价值。

（2）MM资本结构理论的修正观点。修正观点认为若考虑公司所得税的因素，公司的价值会随财务杠杆系数的提高而增加，从而得出公司资本结构与公司价值相关的结论。

3.新的资本结构理论

（1）代理成本理论。代理成本理论是经过研究代理成本与资本结构的关系而形成的。这种理论通过分析指出，公司债务的违约风险是财务杠杆系数的增函数；随着公司债权资本的增加，债权人的监督成本随之上升，债权人会要求更高的利率。这种代理成本最终要由股东承担，公司资本结构中债权比率过高会导致股东价值的降低。根据代理成本理论，债权资本适度的资本结构会增加股东的价值。

上述资本结构的代理成本理论仅限于债务的代理成本。

（2）信号传递理论。信号传递理论认为，公司可以通过调整资本结构来传递有关获利能力和风险方面的信息，以及公司如何看待股票市价的信息。

按照资本结构的信号传递理论，公司价值被低估时会增加债权资本，反之亦然。

（3）啄序理论。资本结构的啄序理论认为，公司倾向于首先采用内部筹资；如果需要外部筹资，公司将先选择债券筹资，再选择其他外部股权筹资，这种筹资顺序的选择也不会传递对公司股价产生比例影响的信息。

按照啄序理论，不存在明显的目标资本结构，因为虽然留存收益和增发新股均属股权筹资，但前者优先选用，后者最后选用。获利能力强的公司之所以安排较低的债权比率，并不是由于以确立较低的目标债权比率，而是由于不需要外部筹资；获利能力较差的公司选用债权筹资是由于没有足够的留存收益，而且在外部筹资选择中债权筹资为首选。

（4）等级筹资理论。等级筹资理论认为：①外部筹资的成本不仅包括管理和证券承销成本，还包括不对称信息所产生的"投资不足效应"而引起的成本。②债务筹资优于股权筹资。由于企业所得税的节税利益，负债筹资可以增加企业的价值，即负债越多，企业价值增加越多，这是负债的第一种效应；但是，财务危机成本期望值的现值和代理成本的现值会导致企业价值的下降，即负债越多，企业价值减少额越大，这是负债的第二种效应。由于上述两种效应相抵消，企业应适度负债。③由于非对称信息的存在，企业需要保留一定的负债容量以便有利可图的投资机会来临时可发行债券，避免以太高的成本发行新股。

从成熟的证券市场来看，企业的筹资优序模式首先是内部筹资，其次是借款、发行债券、可转换债券，最后是发行新股筹资。但是，20世纪80年代新兴证券市场具有明显的股权融资偏好。

二、资本结构的影响因素

资本结构又称财务杠杆，是一个企业的自有资本与债务资本的比例以及债务资本中各种债务的不同比例关系，简言之，资本结构即企业的负债程度及在负债中流动负债与长期负债的比例关系，研究的核心问题是如何确定最优资本结构。从MM理论诞生以来，国内外学者对公司资本结构的影响因素进行了大量理论研究和实证研究，提出影响资本结构的主要因素有以下几个：

（一）资产结构

主要是指固定资产占总资产的比率。企业以有形资产担保举债经营，可以减少债权人因信息不对称所产生的监督成本，特别是信用不良的企业，在有形资产担保的情况下，债权人提供贷款的可能性较大。企业的有形资产越多，不仅可以使企业通过资产的担保，筹集更多的负债资金，而且还可以使企业以优惠的价格举债，所以负债率就会较高。固定资产和存货通常被视为可抵押资产，其价值越大，企业可获得的负债应越多，呈现出正相关关系。

（二）盈利能力

尽管自MM理论以来有大量的理论研究，但是迄今为止人们还是无法对公司的盈利能力同财务杠杆的关系达成一致看法。基于税收的理论模型认为，假如其他条件不变，高盈利能力的企业应该会举债更多，因为它们有更强烈的动机利用债务合法避税。但是根据优序融资理论，企业融资的一般顺序是：先使用盈余收益，然后选择发行债券，最后考虑发行股票。因此，高盈利能力的公司通常会选择较少的债务。信号传递模型指出，内源融资成本最低，外源融资成本较高，这是因为外源融资的成本主要来自信息不对称引起的交易成本，而内源融资没有此成本。当盈利能力较强时，企业就可以通过保留较多的盈余资金的方式，为企业进一步发展筹措资金，这样就可以降低融资成本，即企业的盈利能力越强，内源融资越充足，负债率越低。相反，MM理论认为，企业价值首先取决于资产所创造的报酬水平，当企业资本利得高于借款利息时，较高比例的负债融资可以提高所有者的收益，从而增加企业价值，所以，较高盈利能力预示着较强的负债融资倾向。值得一提的是，这种融资行为选择必须建立在盈利能力很强的条件下，不然就会适得其反。

（三）公司成长性

已有的理论研究通常认为公司成长性同财务杠杆之间是负相关的。企业的成长性越强，即意味着一定时期内企业所需投入越多从而所需融通的资本就越多。另外具有较高成长性的公司一般有较多的研发投资，因此具有比较大的无形资产，这类资产变现能力差，并且成长性公司多投资于新兴领域和一些具有较高风险的项目。因此，这类公司很难以低成本举债，公司成长性应该与负债比率负相关。

（四）非债务税盾

资本折旧的税收减免和投资税收抵免通常被称为非债务税盾。负债具有税收抵免作用，税率上升时，债务的税收优惠就会增加，所以税率高的企业，负债率可能相对较高。DeAngelo与Masulis认为，非债务税盾也可以发挥同样的效用。不同的折旧政策、折旧年限与固定资产总额，引起不同企业之间或者同一企业在不同时段的折旧额不同，企业按规定提取的折旧可以纳入成本费用，在税前列支。非债务税盾取代利息费用发挥了抵减企业税收的作用，可以看作对财务杠杆的一种替代，因此，拥有大量非债务税盾的公司要比没有这些税盾的公司更少地利用负债。

（五）企业规模

企业规模指对企业生产、经营等范围的划分。规模是在企业资本结构选择中需要考虑的一个很重要因素，企业在确定资产负债率时需要考虑企业规模的影响。权衡理论认为，破产成本是固定的，随着公司规模的增大，其所占企业价值的比重就逐渐降低，所以财务杠杆率越高；成本理论表明，规模大的公司透明度更高，向贷款人提供的信息更多，由信息不对称所造成的成本就更少，所以大公司比小公司拥有更高的负债比率；另外，大公司倾向于多元化经营战略和纵向一体化经营战略，抗风险能力较强，破产的可能性较小，相对比较容易获得负债融资；而优序融资理论则为，公司规模越大，越容易在内部进行资金调度，进行内源融资，所以它们会偏好于选择权益融资而非负债融资。

（六）企业破产成本

企业破产成本是指企业破产所产生的各种费用，包括律师、审计、拍卖、接管等费用。在实证研究中一般采用收益波动率来衡量(近三年收益率标准差/均值)，波动率越高，企业的破产概率也越大，期望破产成本就越高。在完善的资本市场下，这类企业的债券融资成本将极大提升，因此波动率应与负债比率负相关。

（七）税率

许多学者都相信所得税税率对公司最优资本结构的选择是有影响的。根据税收理论，负债利息具有税收抵减作用，具有更高税率的公司有使用更多负债的激励，但利用负债筹资的公司必须能通过经营获得足够的收入以支付利息。因此，实际税率与负债水平正相关。DeAngelo和Masulis证明，公司边际税率影响资本结构决策，且边际税率随公司可获得折旧和投资税贷项选择权而变化。即公司利息抵减有效边际税率取决于公司的非债务税盾。Mackie—Mason采用Probit模型研究了税收对公司融资决策的影响，这个研究提供了税收对负债和权益的选择具有显著影响的证据。他得出结论：公司边际税率的改变影响融资决策，边际负债偏好与实际边际税率正相关。因此，实际所得税税率高的公司应使用更多的负债以获得更多的负债利息税收抵减。

（八）管理人员对待风险的态度

管理人员对待风险的态度，也是影响资本结构的重要因素。喜欢冒险的财务管理人员可能会安排较高的负债比率；反之，一些持稳健态度的财务人员，则使用较少的负债。另外，所有者和经营者对待风险的态度也会影响资本结构。对于比较保守、谨慎，对未来经济持悲观态度的所有者及经营者，偏向于尽可能使用442133331权益资本，负债比重较小；对于敢于冒风险，对经济发展前景比较乐观，并富于进取精神的所有者及经营者偏向于多使用负债融资，充分发挥财务杠杆作用。

综上所述，理论研究和实证研究证明以上各种因素确实影响着公司的资本结构并进而影响了公司价值。但以上各种理论的发展都有自己既定的假设前提和内在逻辑，所以同一个因素对资本结构的影响得出了相反的结论，我们在考虑这些因素对资本结构的影响时需要根据本企业的实际情况来分析，切不可盲目照搬。

三、最佳资本结构

利用负债资金具有双重作用，适当利用负债，可以降低企业资金成本，但当企业负债比率太高时，会带来较大的财务风险。为此，企业必须权衡财务风险和资金成本的关系，确定最优的资本结构。所谓最优资本结构是指在一定条件下能使企业的加权平均资本成本最低、企业价值最大，并能最大限度地调动各利益相关者的积极性并具有弹性的资本结构。所以可以看出最佳资本结构的判断标准有：①有利于最大限度地增加所有者的财富，使企业价值最大化的资本结构；②能使加权平均资本成本最低的资本结构；③能使资产保持适宜的流动，并使资本结构具有弹性的资本结构。其中，加权平均资本成本最低是最主要的判断标准。

最优资本结构的确定方法对股份制企业而言，主要采用每股利润无差别点法、比较资金成本法和公司价值比较法；对一般企业而言，可采用比较资金成本法和自有资本收益率法。

（一）每股利润无差别点法

每股利润无差别点法，又称息税前利润—每股利润分析法（EBIT-EPS分析法），是通过分析资金结构与每股利润之间的关系，计算各种筹资方案的每股利润的无差别点，进而确定合理的资金结构的方法。这种方法确定的最优资本结构亦即每股利润的资金结构。

其基本计算公式为：$EPS=[(EBIT-I)(1-T)-PD]/N$

式中：EPS——每股利润；EBIT——息税前利润；I——利息；T——所得税率；PD——优先股股利；N——流通在外的普通股股数。

每股利润无差别点法只考虑了资本结构对每股利润的影响，并假定每股利润最大，股票价格也最高，但把资本结构对风险的影响置于视野之外，是不全面的。

（二）比较资金成本法

比较资金成本法，是通过计算各方案加权平均的资金成本，并以加权平均资金成本最低的方案来确定最优资本结构的方法。这种方法确定的最优资本结构亦即加权平均资金成本最低的资金结构。

比较资金成本法通俗易懂，计算过程也不复杂，是确定资本结构的一种常用方法。但因所拟定的方案数量有限，故有把最优方案漏掉的可能。

（三）公司价值比较法

公司价值比较法，是通过计算和比较各种资金结构下公司的市场总价值进而确定最佳结构的方法。这种方法是以公司的市场总价值最高、综合资本成本最低的资金结构为最优资本结构。

公司价值比较法的出发点是建立在财务管理的目标，即追求公司价值的最大化。它没有考虑风险对公司价值的影响，同时债券价值和股票价值的确定也没有科学的依据。

（四）自有资本收益率法

自有资本收益率法，是指企业为实现经营目标而进行举债经营，当企业息税前资金利润率高于借入资金利润率时，使用借入资金获得的利润除了补偿利息外还有剩余，而使得自有资本收益率最大时的资本结构为企业的最优资金结构。

自有资本收益率法主要适用于一般企业资本结构的决策。它是企业举债经营情况下，以自有资本收益率最大化为目标，但没有考虑风险的影响，因此债务资本比例过大，会有导致企业破产的可能。

综上所述，在市场经济条件下，企业为实现经营目标而进行举债适度经营，以获取杠杆利益，对企业是有利的，但必须考虑企业财务状况、资产结构、行业因素、经营情况、利率水平的变动趋势等因素，采用不同的方法，确定企业最优的资本结构，以提高企业在全球市场的竞争力。

四、资本结构的调整

资本结构调整的方法有：

（1）存量调整，即在不改变现有资产规模的基础上，根据目标资本结构要求，对现有资本结构进行必要的调整。

（2）增量调整，即通过追加筹资量，利用增加总资产的方式来调整资本结构。

（3）减量调整，即通过减少资产总额的方式来调整资本结构。

第四章 营运资金管理

第一节 营运资金管理概述

一、营运资金的概念

营运资金是企业流动资产和流动负债的总称。流动资产减去流动负债的余额称为净营运资金。营运资金管理包括流动资产管理和流动负债管理。

流动资产是指可以在一年内或超过一年的一个营业周期内变现或运用的资产，流动资产具有占用时间短、周转快、易变现等特点。企业拥有较多的流动资产，可在一定程度上降低财务风险。流动资产在资产负债表上主要包括以下项目：货币资金、短期投资、应收票据、应收账款、预付费用和存货。流动负债是指需要在一年或者超过一年的一个营业周期内偿还的债务。流动负债又称短期融资，具有成本低、偿还期短的特点，必须认真进行管理，否则，将使企业承受较大的风险。流动负债主要包括以下项目：短期借款、应付票据、应付账款、应付工资、应付税金及未交利润等。

流动资产－流动负债＝营运资金

营运资金越多，说明不能偿还的风险越小。因此，营运资金的多少可以反映偿还短期债务的能力。但是，营运资金是流动资产与流动负债之差，是个绝对数，如果公司之间规模相差很大，绝对数相比的意义很有限。而流动比率是流动资产和流动负债的比值，是个相对数，排除了公司规模不同的影响，更适合于公司间以及本公司不同历史时期的比较。

营运资金是指流动资产减去流动负债（短期负债等）后的余额。如果流动资产一流动负债＞0，则与此相对应的"净流动资产"是以长期负债和投资人权益的一定份额为资金来源；如果流动资产－流动负债=0，则占用在流动资产上的资金都是流动负债融资；如果流动资产－流动负债＜0，则流动负债融资，由于流动资产和固定资产等长期资产共同占用，偿债能力差。

二、营运资金的特点

为了有效地管理企业的营运资金，必须研究营运资金的特点，以便有针对性地进行管理。营运资金一般具有以下特点。

（1）周转时间短。基于这一特点，说明营运资金可以通过短期筹资的方式加以解决。

（2）非现金形态的营运资金容易变现，如存货、应收账款、短期有价证券，这一点对企业应付临时性的资金需求有重要意义。

（3）数量具有波动性。流动资产或流动负债容易受内外条件的影响，数量的波动往往很大。

（4）来源具有多样性。营运资金的需求问题既可通过长期筹资方式解决，也可通过短期筹资方式解决。仅短期筹资就有：银行短期借款、短期融资、商业信用、票据贴现等多种方式。

三、营运资金管理的原则

营运资金从会计的角度看是指流动资产与流动负债的净额，即营运资金是指流动资产减去流动负债（短期负债等）后的余额。同时，企业进行营运资金管理，应遵循以下原则：

（一）保证合理的资金需求

营运资金的管理必须把满足正常合理的资金需求作为首要任务。

（二）提高资金使用效率

（三）节约资金使用成本

（四）保持足够的短期偿债能力

四、提高营运资金管理方法

加强营运资金管理就是加强对流动资产和流动负债的管理；就是加快现金、存货和应收账款的周转速度，尽量减少资金的过分占用，降低资金占用成本；就是利用商业信用，解决资金短期周转困难，同时在适当的时候向银行借款，利用财务杠杆，提高权益资本报酬率。

（一）规避风险

许多企业为了实现利润，销售更多产品，经常采用赊销形式。片面追求销售业绩，可能会忽视应收账款管理，造成管理效率低下。例如，对赊销的现金流动情况及信用状况缺乏控制，未能及时催收货款，容易出现货款被拖欠从而造成账面利润高于实际资金的现象。对此，财务部门应加强对赊销和预购业务的控制，制定相应的应收账款、预付货款控制制度，加强对应收账款的管理，及时收回应收账款，减少风险，从而提高企业资金的使用效率。

（二）增加价值

会计利润是当期收入和费用成本配比的结果。在任何收入水平下，企业都要做好对内部成本、费用的控制，并做好预算，加强管理力度，减少不必要的支出，这样才能够提高利润，增加企业价值。

（三）提高效率

财务管理应站在企业全局的角度，构建科学的预测体系，进行科学预算。预算包括销售预算、采购预算、投资预算、人工预算、费用预算等，这些预算能使企业预测风险，及时得到资金的各种信息，及时采取措施，防范风险，提高效益。同时，这些预算可以协调企业各部门的工作，提高内部协作的效率，而且，销售部门在销售、费用等预算指导下，还可事先对市场有一定了解，把握市场变化，减少存货的市场风险。

（四）完善制度

1.明确内部管理责任制

很多企业认为催收货款是财务部门的事，与销售部门无关，其实这是一种错误的观点。事实上，销售人员应对催收应收账款负主要责任。如果销售人员在提供赊销商品时，还要承担收回应收账款的责任，那么，他就会谨慎对待每一项应收账款。

2.建立客户信用档案

企业应在财务部门中设置风险管理员，通过风险管理员对供应商、客户的信用情况进行深入调查和建档，并进行信用等级设置，对处于不同等级的客户实行不同的信用政策，减少购货和赊销风险。风险管理员对客户可从以下方面进行信用等级评定：考察企业的注册资本；偿还账款的信用情况；有无拖欠税款而被罚款的记录；有无拖欠供货企业货款的情况；其他企业的综合评价。风险管理员根据考察结果向总经理汇报情况，再由风险管理员、财务部门经理、销售部门经理、总经理讨论后确定给予各供应商及客户的货款信用数量。如果提供超过核定的信用数量时，销售人员必须取得财务经理、风险管理员及总经理的特别批准。如果无法取得批准，销售人员只能降低信用规模或者放弃此项业务，这样就能控制销售中出现的大量坏账现象，减少风险。

3.严格控制信用期

应规定应收账款的收款时间，并将这些信用条款写进合同，以合同形式约束对方。如果对方未能在规定时间内收回应收账款，企业可依据合同，对拖欠货款企业采取法律措施，以及时收回货款。

4.通过信用折扣鼓励欠款企业在规定时间内偿还账款

很多企业之所以不能及时归还欠款是因为他们及时归还得不到什么好处，拖欠也不会有什么影响。这种状况导致企业应收账款回收效率低下。为了改善这种局面，企业可以采取相应的鼓励措施，对积极回款的企业给予一定的信用折扣。

5.实施审批制度

对不同信用规模、信用对象实施不同的审批级别。一般可设置三级审批制度，由销售经理、财务经理和风险管理员、总经理三级审核。销售部门如采用赊销方式时，应先由财务部门根据赊销带来的经济利益与产生的成本风险进行衡量，可行时再交总经理审核。这样可以提高决策的效率，降低企业经营的风险。

6.加强补救措施

一旦发生货款拖欠现象，财务部门应要求销售人员加紧催收货款，同时风险管理员要降低该企业的信用等级；拖欠严重的，销售部门应责令销售人员与该企业取消购销业务。

7.建立企业内部控制制度

主要包括存货、应收账款、现金、固定资产、管理费用等一系列的控制制度。对违反控制制度的，要给予相关责任人以惩罚。

8. 严格控制开支

对各种开支采用计划成本核算，对各种容易产生浪费的开支要采取严格的控制措施。例如，很多企业业务招待费在管理费用中占很大比例，导致部分招待费在计征所得税时无法全额税前扣除。对此，企业应该要求销售人员控制招待费支出，并由财务部门按月销售收入核定适当的招待费标准。

总之，营运资金管理在企业销售及采购业务中处于重要地位，对企业利润目标的实现有着重大影响。营运资金管理应是对销售工作的控制而不是限制，它的宗旨是促进销售部门减少销售风险，提高利润水平。所以，企业领导人应重视企业的资金营运管理工作。

第二节　现金管理

现金是指企业在经营过程中暂时停留在货币形态的资金，包括库存资金、银行存款、银行本票、银行汇票等。它的首要特点是普遍的可接受性，即可以有效地用于进货、支付费用、偿还债务等。因此，现金是流动性最强的营运资本。广义的现金包括企业的库存现金，各种形式的银行存款、银行本票、银行汇票等。有价证券是企业现金的一种转换形式。有价证券变现能力强，可以随时用来变换现金。因此，企业往往在有了多余现金时，会将其兑换成有价证券；待需要补充现金时，再出让有价证券，换回现金。这样，有价证券就成为现金的替代品。

一、企业持有现金的动机

作为生产经营单位，企业应确定最合理的现金持有量，即现金存量花费的代价最低，又能确保现金需求的持有量水平。如果现金持有量太大，会降低企业收益水平；如果现金持有量太小，又可能影响交易的正常进行以及意外的现金需要，产生中断交易的风险。这就要求财务人员下功夫，测定本企业最合理的现金持有量。

企业持有现金的动机主要有三个：①交易动机。这是营业性和资本性的目的所产生的一种日常业务需要。②预防动机。这是为了应付意外事件而做的现金准备。③投机动机。其真正含义是企业应持有足够的现金以抓住随时可能出现的盈利机会。

最合理的现金持有量能使企业的现金机会成本、管理成本和短缺成本三者的综合成本最低。其中，机会成本是指企业为了维持一定的现金存量而放弃一些投资获利的机会；管理成本是指企业对置存的现金资产进行管理而需要支付的代价；短缺成本是指企业由于缺乏必要的现金资产，不能应付必要的业务开支，而使企业蒙受的各种损失。企业可根据三种成本与现金持有量的关系，利用"现金持有量成本分析图"法找出三者综合成本的最低点。企业在这个成本最低点时的现金持有量，即为企业最合理的现金持有量。现金预算通过对现金持有量的安排，可以使企业保持较高的盈利水平，同时保持一定的流动性，并根据企业对资金的运用水平决定负债的种类结构和期限结构，使企业在债务到期时不至于被动。

现金预算可以预测未来时期企业对到期债务的直接偿付能力，可以直接地揭示出企业现金短缺的时期，使财务管理部门能够在显露短缺时期来临之前安排筹资，从而避免在债务到期时，因无法偿还而影响企业的信誉，避免为企业以后融资增加阻力；或企业被迫"拆东墙补西墙"，在高利率条件下举借新的债务。这些都在一定程度上增加了企业的财务风险。

在市场经济条件下，企业面临各种各样的风险，其中对企业影响最大的则属财务风险。财务风险最主要的表现形式就是支付风险，这种风险是由企业未来现金流量的不确定性与债务到期日之间的矛盾引起的。许多企业正是没有处理好二者之间的关系，影响了企业的正常生产经营活动，甚至于破产。

二、企业持有现金的成本

企业持有现金的成本通常由以下三个部分组成：

（一）持有成本

现金的持有成本，是指企业因保留一定现金余额而增加的管理费及丧失的再投资收益。实际上，现金持有成本包括持有现金的机会成本和管理成本两部分。

机会成本是公司将一定的资金投放在现金资产上所付的代价，这个代价实际上就是放弃更高报酬率的投资机会成本。

现金管理成本是对企业置存的现金资产进行管理而支付的代价，包括建立、执行、监督、考核现金管理内部控制制度的成本、编制执行现金预算的成本以及相应的安全装置购买、维护成本等。

企业往往会因为保留一定的现金余额而增加了管理费用，同时也会丧失一定的再投资能力。

（二）转换成本

现金的转换成本，是指企业用现金购入有价证券以及转让有价证券换取现金时付出的交易费用，即现金同有价证券之间相互转换的成本，如委托买卖佣金、委托手续费、证券过户费、实物交割手续费等。

（三）短缺成本

现金的短缺成本，是指在现金持有量不足而又无法及时通过有价证券变现加以补充而给企业造成的损失，包括直接损失与间接损失。

现金的短缺成本与现金持有量呈反方向变动关系。现金的短缺成本随现金持有量的增加而下降，随现金持有量的减少而上升，即与现金持有量负相关。

三、企业现金管理的目标

现金是企业资产中流动性最强的资产，持有一定数量的现金是企业开展正常生产活动的基础，是保证企业避免支付危机的必要条件；同时，现金又是获利能力最弱的一项资产，过多地持有现金会降低资产的获利能力。现金管理主要指交易性现金的管理，其管理目标为：①在满足需要的基础上尽量减少现金的持有量。②加快现金的周转速度。

四、最佳现金持有量的确定

最佳现金持有量又称为最佳现金余额，是指现金满足生产经营的需要，又使现金使用的效率和效益最高时的现金最低持有量。即，能够使现金管理的机会成本与转换成本之和保持最低的现金持有量。

就企业而言，最佳持有量意味着现金余额为零，但是，基于交易、预防、投机动机的要求，企业又必须保持一定数量的现金。企业能否保持足够的现金余额，对于降低或避免经营风险与财务风险具有重要意义。

（一）最佳现金持有量的确定

确定最佳现金持有量的模式主要有成本分析模式、存货模式、现金周转模式及随机模式。

1. 成本分析模式

成本分析模式是根据现金有关成本，分析预测其总成本最低时现金持有量的一种方法。运用成本分析模式确定最佳现金持有量时，只考虑因持有一定量的现金而产生的机会成本及短缺成本，而不予考虑管理费用和转换成本。

运用成本分析模式确定最佳现金持有量的步骤：

（1）根据不同现金持有量测算并确定有关成本数值；

（2）按照不同现金持有量及其有关成本资料编制最佳现金持有量测算表；

（3）在测算表中找出总成本最低时的现金持有量，即最佳现金持有量。在这种模式下，最佳现金持有量，就是持有现金而产生的机会成本与短缺成本之和最小时的现金持有量。

2. 存货模式

存货模式，是将存货经济订货批量模型原理用于确定目标现金持有量，其着眼点也是现金相关成本之和最低。

运用存货模式确定最佳现金持有量时，是以下列假设为前提的：

（1）企业所需要的现金可通过证券变现取得，且证券变现的不确定性很小；

（2）企业预算期内现金需要总量可以预测；

（3）现金的支出过程比较稳定、波动较小，而且每当现金余额降至零时，均通过部分证券变现得以补足；

（4）证券的利率或报酬率以及每次固定性交易费用可以获悉。

如果这些条件基本得到满足，企业便可以利用存货模式来确定最佳现金持有量。

3. 现金周转模式

现金周转模式是按现金周转期来确定最佳现金余额的一种方法。现金周转期是指现金从投入生产经营开始，到最终转化为现金的过程。

现金周转期 = 存货周转期 + 应收账款周转期 - 应付账款周转期

最佳现金余额 = （年现金需求总额 ÷ 360）× 现金周转期

现金周转模式操作比较简单，但该模式要求有一定的前提条件：

（1）必须能够根据往年的历史资料准确测算出现金周转次数，并且假定未来年

度与历史年度周转效率基本一致;

（2）未来年度的现金总需求应根据产销计划比较准确地预计。

如果未来年度的周转效率与历史年度相比发生变化，但变化是可以预计的，那模式仍然可以采用。

4.随机模式

随机模式是在现金需求难以预知的情况下进行的现金持有量确定的方法。企业可以根据历史经验和需求，预算出一个现金持有量的控制范围，制定出现金持有量的上限和下限，争取将企业现金持有量控制在这个范围之内。

随机模式的原理：制定一个现金控制区域，定出上限与下限，即现金持有量的最高点与最低点。当余额达到上限时将现金转换为有价证券，降至下限时将有价证券转换成现金。

随机模式的范围：企业未来现金流量呈不规则波动、无法准确预测的情况。

（二）最佳现金持有量确定的意义

1.企业现金持有过多将影响企业投资收益的提高。

2.企业现金持有不足，在可能使企业蒙受风险损失的同时，往往还要付出各种无法估量的潜在成本或机会成本。

五、现金的日常管理方法

企业在确定最佳现金持有量后，加强现金日常管理就可以围绕控制现金最佳持有量来进行。但控制现金最佳持有量还必须建立一套完整的现金管理信息反馈系统。因为，只有建立了完整的信息反馈系统，才能在企业发生现金运转不灵，或现金的流入流出变化导致实际的现金持有量偏离确定的最佳值时，及时采取有效的补救措施。

在具备这些条件后，加强现金的日常管理就变得简单多了。因为，企业现金持有量偏高只需开支掉就可以了，所以，如何增加现金的持有量才是加强现金日常管理最关键的问题。增加现金持有量的方法有很多种，但归纳起来主要有以下几种。

（一）现金收入的管理

企业现金收入的主要途径就是企业账款的回收，而企业账款的回收通常需要经过四个时点，即客户开出付款票据、企业收到票据、票据交存银行、企业收到现金。这样，企业账款的回收时间就由票据的邮寄时间、票据在企业停留时间、票据结算时间三个部分组成。票据在企业停留的时间可以由企业本身通过建立规章制度、奖惩激励机制等方法来控制，但对于票据邮寄时间和票据结算时间仅靠企业自身的力量是远远不够的，必须采取有效措施充分调动客户和银行的积极性，才能实现有效控制。对此，可采取以下方法。

1. 折扣、折让激励法

企业与客户之间共同寻求的都是经济利益，从这点出发，在企业急需现金的情况下，可以通过一定的折扣、折让来激励客户尽快结付账款。方法可以是在双方协商的前提下一次性给予客户一定的折让，也可以是根据不同的付款期限，给出不同的折扣。例如，10天内付款给予客户3%的折扣，20天内给予2%的折扣，30天内给予1%的折扣等。使用这种方法的技巧在于企业本身必须根据现金的需求程度和取得该笔现金后所能发挥的经济效益，以及为此而折扣、折让形成的有关成本，进行精确地预测和分析，从而确定出一个令企业和客户双方都能满意的折扣或折让比率。

2. 邮政信箱法

邮政信箱法又称锁箱法，它起源于西方国家，是企业为了加速现金流转而惯用的手法。具体做法是：企业在各主要城市租用专门的邮政信箱，并开设分行存款户，授权当地银行定期开箱，在取得客户票据后立即予以结算，并通过电子汇兑等最快捷的汇兑方式将货款及时拨回企业总部所在地银行。这种方法，可以使客户直接将票据邮寄给客户所在地的邮箱，而不是身处异地的企业总部，它不仅缩短了票据的邮寄时间，还免除了公司办理收账、货款存入银行等手续，从而有效地缩短了账款收取时间。但由于被授权开启邮政信箱的当地银行不可能免费提供服务，它不仅要求扣除相应的补偿性余额，而且还要加收办理额外服务的劳务费用。这样，企业的现金成本必然增加很多。因此，是否采用邮政信箱法，必须视企业提前收取这笔资金后所能产生的经济效益与预计为此增加的成本大小而定。收益大于成本的可以采用，反之则不必采用。而且即便决定采用此方法也不能过于盲目，必须根据企业以前的年度销售情况进行分析，归纳统计出企业主要客户网点，然后对各客户网点逐一进行模拟测试，再根据模拟测试的结果和该网点客户与企业业务往来的频率，来确定设立特定用途的邮政信箱。另外，设立邮政信箱的使用期限也必须有效地加以控制。

3.银行业务集中法

这是一种通过建立多个收款中心来加速现金流转的方法。其具体做法是：企业指定一个主要开户行（通常是指定企业总部所在地的基本结算开户行）为集中银行，然后在收款额较为集中的各营业网点所在区域设立收款中心，客户收到账单后直接与当地收款中心联系，办理货款结算，中心收到货款后立即存入当地银行，当地银行在进行票据交换后，立即转给企业总部所在地的集中银行。

这种方法的优点是可以缩短客户邮寄票据所需时间和票据托收所需时间，也缩短了现金从客户到企业的中间周转时间；其缺点是同样由于多处设立收款中心，相应地增加了现金成本。这种方法在技巧上除了可以采用与邮政信箱法相同的方式外，还可以将各网点的收款中心业务直接委托给当地银行办理，这样既减少了中间环节，又节省了人力、财力。

4.大额款项专人处理法

这种方法是通过企业设立专人负责制度，将现金收取的职责明确落实到具体的责任人，在责任人的努力下，提高办事效率，从而加速现金流转速度。这种方法的优点是便于管理，缺点是缩短的时间相对较少，且也会增加相应的现金成本。采用这种方法时，必须保持人员的相对稳定，因为处理同样类型的业务，有经验的通常比没有经验的要方便、快捷。

5.其他方法

除了上述方法外，现金收入的管理方法还有很多，如电子汇兑、企业内部往来多边结算、减少不必要的银行账户等，但这些方法相对比较单一，也就没有什么技巧可言，故略。

（二）现金支出管理

现金支出管理的症结所在是现金支出的时间。从企业角度来看，与现金收入管理相反，尽可能地延缓现金的支出时间是控制企业现金持有量最简便的方法。当然，这种延缓必须是合理合法的，且是不影响企业信誉的，否则，企业延期支付所带来的效益必将远小于为此而遭受的损失。通常企业延期支付账款的方法主要有：

1.推迟支付应付账款法

一般情况下，供应商在向企业收取账款时，都会给企业预留一定的信用期限，企业可以在不影响信誉的前提下，尽量推迟支付的时间。

2. 汇票付款法

这种方法是在支付账款时，可以采用汇票付款的尽量使用汇票，而不采用支票或银行本票，更不是直接支付现金。因为，在使用汇票时，只要不是"见票即付"的付款方式，在受票人将汇票送达银行后，银行还要将汇票送交付款人承兑，并由付款人将一笔相当于汇票金额的资金存入银行，银行才会付款给受票人，这样就有可能合法地延期付款。而在使用支票或银行本票时，只要受票人将支票存入银行，付款人就必须无条件付款。

3. 合理利用"浮游量"

现金的浮游量是指企业现金账户上现金金额与银行账户上所示的存款额之间的差额。有时，企业账户上的现金余额已为零或负数，而银行账上的该企业的现金余额还有很多。这是因为有些企业已开出的付款票据，银行尚未付款出账，而形成的未达账项，对于这部分现金的浮游量，企业可以根据历年的资料，进行合理地分析预测，有效地加以利用。要点是预测的现金浮游量必须充分接近实际值，否则容易开出空头支票。

4. 分期付款法

对企业而言，无论是谁都不能保证每一笔业务都能做到按时足额付款，这是常理。因此，如果企业与客户是一种长期往来关系，彼此间已经建立了一定的信用，那么在出现现金周转困难时，适当地采取"分期付款"的方法，客户是完全可以理解的。但拒绝支付又不加以说明，或每一笔业务无论金额大小都采用"分期付款法"则对客户的尊重和信用度就会大打折扣。为此，可采用大额分期付款，小额按时足额支付的方法。另外，对于采用分期付款方法时，一定要妥善拟订分期付款计划，并将计划告之客户，且必须确保按计划履行付款义务，这样就不会失信于客户。

5. 改进工资支付方式法

企业每月在发放职工工资时，都需要大笔的现金，而这大笔的现金如果在同一时间提取，则在企业现金周转困难时会陷入危机。解决此危机的方法就是最大限度地避免这部分现金在同一时间提取。为此。可在银行单独开设一个专供支付职工工资的账户，然后预先估计出开出支付工资支票到银行兑现的具体时间与大致金额。举例说明如下：某企业在每月10日发放工资，而根据多年经验判断，工资发放不可能在10日一天结束，通常10日、11日、12日，12日以后各期的兑现率分别为30%、25%、20%、25%，这样，企业就不必在10日足额开出支付工资支票的金额，而开出月工资的30%即可，这样节余下的现金则可用于其他支出。

6.外包加工节现法

对于生产型企业，特别是工序繁多的生产型企业，可采取部分工序外包加工的方法，有效地节减企业现金。举例说明如下：某生产型企业其元器件、零部件的采购必将需要采购成本，加工则需要支付员工的工资费、保险费，生产线的维护、升级等也同样需要占用大量的流动资金，这样，就可以采取外包加工的方法。外包后，只需要先付给外包单位部分定金就可以了。在支付外包单位的账款时，还可以采用上述诸方法合理地延缓付款时间。

（三）闲置现金投资管理

企业在筹集资金和经营业务时会取得大量的现金，这些现金在用于资本投资或其他业务活动之前，通常会闲置一段时间。对于这些现金如果让其一味地闲置就是一种损失、一种浪费。为此，可将其投入流动性高、风险性低、交易期限短，且变现及时的投资上，以获取更多的利益。如金融债券投资、可转让大额存单、回购协议等，但股票、基金、期货等投资虽然可行，但风险较大故不提倡。

总的来说，企业现金日常管理的意图是在保证日常生产经营业务的现金需求的前提下，最大限度地加速现金的运转，从而获得最大的经济收益。由此入手，可以探寻出很多现金日常管理的方法和技巧。

第三节 应收账款管理

应收账款是指企业在正常的经营过程中因销售商品、产品、提供劳务等业务，应向购买单位收取的款项，包括应由购买单位或接受劳务单位负担的税金、代购买方垫付的各种运杂费等。

一、应收账款的功能

应收账款作为企业为扩大销售和盈利的一项投资，也会发生一定的成本。所以企业需要在应收账款所增加的盈利和成本之间作出权衡。应收账款的功能就是它在生产经营中的作用，主要包括并表现在以下几个方面。

（一）扩大销售，增加企业的竞争力

在市场竞争比较激烈的情况下，赊销是促进销售的一种重要方式。企业赊销实际上是向顾客提供了两项交易：向顾客销售产品以及在一个有限的时期内向顾客提供资金。在银根紧缩、市场疲软、资金匮乏的情况下，赊销具有比较明显的促销作用，对企业销售新产品、开拓新市场具有重要的意义。

（二）减少库存，降低存货风险和管理开支

企业持有产成品存货，要追加管理费、仓储费和保险费等支出；相反，企业持有应收账款，则无须上述支出。因此，当企业产成品存货较多时，一般都可采用较为优惠的信用条件进行赊销，把存货转化为应收账款，减少产成品存货，节约相关的开支。

随着市场经济的发展，商业信用的推行，企业应收账款数额普遍明显增多，应收账款的管理已经成为企业经营活动中日益重要的问题。

二、应收账款的成本

企业有了应收账款，就有了坏账损失的可能。不仅如此，应收账款的增加还会造成资金成本和管理费用的增加。企业要充分认识和估算应收账款的下列三项成本。

（一）机会成本

应收账款作为企业用于强化竞争、扩大市场占有率的一项短期投资占有，明显丧失了该部分资金投入于证券市场及其他方面的收入。企业用于维持赊销业务所需要的资金乘以市场资金成本率（一般可按有价证券利息率）之积，便可得出应收账款的机会成本。

（二）管理成本

企业对应收账款的全程管理所耗费的开支，主要包括对客户的资信调查费用，应收账款账簿的记录费用，收账过程开支的差旅费、通信费、人工工资、诉讼费以及其他费用。

（三）坏账成本

因应收账款存在无法收回的可能性，所以就会给债权企业带来呆坏账损失，即坏账成本。企业应收账款余额越大，坏账成本就越大。

三、应收账款管理的目标

对于一个企业来讲，应收账款的存在本身就是一个产销的统一体，企业一方面想借助于它来促进销售，扩大销售收入，增强竞争能力，同时又希望尽量避免由于应收账款的存在而给企业带来的资金周转困难、坏账损失等弊端。如何处理和解决好这一对立又统一的问题，便是企业应收账款管理的目标。

应收账款管理的目标，是要制定科学合理的应收账款信用政策，并在这种信用政策所增加的销售盈利和采用这种政策预计要担负的成本之间做出权衡。只有当所增加的销售盈利超过运用此政策所增加的成本时，才能实施和推行使用这种信用政策。同时，应收账款管理还包括企业未来销售前景和市场情况的预测和判断，以及对应收账款安全性的调查。如企业销售前景良好，应收账款安全性高，则可进一步放宽其收款信用政策，扩大赊销量，获取更大利润；相反，则应相应严格其信用政策，或对不同客户的信用程度进行适当调整，确保企业在获取最大收入的情况下，又使可能的损失降到最低点。

企业应收账款管理的重点，就是根据企业的实际经营情况和客户的信誉情况制定企业合理的信用政策，这是企业财务管理的一个重要组成部分，也是企业为达到应收账款管理目的必须合理制定的方针策略。

四、信用政策

信用政策，是指企业为对应收账款进行规划与控制而确立的基本原则性行为规范，是企业财务政策的一个重要组成部分。

信用政策主要包括信用标准、信用条件、收账政策三部分内容，主要作用是调节企业应收账款的水平和质量。

（一）信用标准

信用标准是指当采取赊销手段销货的企业对客户授信时，对客户资信情况进行要求的最低标准，通常以逾期的DSO（Days sales outstanding应收账款周转天数）和坏账损失比率作为制定标准的依据。企业信用标准的设置，直接影响对客户信用申请的批准与否，是企业制定信用管理政策的重要一环。

信用标准是客户获得企业商业信用所应具备的最低条件，通常以预期的坏账损失率表示。如果企业把信用标准定得过高，将使许多客户因信用品质达不到所设的标准而被企业拒之门外，其结果尽管有利于降低违约风险及收账费用，但不利于企业市场竞争能力的提高和销售收入的扩大。相反，如果企业接受较低的信用标准，虽然有利于企业扩大销售，提高市场竞争力和占有率，但同时也会导致坏账损失风险加大和收账费用增加。为此，企业应在成本与收益比较原则的基础上，确定适宜的信用标准。

信用标准的评价方法：企业在设定某一顾客的信用标准时，往往先要评价其赖账的可能性，比较流行的方法是"5C模型"，即考虑客户的品质（Character）、能力（Capacity）、资本（Capital）、抵押（Collateral）、条件（Condition）。

品质：指的是顾客的信誉，即履行偿债义务的可能性。因此，企业必须设法了解顾客过去的付款记录，看其是否有按期如数付款的习惯，以及与其他供货企业的关系是否良好，这一点经常被视为评价顾客信用的首要要素。

能力：是指顾客的偿债能力，即其流动（或速动）资产的数量和质量以及与流动负债的比例。顾客的流动资产越多，其转换为现金支付款项的能力越强。同时，还应注意顾客流动资产的质量，看是否有存货过多、过时或质量下降，影响其变现能力和支付能力的情况。

资本：指顾客的财务实力和财务状况，表明顾客可能偿还债务的背景。管理者通过对方企业的财务比率所反映的企业资产构成状况进行判断，其中有形资产在总资产中所占的比率是非常重要的指标。

抵押：是指顾客拒付款项或无力支付款项时能被用作抵押的资产。这对于不知底细或信用状况有争议的顾客尤其重要。一旦收不到这些顾客的款项，便以抵押品抵补。如果这些顾客提供足够的抵押，就可以考虑向他们提供相应的信用。

条件：是指可能影响顾客付款能力的经济环境。比如，万一出现经济不景气的状况，会对顾客的付款行为产生什么影响，顾客会如何做等。这需要了解顾客在过去困难时期的付款历史。

（二）信用条件

信用条件是销货企业要求赊购客户支付货款的条件，包括信用期限、折扣期限和现金折扣。信用期限是企业为顾客规定的最长付款时间，折扣期限是为顾客规定的可享受现金折扣的付款时间，现金折扣是在顾客提前付款时给予的优惠。

1.信用期间

简称信用期，是企业对客户提供商业信用而提出的最长付款时间。信用期间过短，不足以吸引客户，在竞争中会使销售额下降；信用期间过长，对销售额固然有利，但如果盲目放宽信用期，可能影响资金周转，使得相应的费用增加，甚至造成利润的减少。

2.现金折扣

现金折扣是企业对客户早付款时的一种优惠。建立现金折扣政策的主要目的是吸引客户为享受优惠而提前付款，缩短平均收现期。现金折扣同样会对企业的收益和费用产生影响。如果制定方法不当，也会使企业得不偿失。

3.信用条件的作用

信用条件是销售活动的事前设计和事中控制，而收账政策是指当客户未按事先约定在信用期内付款时企业所采取的事后补救方法。收账政策会影响利润，当企业采取积极的收账政策时，会减少应收账款占用额和坏账损失，但有可能增加收账成本；反之，如果采取消极的收账政策，会增加应收账款占用额和坏账损失。因此，企业在选取收账政策时，应视逾期时间长短、欠缴金额大小、不同的客户、不同的产品参考信用条件灵活运用。对于逾期时间较短的客户，可通过信函、电话等方式催收；对于情形较严重者，可派人面谈，必要时还可提请有关部门仲裁或提请诉讼等。

（三）账款政策

应收账款发生后，企业应采取各种措施，尽量争取按期收回账款，否则会因拖欠时间过长而发生坏账，使企业遭受损失。这些措施包括对应收账款回收情况的监督，对坏账事先准备和制定适当的收账政策等。

1. 应收账款回收的监督

企业的应收账款时间有长有短，有的尚未超过信用期限，有的则超过了信用期限。一般来讲，拖欠时间越长，款项收回的可能性越小，形成坏账的可能性越大。

对此，企业应实施严密的监督，随时掌握回收情况。实施对应收账款回收情况的监督，可以通过编制账龄分析表进行。

举例说明，利用账龄分析表，企业可以了解到以下情况：

（1）有多少欠款尚在信用期内。

（2）有多少欠款超过了信用期，超过时间长短的款项各占多少，有多少欠款会因拖欠时间太久而可能成为坏账。

对不同拖欠时间的欠款，企业应采取不同的收账方法，制定出经济、可行的收账政策；对可能发生的坏账损失，则应提前作好准备，充分估计这一因素对损益的影响。

2. 收账政策的制定

企业对不同过期账款的收款方式，包括准备为此付出的代价，就是它的收账政策。比如，对过期较短的顾客，不宜过多打扰，以免将来失去这一客户；对过期稍长的顾客，可以措辞委婉地写信催款；对过期较长的顾客，频繁地写信催款并电话催询；对过期很长的顾客，可在催款时措辞严厉，必要时提请有关部门仲裁或提请诉讼，等等。催收账款要发生费用，某些催款方式的费用还会很高（如诉讼费）。一般来说，收款的花费越大，收账措施越有力，可收回的账款就越多，坏账损失就越少。

因此制定收账政策，要在收账费用和所减少的坏账损失之间作出权衡。制定有效、得当的收账政策很大程度上靠有关人员的经验；从财务管理的角度讲，也有一些量化的方法可以参照，根据应收账款总成本最小化的原则，可以对各收账方案成本的大小进行比较来加以选择。

五、应收账款日常管理

（一）加强应收账款的控制措施

1.确定适当的信用标准

信用标准是企业决定授予客户信用所要求的最低标准。信用标准较严，可使企业遭受坏账损失的可能减小，但会不利于扩大销售。反之，如果信用标准较宽，虽然有利于刺激销售增长，但有可能使坏账损失增加，得不偿失。可见，企业应根据所在行业的竞争情况、企业承担风险的能力和客户的资信情况进行权衡，确定合理的信用标准。

2.加强产品生产质量和服务质量的管理

在产品质量上，应采取先进的生产设备、聘用先进技术人员，生产出物美价廉、适销对路的产品，争取采用现销方式销售产品。如果生产的产品畅销，供不应求，应收账款就会大幅度地下降，还会出现预收账款。同时在服务上企业应形成售前、售中、售后一整套的服务体系。

3.确定应收账款最佳持有额度并对客户使用奖惩政策

确定企业应收账款的最佳持有额度是在扩大销售与控制持有成本之间的一种权衡，企业信用管理部门要综合考虑企业发展目标，以确定一个合理的应收账款持有水平。为了促使客户尽早付清欠款，企业在对外赊销和收账时要奖罚分明。即对于提前付清的要给予奖励，对于拖欠付款的要区分情况，给予不同程度的惩罚。

4.建立应收账款坏账准备制度

不管企业采用怎样严格的信用政策，只要存在商业信用行为，坏账损失的发生总是不可避免的。因此，企业要遵循稳健性原则，对坏账损失的可能性预先进行估计，建立弥补坏账损失的准备金制度，以促进企业健康发展。

（二）加强应收账款的日常管理措施

1.实施应收账款的追踪分析

赊销企业有必要在收款之前，对该项应收账款的运行过程进行追踪分析，重点要放在赊销商品的变现方面。企业要对赊购者的信用品质、偿付能力进行深入调查，分析客户现金的持有量与调剂程度能否满足兑现的需要。应将那些挂账金额大、信用品质差的客户的欠款作为考察的重点，以防患于未然。

2.认真对待应收账款的账龄

一般而言，客户逾期拖欠账款时间越长，账款催收的难度越大，成为呆坏账的可能性也就越高。企业必须要做好应收账款的账龄分析，密切注意应收账款的回收进度和出现的变化，把过期债权款项纳入工作重点，研究调整新的信用政策，努力提高应收账款的收现效率。

3.谨慎对待应收账款的转换问题

虽然应收票据具有更强的追索权，但企业为及时变现应急应收票据贴现，会承担高额的贴现利息。另外，企业可通过抵押或让售业务将应收账款变现，这些虽然都可以解企业的燃眉之急，但都会给企业带来额外的负担，并增加企业的偿债风险，不利于企业的健康发展。

4.进一步完善收账政策

企业在制定收账政策时，要在增加收账费用与减少坏账损失、减少应收账款机会成本之间进行比较、权衡，以前者小于后者为基本目标，掌握好宽严界限，拟定可取的收账计划。

(三) 应收账款的催收措施

1.企业内部对应收账款的动态管理

在中小企业，应收账款的规模较小，企业的财务部门通常只是向业务员提示应收账款即将到期或已经逾期的期限，并为业务员提供业务发生的有关原始单据，供业务员催款使用。但在大的集团公司，财务部门应该设立专人负责应收账款的管理，同时财务部门应协助有关部门制定收回欠款的奖励制度，加速逾期账款回收。

2.定期分析应收款账龄以便及时收回欠款

一般来讲，逾期时间越长，越容易形成坏账。所以财务部门应定期分析应收账款账龄，向业务部门提供应收账款账龄数据及比率，催促业务部门收回逾期的账款。财务部门和业务部门都应把逾期的应收账款作为工作的重点，分析逾期的内容有：客户的信用品质是否发生变化、市场是否变化，客户赊销商品是否造成库存积压；客户的财务资金状况因什么原因恶化，等等。考虑每一笔逾期账款产生的原因，进而采取相应的收账方法。在向客户催收货款时，必须讲究方式才能达到目的，催收应收账款的方式一般有。

（1）由公司内部业务员直接出面。一般情况下，业务员可能与客户有多年的交情，见面易于沟通，这是其他人所做不到的。

（2）由公司内部专职机构出面。在业务员的协调下，可以集中多人的智慧采取最佳方式与客户接触和谈判，避免可能的极端行为给催收造成不必要的麻烦。

（3）委托收账公司代理追讨。当做了种种努力，仍未能收回欠款时，为了避免耗费无法预测的追讨成本，这笔逾期应收账款的追收工作可以委托专业的收账公司继续追收。

总之，在市场竞争日益激烈的今天，企业要想提高销售量和市场的占有率，就必须进行赊销，应收账款对企业来说是不可避免的。所以加强对应收账款的核算和管理，尽量降低三角债、呆账和坏账事件的产生，避免企业的资金在非生产环节上沉淀，是保障企业资金正常运行的一项重要措施。

（四）应收账款的处理

在商品、产品销售时，无折扣折让和有折扣折让情况下的应收账款账务处理有所不同。

1.无折扣折让情况下的账务处理

（1）企业因商品、产品销售而发生应收账款时：

借：应收账款

贷：主营业务收入 应交税金——应交增值税（销项税额）

（2）收到应收账款时：

借：银行存款

贷：应收账款

2.有折扣折让情况下的账务处理

（1）总价法的账务处理：销售商品时，按售货总价入账，以后发生折扣与转让时，冲减产品销售收入，贷记"销售折扣与折让"。

①将商品产品销出时

借：应收账款（按货款及税款总价）

贷：主营业务收入（按货款总价）应交税金——应交增值税（销项税额）（按税款总价）

②在折扣期限内，收到销货款项

借：银行存款（按货款净价）销售折扣与折让（按折扣折让额）

贷：应收账款（按货款净价）

③在折扣期外收到销货款项

借：银行存款

贷：应收账款

（2）净价法的账务处理

销售商品时，按商品总价扣除全部折扣后的净价入账，购货方如延期付款时，则贷记已冲减的产品销售收入，借记"银行存款"账户。

①发生销货时，按全部折扣后的净价入账

借：应收账款 销售折扣与折让

贷：主营业务收入 应交税金——应交增值税（销项税额）

②收到售价时，已超过最高折扣额期限的

借：银行存款

贷：应收账款 销售折扣与折让

③若按规定期限收到售货款时

借：银行存款

贷：应收账款

第四节 存货管理

一、存货管理概述

存货是指企业在日常活动中持有以备出售的产成品或商品、处在生产过程中的在产品、在生产过程或提供劳务过程中耗用的材料或物料等，包括各类材料、在产品、半成品、产成品或库存商品以及包装物、低值易耗品、委托加工物资等。它是反映企业流动资金运作情况的晴雨表，往往成为少数人用来调节利润、偷逃国家税费基金的调节器。因为它不仅在企业营运资本中占很大比重，而且又是流动性较差的流动资产。

存货管理就是对企业的存货进行管理，主要包括存货的信息管理和在此基础上的决策分析，最后进行有效控制，达到存货管理的最终目的——提高经济效益。

企业置留存货一方面是为了保证生产或销售的经营需要，另一方面是出自价格的考虑，零购物资的价格往往较高，而整批购买在价格上有优惠。但是，过多存货要占用较多资金，并且会增加包括仓储费、保险费、维护费、管理人员工资在内的各项开支，因此，进行存货管理目标就是尽力在各种成本与存货效益之间做出权衡，达到两者的最佳结合，这就是存货管理的目标。

二、存货管理的作用及重要性

（一）作用

要管理存货，首先必须了解存货管理的作用，基于存货的效用可将之分为四类形态:周期存货、安全存量、预期存货及管道存货。

1.周期存货

有许多货品有较稳定的需要，也就是说，它们常是逐渐使用或销售，于是拥有较稳定的需要，然而，若依其需求率而购买或生产又不经济，故为配合经济效益，必须先大批生产，然后将其储存起来渐渐使用。

2. 安全存量

安全存量（Safety Stock）是指手中现有的存货量足以应付意外的需求或补给的运送，倘若未来的需求量及运送需要的时间可确定，则安全存量完全没有必要。

3. 预期存货

预期存货（Anticipation Inventories）是为了建立库存量，以备需求的增加或供应的减少，此种库存方式常适用于季节性需求的产品。以玩具工业为例，玩具制造业者建立整年需要之存量，以备12个月份销售，然而，通常生产需要一套标准操作（Level Operation）。操作水准的改变是很浪费的，这种改变导致较高的工资成本及结束成本、加班以及劳工怠工成本，设备使用低效率，以及较低的品质及生产率。

4. 管道存货

管道存货（Pipeline Inventories）管理乃是存货在运送中及过程中的管理，包括供应商的货运、工厂中两段工作站间的输送、支库间的铁路运送、自仓库到零售商的路线，直至送达零售店的货架上。存货的数量依原料运送流量大小及所需的时间而定。

5. 管理意义

（1）可以帮助企业仓库管理人员对库存商品进行详尽、全面地控制和管理；

（2）帮助库存会计进行库存商品的核算；

（3）提供各种库存报表和库存分析，可以为企业的决策提供依据；

（4）实现降低库存、减少资金占用，避免物品积压或短缺，保证企业经营活动顺利进行。

存货作为一项重要的流动资产，它的存在势必占用大量的流动资金。一般情况下，存货占工业企业总资产的30%左右，商业流通企业的则更高，其管理利用情况如何，直接关系到企业的资金占用水平以及资产运作效率。因此，一个企业若要保持较高的盈利能力，应当十分重视存货的管理。在不同的存货管理水平下，企业的平均资金占用水平差别是很大的。通过实施正确的存货管理方法，来降低企业的平均资金占用水平，提高存货的流转速度和总资产周转率，才能最终提高企业的经济效益。

（二）重要性

在国内金融自由化、企业国际化及证券市场多元化等趋势发展的影响下，财务管理已成为企业营运需求上的重要一环，也是管理者极为关心的课题。财务管理的范畴极广，主要为投资管理、融资管理、营运管理等，营运管理中的流动资产管理包括现金管理、应收账款管理及存货管理，其中存货管理目前企业最为重视。依著名的摩尔定律，电子运算之元件会集中缩小于芯片中，因科技之进步，使得运算能力每18个月会加倍，故导致高科技产品生命周期过短，一项新产品的销售热潮经常仅在3~9个月，因此存货管理就显得更为重要。

存货在资产负债表上属于流动资产，然而就存货管理的观点而言，存货并非资产而是成本的积压，存货不足虽然可能无法满足客户需求，流失部分订单；然而过多的存货亦会积压公司资金，另依国内会计准则35号公报资产减损评估，若为呆滞品则会立即影响公司当期损益。

三、当前企业存货管理存在的问题及对策

（一）当前企业存货管理存在问题及原因

1. 存货的收入、发出、结存缺乏真实记录

材料领用记录生产成本及费用的归集、结转的记录人为因素较多，尤其在工程项目核算上更显现其弊端。比如，甲、乙两个工号同时开工，月末核算记录显示的是乙工号的材料消耗极少甚至为零，而甲工号的材料消耗多出很多；原辅材料已经领用消耗，而实际上并未相应结转成本；原辅材料并未领用消耗，而实际上已经结转了成本；购入的材料已经领用消耗，购货发票未到，期末又没有按规定暂估入库，造成资产负债表期末存货记录减少甚至出现红字余额。

2. 内部控制制度不健全

在材料采购、产品销售环节往往由同一个人完成采购销售、付款收款、入库出库等全过程，使采购销售工作无章可循，还会提供暗箱操作的温床，增加了营私舞弊的可能性。

3. 流动资金占用额高

因库存量大，导致流动资金占用额高，有的企业存货储备要占到流动资金总额的60%以上，给企业流动资金周转带来很大的困难。

4. 非正常存货储备量挤占了正常的存货储备量

为控制流动资金占用额，在日常存货管理中尽量降低库存占用量，减少进货量，从而影响了正常生产经营所需要的合理存货储备量。

5. 管理不到位

毁损待报废、超储积压存货储备在每年一次的清产核资中都要作为重点问题进行上报，但每年都是只上报，并没有上级主管部门的批示，也没有处理结果，致使毁损待报废、超储积压存货储备量像滚雪球一样越滚越大，没有从根本上解决问题。

（二）解决途径

（1）严格执行财务制度规定，使账、物、卡（卡是指物料购买卡、领用卡、存货卡）三相符。存货管理要严格执行财务制度规定，对货到发票未到的存货，月末应及时办理暂估入库手续，使账、物、卡三相符。

（2）采用ABC控制法，降低存货库存量，加速资金周转。对存货的日常管理，根据存货的重要程度，将其分为三种类型。①存货品种占全部存货的10%～15%，资金占存货总额的80%左右，实行重点管理，如大型备品备件等。②存货为一般存货，品种占全部存货的20%～30%，资金占全部存货总额的15%左右，适当控制，实行日常管理，如日常生产消耗用材料等。③存货品种占全部存货的60%～65%，资金占存货总额的5%左右，进行一般管理，如办公用品、劳保用品等随时都可以采购。通过分类后，抓住重点存货，控制一般存货，制定出较为合理的存货采购计划，从而有效地控制存货库存，减少储备资金占用，加速资金周转。

（3）加强存货采购管理，合理运作采购资金，控制采购成本。①计划员要有较高的业务素质，对生产工艺流程及设备运行情况要有充分的了解，掌握设备维修、备件消耗情况及生产耗用材料情况，进而做出科学合理的存货采购计划。②要规范采购行为，增加采购的透明度。本着节约的原则，采购员要对供货单位的品质、价格、财务信誉动态监控；收集各种信息，同类产品货比多家，以求价格最低、质量最优；同时对大宗原燃材料、大型备品备件实行招标采购，杜绝暗箱操作，杜绝采购黑洞。这样，既确保了生产的正常进行，又有效地控制了采购成本，加速了资金周转、提高了资金的使用效率。

（4）充分利用ERP等先进的管理模式，实现存货资金信息化管理。要想使存货管理达到现代化企业管理的要求，就要使企业尽快采用先进的管理模式，如ERP系统。利用ERP使人、财、物、产、供、销全方位科学高效集中管理，最大限度地堵塞漏洞，降低库存，使存货管理更上一个新台阶。

第五章　项目投资管理与筹资管理

第一节　项目投资概述

一、项目投资的含义

项目投资是一种以特定项目为对象，直接与新建项目或更新改造项目有关的长期投资行为。项目投资按其涉及内容还可进一步细分为单纯固定资产投资和完整工业投资项目。单纯固定资产投资项目特点在于：在投资中只包括为取得固定资产而发生的垫支资本投入而不涉及周转资本的投入；完整工业投资项目则不仅包括固定资产投资，而且还涉及流动资金投资，甚至包括其他长期资产项目（如无形资产、长期待摊费用等）的投资。

与其他形式的投资相比，项目投资具有投资内容独特（每个项目都至少涉及一项固定资产投资）、投资数额多、影响时间长（至少一年或一个营业周期以上）、发生频率低、变现能力差和投资风险大的特点。

二、项目投资的分类

（一）短期投资和长期投资

短期投资又称流动资产投资，是指在一年内能收回的投资。长期投资则是指一年以上才能收回的投资。由于长期投资中固定资产所占的比重最大，所以长期投资有时专指固定资产投资。

（二）采纳与否投资和互斥选择投资

从决策的角度看，可把投资分为采纳与否投资和互斥选择投资。采纳与否投资是指决定是否投资于某一独立项目的决策。在两个或两个以上的项目中，只能选择其中之一的决策叫作互斥选择投资决策。

第二节　现金流量的内容与投资决策指标

一、现金流量概述

现金流量是现代理财学中的一个重要概念，是指企业在一定会计期间按照现金收付实现制，通过一定经济活动（包括经营活动、投资活动、筹资活动和非经常性项目）而产生的现金流入、现金流出及其总量情况的总称。即企业一定时期的现金和现金等价物的流入和流出的数量。

现金流量管理是现代企业理财活动的一项重要职能，建立完善的现金流量管理体系，是确保企业的生存与发展、提高企业市场竞争力的重要保障。

（一）现金流量的内容

1.初始现金流量

初始现金流量是指开始投资时发生的现金流量，一般包括以下几个部分：

（1）固定资产上的投资。包括固定资产的购入或建造成本、运输成本和安装成本等。

（2）流动资产上的投资。包括对材料、在产品、产成品和现金等流动资产上的投资。

（3）其他投资费用。指与长期投资有关的职工培训费、谈判费、注册费用等。

（4）原有固定资产的变价收入。这主要是指固定资产更新时原有固定资产的变卖所得的现金收入。

2.营业现金流量

营业现金流量是指投资项目投入使用后，在其寿命周期内因生产经营所带来的现金流入和流出的数量。这种现金流量一般以年为单位进行计算。这里现金流入一般是指营业现金收入，现金流出是指营业现金支出和交纳的税金。如果一个投资项目的每年销售收入等于营业现金收入，付现成本（指不包括折旧等非付现的成本）等于营业现金支出，那么，年营业现金净流量(NCF)可用下列公式计算：

每年净现金流量（NCF）= 营业收入 − 付现成本 − 所得税

或，每年净现金流量（NCF）= 净利 + 折旧

或，每年净现金流量（NCF）= 营业收入 ×（1 − 所得税率）− 付现成本 ×（1 − 所得税率）+ 折旧 × 所得税率

3.终结现金流量

终结现金流量是指投资项目完结时所发生的现金流量，主要包括：

（1）固定资产的残值收入或变价收入。

（2）原有垫支在各种流动资产上的资金的收回。

（3）停止使用的土地的变价收入等。

（二）现金流量的分类

在现金流量表中，将现金流量分为三大类：经营活动现金净流量、投资活动现金净流量和筹资活动现金净流量。①经营活动是指直接进行产品生产、商品销售或提供劳务的活动，它们是企业取得收益的主要交易和事项。②投资活动，是指固定资产的购建和不包括现金等价物范围内的投资及其处置活动。③筹资活动，是指导致企业资本及债务规模和构成发生变化的活动。

现金流量表按照经营活动、投资活动和筹资活动进行分类报告，目的是便于报表使用人了解各类活动对企业财务状况的影响，以及估量未来的现金流量。

在上述划分的基础上，又将各大类活动的现金流量分为现金流入量和现金流出量两类，即经营活动现金流入、经营活动现金流出，投资活动现金流入、投资活动现金流出，筹资活动现金流入、筹资活动现金流出。

二、投资决策评价指标

投资决策评价指标，是指用于衡量和比较投资项目可行性，以便据以进行方案决策的定量化标准与尺度。

从财务评价的角度来看，投资决策评价指标主要包括静态投资回收期、投资收益率、净现值、净现值率、获利指数、内部收益率。

（一）静态投资回收期

静态投资回收期（简称回收期），是指以投资项目经营净现金流量抵偿原始投资所需要的全部时间。它有包括建设期的投资回收期和不包括建设期的投资回收期两种形式。

（二）投资收益率

投资收益率又称投资利润率，是指投资收益（税后）占投资成本的比率。

（三）净现值

净现值，是一项投资所产生的未来现金流的折现值与项目投资成本之间的差值。净现值法是评价投资方案的一种方法。该方法利用净现金效益量的总现值与净现金投资量算出净现值，然后根据净现值的大小来评价投资方案。净现值为正值，投资方案是可以接受的；净现值是负值，投资方案就是不可接受的。净现值越大，投资方案越好。净现值法是一种比较科学也比较简便的投资方案评价方法。

（四）净现值率

净现值率（NPVR）又称净现值比、净现值指数，它是净现值与投资现值之比，表示单位投资所得的净现值。净现值率小，单位投资的收益就低；净现值率大，单位投资的收益就高。

（五）获利指数

获利指数是指投资方案未来现金净流量现值与原始投资额现值的比值。现值指数法就是使用现值指数作为评价方案优劣的一种方法。现值指数大于1，方案可行，且现值指数越大方案越优。

（六）内部收益率

内部收益率就是资金流入现值总额与资金流出现值总额相等、净现值等于零时的折现率。如果不使用电子计算机，内部收益率要用若干个折现率进行试算，直至找到净现值等于零或接近于零的那个折现率。

三、投资决策指标的运用

（一）独立方案财务可行性评价及投资决策

独立方案是指一组互相分离、互不排斥的方案。这些方案之间并不存在相互比较和选择的问题。

独立方案财务可行性评价，即对投资方案作出最终决策的过程。

1.方案完全具备财务可行性的条件

如果某一投资方案的评价指标同时满足以下条件：

净现值NPV$\geq$0，净现值率NPVR$\geq$0，获利指数PI$\geq$1，内部收益率IRR$\geq$行业基准收益率或资本成本i，静态投资回收期$P\leq$项目计算期或运营期的一半，投资利润率ROI$\geq$基准收益率i。

2.方案基本具备财务可行性的条件

如果某一投资方案的主要评价指标满足下列条件：

NPV$\geq$0， NPVR$\geq$0， PI$\geq$1， IRR$\geq i$。

但次要或辅助指标满足以下条件：

静态投资回收期P>项目计算期或运营期的一半，投资利润率ROI<基准收益率i。

3.方案完全不具备财务可行性的条件

如果某一投资方案的评价指标同时满足以下条件：

NPV<0， NPVR<0， PI<1，IRR<i，静态投资回收期P>项目计算期或运营期的一半，ROI<i

4.方案基本不具备财务可行性的条件

如果某一投资方案的主要评价指标满足下列条件：

NPV<0， NPVR<0， PI<1， IRR<i。

但次要或辅助指标满足以下条件：

静态投资回收期$P\leq$项目计算期或运营期的一半，投资利润率ROI$\geq$基准收益率i。

（二）多个互斥投资方案的比较决策

所谓互斥方案是指互相关联、互相排斥的方案，即一组方案中的各个方案彼此可以相互代替，采纳方案组中的某一方案，就会自动排斥这组方案中的其他方案。 多个互斥方案比较决策是指在每一个入选方案已具备财务可行性的前提下，利用具体决策方法比较各个方案的优劣，利用评价指标从各个备选方案中最终选出一个最优方案的过程。

多个互斥方案比较决策的方法主要包括净现值法、净现值率法、差额投资内部收益率法、年等额净回收额法和计算期统一法等具体方法。

1. 净现值法

所谓净现值法，是指通过比较所有投资方案的净现值指标的大小来选择最优方案。该法适用于原始投资相同且项目计算期相等的多个互斥方案比较决策。在此法下，净现值最大的方案为优。

2. 净现值率法

所谓净现值率法，是指通过比较所有投资方案的净现值率指标的大小来选择最优方案的方法。该法适用于所有投资项目的比较决策。在此法下，净现值率最大的方案为优。

3. 差额投资内部收益率法

所谓差额投资内部收益率法，是指在两个原始投资额不同方案的差量现金净流量（△NCF）的基础上，计算出差额内部收益率（△IRR），并根据行业基准折现率进行比较，进而判断方案优劣的方法。

该法适用于原始投资不相同，但项目计算期相同的多方案比较决策。

差额投资内部收益率△IRR的计算过程和计算技巧同内部收益率IRR完全一样，只是所依据的是△NCF。

4. 年等额净回收额法

所谓年等额净回收额法，是指通过比较所有投资方案的年等额净回收额（记作NA）指标的大小来选择最优方案的决策方法。该法适用于原始投资不相同，特别是项目计算期不同的多方案比较决策。在此法下，年等额净回收额最大的方案为优。

某方案的年等额净回收额等于该方案净现值与相关回收系数（或年金现值系数倒数）的乘积。计算公式如下：

$$某方案年等额净回收额 = 该方案净现值 \times 回收系数 = \frac{该方案净现值}{年金现值系数}$$

（三）多方案组合排队投资决策

如果一组方案中既不属于相互独立，又不属于相互排斥，而是可以实现任意组合或排队，则这些方案被称为组合或排队方案。

具体有两种情况，决策的方法各不相同。

（1）在资金总量不受限制的情况下，可按每一项目的NPV大小排队，确定优先考虑的项目顺序。

（2）在资金总量受到限制时，则需按净现值率或获利指数的大小，结合净现值NPV进行各种组合排队，从中选出能使净现值总和最大的最优组合。

第三节 筹资管理概述

一、企业筹资的意义与分类

（一）企业筹资的意义

企业筹资，是指企业作为筹资主体根据其生产经营、对外投资和调整资本结构等需要，通过筹资渠道和金融市场，运用筹资方式，经济有效地筹措和集中资本的活动。其基本目的是为了自身的生存和发展，具体可分为①扩张性筹资动机；②调整性筹资动机；③混合性筹资动机。

随着中国市场经济的发展，企业的融资方式发展迅速，呈现多样化的趋势，很多企业开始利用直接融资获取所需要的资金，直接融资将成为企业获取所需要的长期资金的一种主要方式，主要是因为随着国家宏观调控作用的不断削弱国有企业的资金需求很难得到满足，另外，银行对信贷资金缺乏有效的约束手段，使银行不良债务急剧增加，银行自由资金比率太低，这预示着中国经济生活中潜伏着可能的信用危机和通货膨胀的危机；企业本身高负债，自注资金的能力也较弱。

在市场经济条件下，企业作为资金的使用者不通过银行这一中介机构而从货币所有者手中直接融资，已成为一种通常做法，由于中国资本市场的不发达，我国直接融资的比例较低，同时也说明了我国资本市场在直接融资方面的发展潜力是巨大的。改革开放以来，国民收入分配格局明显向个人倾斜，个人收入比重大幅度上升。随着个人持有金融资产的增加和居民投资意识的增强，对资本的保值、增值的要求增大，人们开始把目光投向国债和股票等许多新的投资渠道。我国目前正在进行的企业股份制改造无疑为企业进入资本市场直接融资创造了良好的条件，但是应该看到，由于直接融资，特别是股票融资无须还本付息，投资者承担着较大的风险，必然要求较高的收益率，就要求企业必须有良好的经营业绩和发展前景。

（二）企业筹资的分类

企业筹集的资金可按不同的标准进行分类：

（1）按企业所取得资金的权益特性不同，企业筹资分为股权筹资、债务筹资及混合筹资三类。

（2）按所筹集资金的使用期限是否超过1年，企业筹资分为长期筹资和短期筹资两种类型。

（3）按是否以金融机构为媒介来获取社会资金，企业筹资分为直接筹资和间接筹资两种类型。

（4）按资金的来源范围不同，企业筹资分为内部筹资和外部筹资两种类型。

在市场经济中，企业融资方式总的来说有两种：①内部融资，是指企业在内部通过留用利润而形成的资本来源；②外部融资，即吸收其他经济主体的储蓄，以转化为自己投资的过程，它需要从金融市场上筹集，其中短期资本通过货币市场筹集，长期资本则通过资本市场筹集。按照资金是否在供求双方调剂，可以把长期资金的筹集方式划分为两种方式，即直接融资和间接融资：①直接融资，是指不通过金融中介机构，由资金供求双方直接协商进行的资金融通。通过商业信用、企业发行股票和债券方式进行的融资均属于直接融资。②间接融资则是由企业通过银行和其他金融中介机构间接地向资本的最初所有者筹资，它的基本形式是银行或非银行金融机构从零散储户或其他委托人那里收集来的资本以贷款、购买企业股票或其他形式向企业融资。内部融资不需要实际对外支付利息或者股息，不会减少企业的现金流量；同时，由于资金来源于企业内部，不会发生融资费用，使得内部融资的成本要远远低于外部融资。因此，它是企业首选的一种融资方式，企业内部融资能力的大小取决于企业的利润水平、净资产规模和投资者预期等因素，只有当内部融资无法满足企业资金需要时，企业才会转向外部融资。

二、筹资渠道及方式

（一）企业筹资的渠道——企业筹集资本来源的方向与通道，体现着资本的源泉

和流量

政府财政资本——国有企业的来源。

银行信贷资本——各种企业的来源。

非银行金融机构资本——保险公司、信托投资公司、财务公司等。

其他法人资本——企业、事业、团体法人。

民间资本。

企业内部资本——企业的盈余公积和未分配利润。

国外和我国港澳台资本——外商投资。

（二）企业筹资方式——企业筹集资本所采取的具体形式和工具，体现着资本的属性和期限

投入资本筹资。

发行股票筹资。

发行债券筹资。

发行商业本票筹资。

银行借款筹资。

商业信用筹资。

租赁筹资。

（三）企业筹资渠道与筹资方式的配合

企业的筹资方式与筹资渠道有着密切的关系。一定的筹资方式可能只适用于某一特定的筹资渠道；但同一筹资渠道的资本往往可以采取不同的筹资方式获得，而同一筹资方式又往往可以适用于不同的筹资渠道。因此，企业在筹资时，必须实现两者的合理配合。

三、筹资原则

企业筹资是一项重要而复杂的工作，为了有效地筹集企业所需资金，必须遵循以下基本原则：

（一）规模适当原则

不同时期企业的资金需求量并不是一个常数，企业财务人员要认真分析科研、生产、经营状况，采用一定的方法，预测资金的需要数量，合理确定筹资规模。

(二) 筹措及时原则

企业财务人员在筹集资金时必须熟知资金时间价值的原理和计算方法，以便根据资金需求的具体情况，合理安排资金的筹集时间，适时获取所需资金。

(三) 来源合理原则

资金的来源渠道和资金市场为企业提供了资金的源泉和筹资场所，它反映资金的分布状况和供求关系，决定着筹资的难易程度。不同来源的资金，对企业的收益和成本有不同影响，因此，企业应认真研究资金来源渠道和资金市场，合理选择资金来源。

(四) 方式经济原则

在确定筹资数量、筹资时间、资金来源的基础上，企业在筹资时还必须认真研究各种筹资方式。企业筹集资金必然要付出一定的代价，不同筹资方式条件下的资金成本有高有低。为此，就需要对各种筹资方式进行分析、对比，选择经济、可行的筹资方式以确定合理的资金结构，以便降低成本，减少风险。

四、资金需要量预测

筹资需要量预测是指企业根据生产经营的需求，对未来所需资金的估计和推测。企业筹集资金，首先要对资金需要量进行预测，即对企业未来组织生产经营活动的资金需要量进行估计、分析和判断，它是企业制订融资计划的基础。

企业资金需要量的预测方法主要有定性预测法和定量预测法两种：

(一) 定性预测法

定性预测法是根据调查研究所掌握的情况和数据资料，凭借预测人员的知识和经验，对资金需要量所作的判断。这种方法一般不能提供有关事件确切的定量概念，而主要是定性地估计某一事件的发展趋势、优劣程度和发生的概率。定性预测是否正确，完全取决于预测者的知识和经验。在进行定性预测时，虽然要汇总各方人士的意见和综合地说明财务问题，但也需将定性的财务资料进行量化，这并不改变这种方法的性质。定性预测主要是根据经济理论和实际情况进行理性地、逻辑地分析和论证，以定量方法作为辅助，一般在缺乏完整、准确的历史资料时采用。

1.专家调查法法

前面销售预测时，其主要是通过向财务管理专家进行调查，利用专家的经验和知识，对过去发生的财务活动、财务关系和有关资料进行分析综合，从财务方面对未来经济的发展作出判断。预测一般分两步进行：首先，由熟悉企业经营情况和财务情况的专家，根据其经验对未来情况进行分析判断，提出资金需要量的初步意见；其次，通过各种形式（如信函调查、开座谈会等），在与本地区一些同类企业的情况进行对比的基础上，对预测的初步意见加以修订，最终得出预测结果。

2.市场调查法

市场的主体是在市场上从事交易活动的组织和个人，客体是各种商品和服务，商品的品种、数量和质量、交货期、金融工具和价格则是市场的配置资源。在我国，既有消费品和生产资料等商品市场，又有资本市场、劳动力市场、技术市场、信息市场及房地产市场等要素市场。市场调查的主要内容是对各种与财务活动有关的市场主体、市场客体和市场要素的调查。

市场调查以统计抽样原理为基础，包括简单随机抽样、分层抽样、分群抽样、规律性抽样和非随机抽样等技术，主要采用询问法、观测法和实验法等，以使定性预测准确、及时。

3.相互影响预测方法

专家调查法和市场调查法所获得的资料只能说明某一事件的现状发生的概率和发展的趋势，而不能说明有关事件之间的相互关系。相互影响预测方法就是通过分析各个事件由于相互作用和联系引起概率发生变化的情况，研究各个事件在未来发生可能性的一种预测方法。

（二）定量预测法

定量预测法指以资金需要量与有关因素的关系为依据，在掌握大量历史资料的基础上选用一定的数学方法加以计算，并将计算结果作为预测的一种方法。定量预测方法很多，如趋势分析法、相关分析法、线性规划法等，下面主要介绍两种预测方法。

1.销售百分比法

销售百分比法是一种在分析报告年度资产负债表有关项目与销售额关系的基础上，根据市场调查和销售预测取得的资料，确定资产、负债和所有者权益的有关项目占销售额的百分比，然后依据计划期销售额及假定不变的百分比关系预测计划期资金需要量的一种方法。

2. 资金习性法

所谓资金习性，是指资金占用量与产品产销量之间的依存关系。按照这种关系，可将占用资金区分为不变资金、变动资金和半变动资金。不变资金是指在一定的产销规模内不随产量（或销量）变动的资金，主要包括为维持经营活动展开而占用的最低数额的现金、原材料的保险储备、必要的成品储备和厂房、机器设备等固定资产占用的资金。变动资金是指随产销量变动而同比例变动的资金，一般包括在最低储备以外的现金、存货、应收账款等所占用的资金。半变动资金是指虽受产销量变动的影响，但不成同比例变动的资金，如一些辅助材料上占用的资金等，半变动资金可采用一定的方法划分为不变资金和变动资金两部分。

第四节 几种资金筹集

一、权益资金筹集

权益筹资是指以发行股票支付股息的方式筹集资金。权益资金是企业投资者的投资及其增值中留存企业的部分，是投资者在企业中享有权益和承担责任的依据，在企业账面上体现为权益资本。

（一）权益资本的形成和出资方式

1. 权益资本的形成方式

①投资者以货币或者非货币资产出资或者增资。②企业通过利润分配从净利润中提取公积金。③暂不或暂少向投资者分配利润，从而得到生产经营资金。从根本上说真正能够给企业资本总量、资本结构带来立竿见影效果的，是投资者的出资或者增资。

2. 权益资本的出资方式

①货币资产出资。接受货币资金是出资者所采用的最普遍的出资方式，也是企业最愿意接受的出资方式。②非货币实物资产出资。③无形资产出资。④股权出资。

⑤特定债权出资。特定债权是指出资者利用企业依法发行的可转换债券、符合有关规定转作股权的债权等进行的出资。

（二）权益筹资的特点

作为一个股份有限公司，普通股筹资、优先股筹资和盈余筹资是权益资本重要的筹资方式。以下简单地介绍普通股筹资。

普通股筹资作为股份公司主要的权益资本筹资方式，具有以下特点：

（1）发行普通股筹措资本具有永久性，无到期日，无须归还。这对保证公司对资本的最低需要、维持公司长期稳定发展极为有益。

（2）普通股筹资没有固定股利负担，股利的支付视公司有无盈利和经营需要而定，不存在不能偿付的风险。

（3）增加公司的举债能力，提高公司的信誉。公司发行股票并成功上市，其在市场上的地位会因此而提高。普通股作为公司最基本的资本来源，反映了公司的实力，可作为其他方式筹资的基础，尤其可为债权人提供保障，提高公司的信用价值，有效地增加公司的举债能力。

（4）站在投资者角度，普通股的预期收益较高并可在一定程度上抵消通货膨胀的影响，因此普通股筹资容易吸收资金。

（三）权益筹资的优点

（1）不需要偿还本金；

（2）没有固定的利息负担，财务风险低；

（3）能增强企业的实力。

（四）权益筹资的缺点

（1）资金成本较高；

（2）控制权容易分散。

二、负债资金筹集

负债筹资是指企业以已有的自有资金作为基础，为了维系企业的正常营运、扩大经营规模、开创新事业等，产生财务需求，发生现金流量不足，通过银行借款、商业信用和发行债券等形式吸收资金，并运用这笔资金从事生产经营活动，使企业资产不断得到补偿、增值和更新的一种现代企业筹资的经营方式。具体含义是：①资金来源是以举债的方式。②负债具有货币时间价值。到期时债务人除归还债权人本金外，还应支付一定利息和相关费用。③举债是弥补自有的资金的不足，用于生产经营，以促进企业发展为目的，而不能将资金挪作他用，更不能随意浪费。

（一）类型

按照所筹资金可使用时间的长短，负债筹资可分为长期负债筹资和短期负债筹资两类。

长期负债是指期限超过一年的负债。筹措长期负债资金，可以解决企业长期资金的不足，如满足发展长期性固定资产的需要；同时由于长期负债的归还期长，债务人可对债务的归还作长期安排，还债压力或风险相对较小。但长期负债筹资一般成本较高，即长期负债的利率一般会高于短期负债利率；负债的限制较多，即债权人经常会向债务人提出一些限制性的条件以保证其能够及时、足额偿还债务本金和支付利息，从而形成对债务人的种种约束。

在我国，长期负债筹资主要有长期借款和债券两种方式。

（二）方式

负债筹资的方式主要有银行借款、发行债券、融资租赁、商业信用等。

（1）银行借款。向银行借款是由企业根据借款合同从有关银行或非银行金融机构借入所需资金的一种筹资方式，又称银行借款筹资。

（2）发行债券。公司债券是指公司按照法定程序发行的、预定在一定期限还本付息的有价证券。

（3）融资租赁，租赁是指出租人在承租人给予一定报酬的条件下，授予承租人在约定的期限内占有和使用财产权利的一种契约性行为。

融资租赁又称财务租赁，是区别于经营租赁的一种长期租赁形式，由于它可满足企业对资产的长期需要，故有时也称为资本租赁。

（4）商业信用。商业信用是指商品交易中的延期付款或延期交货所形成的借贷关系，是企业之间的一种直接信用关系。商业信用，又称商业信用融资，是一种形式多样、适用范围很广的短期资金。

（三）影响

1. 负债筹资对资本成本的影响

资本成本包括资金筹集费用和资金占用费用两部分，资金筹集费用是指在资金筹集过程中支付的各项费用，它通常是指在资金筹资时一次性支出的费用。而资金占用费用是指占用资金支付的费用，它是企业经常发生的一种费用，因此企业在筹资时就要根据企业的经营情况确定合理的计量方式计算资本成本，而在企业管理中通常用相对数作为衡量资本成本的指标来表示资本成本高低。**资本成本=资金占用费/（筹资总额—筹资费用）**。

资本成本是财务管理的重要内容之一，对企业进行负债筹资来讲，企业力求资本成本最低的筹资方式，资本成本是企业财务决策的重要参数，是选择筹资方案的依据。例如，某企业拟筹资200万元资金，准备采用负债筹资，若向银行借款则借款利率为11%，每年付息一次，到期一次还本，筹资费用率为0.5%，企业所得税率为33%。通过计算可知该项长期借款的筹资成本为7.4%。这样企业就可以进行具体分析，企业是否能承受筹资成本，是选择还是放弃该种筹资方案。另外，资本成本在企业追加长期资金筹集以及在不同筹资方案的决策中均起着重要作用。

2. 负债筹资对财务杠杆的影响

企业选择负债筹资，可利用财务利息的抵税作用，发挥财务杠杆效应，降低负债成本，提高投资收益。所谓财务杠杆是指当息税前利润增多时，每一元盈余所负担的固定财务费用就会相对减少，这能给普通股股东带来更多的盈余，通常用财务杠杆系数来表示财务杠杆的程度。财务杠杆系数是指普通股每股利润的变动率相当于息税前利润变动率的倍数。这就说明财务杠杆系数越大，财务杠杆作用越大，财务风险也就越大。

企业运用负债筹资的目的是利用财务杠杆的效应，因此，企业应该分析在什么情况下能充分利用财务杠杆的效应，增大企业每股收益，且避免其产生的不良影响。

3. 负债筹资对资本结构的影响

资本结构是指企业各种长期资金筹集来源的构成和比例关系，企业的资本结构由长期债务资本和权益资本构成，由于权益资本和债务资本这两类资本在税后成本、风险、收益、流动性以及资本提供者对企业控制权要求等方面存在诸多差别，因而，企业资本结构管理的核心任务就是要合理配置权益资本和债务资本的比例，以达到最佳的资本结构。企业要取得合理的负债筹资来调整资本结构，就必须计算两者的个别资本成本，以及对财务杠杆的影响，也要考虑企业的加权平均资本成本，对企业选择单一或组合方案筹资都有重要意义。

企业进行负债筹资后，是否能达到低成本、高效益的回报，这是每个企业关心的重要问题，也是确定资本结构的重要参数。确定最佳资本结构的方法有：每股收益无差别点法、比较资金成本法和公司价值分析法。资本结构是否合理可以通过每股收益的变化来衡量，能够提高每股收益的资本结构是合理的资本结构，加权平均资本成本最低的资本结构是合理的资本结构，企业价值最大的资本结构是合理的资本结构。

综上所述，任何企业要想发展，不运用负债是很难达到预期目的的，但负债经营并非没有限度，这就要求企业必须凭借经验，确定合理的资产比率，不可过度负债而影响企业的发展，增大企业的财务风险。负债筹资不但不可过度，更应把负债筹资的资本成本与企业所能创造的价值进行比较，同时也要加强财务管理，利用财务杠杆的作用，提高企业每股的收益，选择合理的资本结构，创造更高的股东财富。

第六章　证券投资管理

第一节　证券投资概述

一、证券投资的概念

证券投资是指投资者（法人或自然人）买卖股票、债券、基金券等有价证券以及这些有价证券的衍生品，以获取差价、利息及资本利得的投资行为和投资过程，是间接投资的重要形式。

证券投资形式很多，主要包括股票投资和债券投资。

债券投资者所投资的债券，按发行者不同可分为政府债券、公司债券，按发行市场地点和面值货币不同又可分为外国债券和欧洲债券。

证券投资具有如下特点：①证券投资具有高度的"市场力"；②证券投资是对预期会带来收益的有价证券的风险投资；③投资和投机是证券投资活动中不可缺少的两种行为；④二级市场的证券投资不会增加社会资本总量，而是在持有者之间进行再分配。

二、证券投资的分类及构成要素

（一）证券投资的分类

1.债券性证券

由发行企业或政府机构发行并规定还本付息的时间与金额的债务证书，包括国库券、金融债券和其他公司债券，表明企业拥有证券发行单位的债权。

2.权益性证券

表明企业拥有证券发行公司的所有权，如其他公司发行的普通股股票，其投资收益决定于发行公司的股利和股票市场价格。

3.混合性证券

其是指企业购买的优先股股票。优先股股票是介于普通股股票和债券之间的一种混合性有价证券。

（二）证券投资的构成要素

（1）证券投资收益，系指从事证券投资的投资收益。即证券投资的全部收入或报酬。主要包括当前收入（股息、利息）和资本收益（证券买卖差价收益）两部分。它包括当前收益（如股息）和证券价格的增值（或贬值）所带来的资本利得（或损失）两部分，可根据不同的计算方法形成不同的收益率。

（2）证券投资风险，指影响证券投资收益的各种不确定性。一般分为系统风险和非系统风险，两者之和称为总风险。系指由各种因素影响，导致证券行市暴跌，使投资人可能蒙受损失的可能性。证券投资的风险主要有：公司经营风险、公司信用风险、市场利率风险、货币购买力风险以及证券价格风险等。前两种风险，是证券投资的局部性风险，即在证券市场中所有的证券投资者须面临的风险，亦称系统性风险。

（3）证券投资时间，系指投资者做出投资决策并进行投资的时间。在证券市场上，证券买卖时间的选择是交易成功与否的关键，争取在最有利的时机买进或卖出证券，是证券投资者投资成功的要诀。此外，投资者还需考虑投资时间的长短，投资时间的长短取决于不同时期证券投资的收益、风险及其评价。时间要素对于中长期证券投资来说，并不是一个重要的制约因素，但对于短期证券投资，情况则会大不一样，从事短期证券投资必须具备充裕的时间。

（三）证券投资的原则

（1）效益与风险最佳组合原则：效益与风险最佳组合：风险一定的前提下，尽可能使收益最大化；或收益一定的前提下，风险最小化。

（2）分散投资原则：证券的多样化，建立科学的有效证券组合。

（3）理智投资原则：证券投资在分析、比较后审慎地投资。

三、证券投资的一般程序

（一）选择合适的投资对象

选择投资对象就是指要投资于何种证券，投资于哪家企业的证券。

企业在证券市场进行证券投资时，可投资证券的种类较多，不同类型的证券又各有其利弊。企业必须根据自身的需求和市场条件，权衡得失，做出有效的选择。

（二）开户与委托

企业在做出投资于何种证券的决策后，就要选择合适的经纪人，委托其买卖证券并发出委托投资的指示。企业通过证券经纪人进行证券买卖主要是为了节省费用和时间，降低投资成本。企业在选择证券经纪人时，要考虑到证券经纪人的信誉和专长，另外也要结合自己的投资目的。在选定证券经纪人后，企业要在证券经纪人那里开立户头，确立委托买卖关系。

所谓开户，它是指投资者在证券商处开设一个委托买卖的账户。就如同在银行开设一个账户一样。开户有两个主要过程：一是名册登记；二是建立账户。

（三）交割与过户

交割，是指委托买卖成交后，买入者交付款项收到证券和卖出者交出证券收到价格的行为。"交割"与"交易"不同，交易是买卖的成立，交割是买卖的履行。"交割"与"清算"也不同，清算是总额的清抵核算，交割是余额的收付了结，只有通过清算才有交割。

过户是指股票成交后，股票持有人发生了变化，新的股票合法持有人必须向公司申请更换"户头"，即变更股东名簿上原来相应的内容，从而使新的股票持有人可以享受股东的权益。过户的基本程序和手续主要有以下几步：第一步是股票卖出者在股票背面的股份转让记录栏中签名盖章，这样卖出者所持有的股票便成为可转让过户的股票。否则，股票无法转让过户。第二步是交割后股票新的持有人办理过户申请，即填写过户申请书，并携带股票买卖交割单、印鉴等到交易所办理过户手续。第三步是证券交易所查验以上各手续后，便注销原股东的户头，为新股东重新开户。

第二节　债券投资

一、债券投资的概念

债券投资可以获取固定的利息收入，也可以在市场买卖中赚差价。随着利率的升降，投资者如果能适时地买进卖出，就可获取较大收益。

债券作为投资工具其特征：安全性高，收益高于银行存款，流动性强。

（一）安全性高

由于债券发行时就约定了到期后可以支付本金和利息，故其收益稳定、安全性高。特别是对于国债来说，其本金及利息的给付是由政府作担保的，几乎没有什么风险，是具有较高安全性的一种投资方式。

（二）收益高于银行存款

在我国，债券的利率高于银行存款的利率。投资于债券，投资者一方面可以获得稳定的、高于银行存款的利息收入；另一方面可以利用债券价格的变动，买卖债券，赚取价差。

（三）流动性强

上市债券具有较好的流动性。当债券持有人急需资金时，可以在交易市场随时卖出，而且随着金融市场的进一步开放，债券的流动性将会不断加强。因此，债券作为投资工具，最适合想获取固定收入的投资人，投资目标属长期的人。

二、债券投资的风险

（1）利率风险。利率风险是指利率的变动导致债券价格与收益率发生变动的风险。

（2）价格变动风险。债券市场价格常常变化，若它的变化与投资者预测的不一致，那么，投资者的资本必将遭到损失。

（3）通货膨胀风险。债券发行者在协议中承诺付给债券持有人的利息或本金的偿还，都是事先议定的固定金额。当通货膨胀发生时，货币的实际购买能力下降，就会造成在市场上能购买的东西却相对减少，甚至有可能低于原来投资金额的购买力。

（4）信用风险。在企业债券的投资中，企业由于各种原因，存在不能完全履行其责任的风险。

（5）转让风险。当投资者急于将手中的债券转让出去，有时候不得不在价格上打折扣，或是要支付一定的佣金。

（6）回收性风险。有回收性条款的债券，因为它常常有强制收回的可能，而这种可能又常常是市场利率下降、投资者按券面上的名义利率收取实际增额利息的时候，投资者的预期收益就会遭受损失。

（7）税收风险。政府对债券税收的减免或增加都影响到投资者对债券的投资收益。

（8）政策风险。其是指由于政策变化导致债券价格发生波动而产生的风险。例如，突然给债券实行加息和保值贴补。

三、债券投资的原则

（一）收益性原则

不同种类的债券收益大小不同，投资者应根据自己的实际情况选择。例如，国家（包括地方政府）发行的债券，一般认为是没有风险的投资；而企业债券则存在能否按时偿付本息的风险，作为对这种风险的报酬，企业债券的收益性必然要比政府债券高。

（二）安全性原则

投资债券相对于其他投资工具要安全得多，但这仅仅是相对的，其安全性问题依然存在，因为经济环境有变化、经营状况有变化、债券发行人的资信等级也不是一成不变的。因此，投资债券还应考虑不同债券投资的安全性。例如，就政府债券和企业债券而言，企业债券的安全性不如政府债券。

（三）流动性原则

债券的流动性强意味着能够以较快的速度将债券兑换成货币，同时以货币计算的价值不受损失，反之则表明债券的流动性差。影响债券流动性的主要因素是债券的期限，期限越长，流动性越弱；期限越短，流动性越强。另外，不同类型债券的流动性也不同。如政府债券，在发行后就可以上市转让，故流动性强；企业债券的流动性往往就有很大差别，对于那些资信卓著的大公司或规模小但经营良好的公司，它们发行的债券其流动性是很强的；反之，那些规模小、经营差的公司发行的债券，流动性要差得多。

四、债券投资的收益

（一）影响债券投资收益的因素

1. 债券的票面利率

债券票面利率越高，债券利息收入就越高，债券收益也就越高。债券的票面利率取决于债券发行时的市场利率、债券期限、发行者信用水平、债券的流动性水平等因素。发行时市场利率越高，票面利率就越高；债券期限越长，票面利率就越高；发行者信用水平越高，票面利率就越低；债券的流动性越高，票面利率就越低。

2. 市场利率与债券价格

由债券收益率的计算公式[债券收益率=（到期本息和-发行价格）/（发行价格×偿还期）×100%]可知，市场利率的变动与债券价格的变动呈负相关关系，即当市场利率升高时债券价格下降，市场利率降低时债券价格上升。市场利率的变动引起债券价格的变动，从而给债券的买卖带来差价。市场利率升高，债券买卖差价为正数，债券的投资收益增加；市场利率降低，债券买卖差价为负数，债券的投资收益减少。随着市场利率的升降，投资者如果能适时地买进卖出债券，就可获取更大的债券投资收益。当然，如果投资者债券买卖的时机不当，则会导致债券的投资收益减少。

与债券面值和票面利率相联系，当债券价格高于其面值时，债券收益率低于票面利率；反之，则高于票面利率。

3. 债券的投资成本

债券投资的成本大致有购买成本、交易成本和税收成本三部分。购买成本是投资人买入债券所支付的金额(购买债券的数量与债券价格的乘积，即本金)；交易成本包括经纪人佣金、成交手续费和过户手续费等；国债的利息收入是免税的，但企业债券的利息收入还需要缴税，机构投资人还需要缴纳营业税，税收也是影响债券实际投资收益的重要因素。债券的投资成本越高，其投资收益也就越低。因此债券投资成本是投资者在比较选择债券时所必须考虑的因素，也是在计算债券的实际收益率时必须扣除的。

4. 市场供求、货币政策和财政政策

市场供求、货币政策和财政政策会对债券价格产生影响，从而影响投资者购买债券的成本，因此市场供求、货币政策和财政政策也是我们考虑投资收益时所不可忽略的因素。

债券的投资收益虽然受到诸多因素的影响，但是债券本质上是一种固定收益工具，其价格变动不会像股票一样出现太大的波动，因此其收益是相对固定的，投资风险也较小，适合于想获取固定收入的投资者。

（二）债券的利率

债券利率越高，债券收益也越高；反之，收益下降。形成利率差别的主要原因是利率、残存期限、发行者的信用度和市场性等。

债券价格与面值的差额。当债券价格高于其面值时，债券收益率低于票面利息率；反之，则高于票面利息率。

债券的还本期限。还本期限越长，票面利息率越高。

（三）债券的种类

根据不同的分类标准，可对债券进行不同的分类。

（1）按发行主体的不同，债券可分为公债券、金融债券、公司债券等几大类。

（2）按偿还期限的长短，债券可分为短期债券、中期债券、长期债券和永久债券。

（3）按利息的不同支付方式，债券一般可分为附息债券和贴息债券。

（4）按债券的发行方式即是否公开发行来分类，可分为公募债券和私募债券。

（5）按有无抵押担保，债券可分为信用债券、抵押债券和担保债券等。

第三节　股票投资的收益评价

股票投资是指企业或个人用积累起来的货币购买股票，借以获得收益的行为。股票投资的收益是由"收入收益"和"资本利得"两部分构成的。收入收益是指股票投资者以股东身份，按照持股的份额，在公司盈利分配中得到的股息和红利的收益。资本利得是指投资者在股票价格的变化中所得到的收益，即将股票低价买进，高价卖出所得到的差价收益。

一、股票投资概述

（一）股票投资的目的

（1）获利：作为一般的证券投资，获取股利收入及股票买卖差价。

（2）控股：通过购买某一企业的大量股票达到控制该企业的目的。

（3）基本面良好的个股出现良好的价量关系。

（4）庄家控盘程度较好的个股出现低位的低量能。

（5）题材已经明显的时间利益段。

（6）怎样对目标品种利润结束点进行推理。对目标品种的利润结束点进行合理推理是投资计划利润完整实现的关键。

（二）股票投资的特点

1.股票投资与储蓄投资不同

（1）性质不同；（2）股票持有者与银行存款人的法律地位和权利内容不同；（3）投资增值的效果不同；（4）存续时间与转让条件不同；（5）风险不同。

2.股票投资与债券投资不同

（1）发行主体不同；（2）收益稳定性不同；（3）保本能力不同；（4）经济利益关系不同；（5）风险性不同。

3.股票投资和证券投资基金不同

（1）投资者地位不同；（2）风险程度不同；（3）收益情况不同；（4）投资方式不同；（5）价格取向不同；（6）投资回收方式不同。

（三）股票投资的成本

股票投资的成本由机会成本与直接成本两部分构成。

1.机会成本

当投资者打算进行投资时面临着多种选择，如选择股票投资，就必然放弃其他的投资，即放弃了从另外的投资中获取收益的机会，这种因选择股票投资而只好放弃别的投资获利机会，就是股票投资的机会成本。

2.直接成本

直接成本是指股票投资者花费在股票投资方面的资金支出，它由股票价款、交易费用、税金和为了进行有效的投资取得市场信息所花费的开支四部分构成。

（1）股票价款。股票价款=委托买入成交单位×成交股数。

（2）交易费用。交易费用指投资者在股票交易中需交纳的费用，它包括委托买卖佣金、委托手续费、记名证券过户费、实物交割手续费。下面以目前国内买卖上海股票收费标准为例：

①委托买卖佣金。股票买卖成交后，投资者（委托人）要按实际成交额向证券商支付委托买卖佣金。

②委托买卖手续费。投资者如买卖股票没有成交，应向证券商交纳委托手续费每笔1元。

③记名证券过户费。凡记名证券成交后都要办理过户手续。

④实物交割手续费。因为上海证券交易所在证券交易活动中推行无实物交割制度，但目前还有部分投资者买入证券后要提领实物，这样证券交易所就必须为投资者反复地提领证券，增加了许多工作量。为此，上海证券交易所规定，要提领实物的投资者要交纳相当于委托买卖佣金50%的费用，相反，如不提取实物，证交所则代投资者免费保管。

（3）税金。根据现行税务规定，在股票交易中对买卖当事人双方各按股票市值付印花税；对股份公司股东领取的股息红利超过一年期储蓄存款利息部分收取个人收入调节税。

（4）信息情报费。信息情报费开支包括为分析股票市场行情，股票上市公司经营及财务状况，广泛搜集有关信息、情况资料所发生的费用开支和为搜集、储存、分析股票行情信息所添置的通信设备、个人微机等所花费的资金。

（四）股票投资的收益

股票投资的收益由"收入收益"和"资本利得"两部分构成。

1.收入收益

收入收益是指股票投资者以股东身份，按照持股的份额，在公司盈利分配中得到的股息和红利的收益。

2.资本利得

资本利得是指投资者在股票价格的变化中所得到的收益，即将股票低价买进，高价卖出所得到的差价收益。

二、股票投资的分析方法

（一）基本方法

当前，从研究范式的特征和视角来划分，股票投资的分析方法主要有如下三种：基本分析、技术分析、演化分析。其中基本分析主要应用于投资标的物的价值判断和选择上，技术分析和演化分析则主要应用于具体投资操作的时间和空间判断上，作为提高证券投资分析有效性和可靠性的重要手段。

（1）基本分析（Fundamental Analysis）。基本分析法是以传统经济学理论为基础，以企业价值作为主要研究对象，通过对决定企业内在价值和影响股票价格的宏观经济形势、行业发展前景、企业经营状况等进行详尽分析（一般经济学范式），以大概测算上市公司的长期投资价值和安全边际，并与当前的股票价格进行比较，形成相应的投资建议。基本分析认为股价波动不可能被准确预测，只能在有足够安全边际的情况下买入股票并长期持有。

（2）技术分析（Technical Analysis）。技术分析法是以传统证券学理论为基础，以股票价格作为主要研究对象，以预测股价波动趋势为主要目的，从股价变化的历史图表入手（数理或牛顿范式），对股票市场波动规律进行分析的方法总和。技术分析认为市场行为包容消化一切，股价波动可以定量分析和预测，如道氏理论、波浪理论、江恩理论等。

（3）演化分析（Evolutionary Analysis）。演化分析法是以演化证券学理论为基础，将股市波动的生命运动特性作为主要研究对象，从股市的代谢性、趋利性、适应性、可塑性、应激性、变异性和节律性等方面入手（生物学或达尔文范式），对市场波动方向与空间进行动态跟踪研究，为股票交易决策提供机会和风险评估的方法总和。演化分析认为股价波动无法准确预测，因此它属于模糊分析范畴，并不试图为股价波动轨迹提供定量描述和预测，而是着重为投资人建立一种科学观察和理解股市波动逻辑的全新的分析框架。

（二）主要方法

受市场供求、政策倾向、利率变动、汇率变动、公司经营状况变动等多种因素影响，股票价格呈现波动性、风险性的特征。何时介入股票市场，购买何种股票对投资者的收益有直接影响。股票投资分析成为股票投资步骤中的重要环节。

如上所述，股票投资分析可以分为基本分析、技术分析、演化分析。其目的在于预测价格趋势和价值发现，从而为投资者提供介入时机和介入品种决策的依据。

1. 股票投资分析的主要方法

当前，股票投资分析方法主要有三大类：一是基本分析；二是技术分析；三是演化分析。

（1）基本分析。基本分析法通过对决定股票内在价值和影响股票价格的宏观经济形势，行业状况，公司经营状况等进行分析，评估股票的投资价值和合理价值，与股票市场价进行比较，相应形成买卖的建议。

基本分析包括下面三个方面：

①宏观经济分析。研究经济政策（货币政策、财政政策、税收政策、产业政策等等），经济指标（国内生产总值、失业率、通胀率、利率、汇率等）对股票市场的影响。

②行业分析。分析产业前景、区域经济发展对上市公司的影响。

③公司分析。具体分析上市公司行业地位、市场前景、财务状况。

（2）技术分析。技术分析法从股票的成交量、价格、达到这些价格和成交量所用的时间、价格波动的空间几个方面分析走势并预测未来。当前常用的有K线理论、波浪理论、形态理论、趋势线理论和技术指标分析等，在后面将做详细分析。

（3）演化分析。与技术分析和基本分析不同，演化分析属于模糊分析范畴，并不试图为股价波动轨迹提供定量描述和预测，而是着重帮助投资人正确认识股市的生命运动属性及其演化规律，建立一种科学观察市场波动的全新的分析框架，有效摆脱对各种复杂因果关系理解的简单化、理想化倾向，真正突破机械论的思维定式和传统方法的局限性、片面性，从而达成在风险市场中长期稳健获利的目标。

2.如何选择合适的投资分析方法

基本分析法能够比较全面地把握股票价格的基本走势，但对短期的市场变动不敏感；技术分析贴近市场，对市场短期变化反应快，但难以判断长期的趋势，特别是对于政策因素，难有预见性。

综上所述，基本分析和技术分析各有优缺点和适用范围。基本分析能把握中长期的价格趋势，而技术分析则为短期买入、卖出时机选择提供参考。投资者在具体运用时应该把两者有机结合起来，方可实现效用最大化。

3.收集投资分析所需要的信息

投资分析的起点在于信息的收集，道听途说的市场传闻有很大的欺骗性和风险性，上市公司的实地调研耗费人力、财力，对于一般投资者而言，进行股票投资分析，特别是基本分析，依靠的主要还是媒体登载的国内外新闻以及上市公司公开披露的信息。

（1）上市公司需要公开披露的信息

《证券法》实施后，对上市公司持续性的公开信息披露的准确性、完整性、真实性进行了严格要求。投资者有权获取的公开信息有：

①招股说明书(配股、增发新股说明书)。对募集资金投向及可行性进行披露。

②上市公告书。对公司设立过程、业务范围、上市前财务状况、股票发行情况予以披露。

③中期报告。在公司每一会计年度的上半年结束之日起两个月内披露。内容包括公司财务会计报告和经营情况；涉及公司的重大诉讼事项；已发行的股票，公司债券变动情况；提交股东大会审议的重要事项及其他事项。

④年度报告。在每一会计年度结束之日起4个月内公告。内容包括公司概况；公

司财务会计报告和经营情况；董事、监事、经理及有关高级管理人员简介及其持股情况；已发行的股票、公司债券情况，包括持有公司股份最多的前10名股东名单和持股数额；国务院证券监督管理机构规定的其他事项。

⑤重大事件临时性公告。可能对上市公司股票价格产生较大影响的重大事件，包括下列情况：公司的经营方针和经营范围的重大变化；公司的重大投资行为和重大的购置财产的决定；公司订立重要合同，而该合同可能对公司的资产、负债、权益和经营成果产生重要影响；公司发生重大债务和未能清偿到期重大债务的违约情况；公司发生重大亏损或者遭受超过净资产10%以上的重大损失。

⑥公司生产经营的外部条件发生的重大变化。

⑦公司的董事长，1/3以上的董事或者经理发生变动。

⑧持有公司5%以上股份的股东，其持有股份情况发生较大变化。

⑨公司减资、合并、分立、解散及申请破产的决定。

⑩涉及公司的重大诉讼，法院依法撤销股东大会，董事会决议。

⑪其他，法律、行政法规等规定的事项。

（2）收集资料信息的途径

当前，被中国证监会指定披露上市公司信息的刊物有五家：《中国证券报》《上海证券报》《证券时报》《金融时报》《证券市场周刊》。除此之外，电台、电视也会对有关的信息进行简要的转载，更可以在网络上找到自己所需的信息。

三、投资风险

股票投资风险具有明显的两重性，即它的存在是客观的、绝对的，又是主观的、相对的；它既是不可完全避免的，又是可以控制的。投资者对股票风险的控制就是针对风险的这两重性，运用一系列投资策略和技术手段把承受风险的成本降到最低限度。

（一）基本原则

风险控制的目标包括确定风险控制的具体对象（基本因素风险、行业风险、企业风险、市场风险等）和风险控制的程度两层含义。投资者如何确定自己的目标取决于自己的主观投资动机，也决定于股票的客观属性。

1.回避风险原则

所谓回避风险是指事先预测风险发生的可能性，分析和判断风险产生的条件和因素。在股票投资中的具体做法是：放弃对风险性较大的股票的投资，相对来说，回避风险原则是一种比较消极和保守的控制风险的原则。

2. 减少风险原则

减少风险原则是指在从事经济的过程中，不因风险的存在而放弃既定的目标，而是采取各种措施和手段设法降低风险发生的概率，减轻可能承受的经济损失。

3. 留置风险原则

这是指在风险已经发生或已经知道风险无法避免和转移的情况下，正视现实，从长远利益和总体利益出发，将风险承受下来，并设法把风险损失减少到最低程度。在股票投资中，投资者在自己力所能及的范围内，确定承受风险的度，在股价下跌，自己已经亏损的情况下，果断"割肉斩仓""停损"。

4. 共担（分散）风险原则

在股票投资中，投资者借助于各种形式的投资群体合伙参与股票投资，以共同分担投资风险。这是一种比较保守的风险控制原则。

（二）股票投资风险

投资者确定了风险控制的目标与风险控制原则后，就应当依据既定的原则制订一套具体的风险控制计划以便减少行为的盲目性，确保控制风险的目标得以实现。风险控制计划与投资计划通常是合并在一起的。有了如何更多地赚取收益的计划，就有了如何更少地承受风险的方案。投资计划是落实风险控制原则和实现风险控制目标的必要条件，同时，它又受后两者的制约。现有的投资计划具体形式虽然很多，但大体上可以归为三类：一是趋势投资计划；二是公式投资计划；三是保本或停损投资计划。

（1）趋势投资计划

这是一种长期的投资计划，适用于长期投资者。这种投资计划主要以道氏理论为基础，认为投资者在一种市场趋势形成时，应保持自己的投资地位，待主要趋势逆转的信号出现时，再改变投资地位，市场主要趋势不断变动，投资者可以顺势而动，以取得长期投资收益。

趋势投资计划的另一个典型代表是哈奇计划，又称"百分之十投资计划"，它是由美国著名投资家哈奇先生发明的。

其基本内容是：投资者对某段时期（通常以月为单位）股票价格平均值与上段时

期的最高值或最低值进行比较，平均值高于最高值10%时卖出，低于最低值10%时买进，其中月平均值采用周平均值之和的算术平均数计算。

（2）公式投资计划

这是一种按照定式投资的计划。它遵循减少风险、分散风险和转移风险等风险控制原则，利用不同种类股票的短期市场价格波动控制风险，获取收益。具体有等级投资计划、平均成本投资计划、固定金额投资计划、固定比率投资计划、可变比率投资计划等。这些计划的形式各不相同，但原理基本相同，主要特点可归纳为三个方面：

①各种方式都把资金分为两部分，即进取性投资和保护性投资。前者投资于价格波动比较大的股票，其收益率一般比较高，风险也比较大；后者投资于股价比较稳定的股票或投资基金，收益平稳，风险也比较低。

②在两种资金之间确定一个恰当的比率，并随着股价的变化，按照定式对两者的比率进行调整，使两者的搭配能满足预期的收益水平和风险控制目标。

③投资者根据市场价格水平的变化，机械地进行投资。

（3）保本或停损投资计划

第四节　投资基金

一、投资基金的概念

投资基金是一种利益共享、风险共担的集合投资制度。投资基金集中投资者的资金，由基金托管人委托职业经理人员管理，专门从事投资活动。人们平常所说的基金主要是指证券投资基金，其中最适合中小投资者参与的投资形式是基金定投。

投资基金的投资领域可以是股票、债券，也可以是实业、期货等，而且对一家上市公司的投资额不得超过该基金总额的10%（这是中国的规定，各国都有类似的投资额限制）。这使得投资风险随着投资领域的分散而降低，所以它是介于储蓄和股票两者之间的一种投资方式。

二、投资基金的分类

按照不同的分类方法，投资基金可以分为如下类别。

（一）契约和公司（按法律地位划分）

契约型基金，是根据一定的信托契约原理组建的代理投资制度。委托者、受托者和受益者三方订立契约，由经理机构（委托者）经营信托资产，银行或信托公司（受托者）保管信托资产，投资人（受益者）享有投资收益。

公司型基金是按照股份公司方式运营的。投资者购买公司股票成为公司股东。公司型基金涉及四个当事人：投资公司，是公司型基金的主体；管理公司，为投资公司经营资产；保管公司，为投资公司保管资产，一般由银行或信托公司担任；承销公司，负责推销和回购公司股票。

公司型基金分为封闭式和开放式两种。封闭式基金发行的股票数量不变，发行期满基金规模就封闭起来，不再增加或减少股份。开放式基金，也称为共同基金，其股票数量和基金规模不封闭，投资人可以随时根据需要向基金购买股票以实现投资，也可以回售股票以撤出投资。

（二）私募和公募（按资金募集方式和来源划分）

公募基金是以公开发行证券募集资金方式设立的基金；私募基金是以非公开发行方式募集资金所设立的基金。

私募基金面向特定的投资群体，满足对投资有特殊期望的客户需求。私募基金的投资者主要是一些大的投资机构和一些富人。如美国索罗斯领导的量子基金的投资者，或是金融寡头，或是工业巨头；量子基金的投资者不足100人，每个投资者的投资额至少100万美元。

（三）收益和增长（按照对投资受益与风险的设定目标划分）

收益基金追求投资的定期固定收益，因而主要投资于有固定收益的证券，如债券、优先股股票等。收益基金不刻意追求在证券价格波动中可能形成的价差收益，因此投资风险较低，同时，投资收益也较低。

增长基金追求证券的增值潜力。通过发现价格被低估的证券，低价买入并等待升值后卖出，以获取投资利润。

三、投资资金的风险

投资基金可以增加投资组合的多样性，投资者可以以此降低投资组合的总体风险敞口。对冲基金经理使用特定的交易策略和工具，为的就是降低市场风险，获取风险调整收益，这与投资者期望的风险水平是一致的。理想的对冲基金获得的收益与市场指数相对无关。虽然"对冲"是降低投资风险的一种手段，但是，和所有其他的投资一样，对冲基金无法完全避免风险。根据Hennessee Group发布的报告，1993年至2000年，对冲基金的波动程度只有同期标准普尔500指数的2/3左右。

（一）风险管理

大多数国家规定，对冲基金的投资者必须是老练的合格投资者，应当对投资的风险有所了解，并愿意承担这些风险，因为可能的回报与风险相关。为了保护资金和投资者，基金经理可采取各种风险管理策略。《金融时报》（*Financial Times*）称，"大型对冲基金拥有资产管理行业最成熟、最精确的风险管理措施。"对冲基金管理公司可能持有大量短期头寸，也可能拥有一套特别全面的风险管理系统。基金可能会设置"风险官"来负责风险评估和管理，但不插手交易，也可能采取诸如正式投资组合风险模型之类的策略。可以采用各种度量技巧和模型来计算对冲基金活动的风险，根据基金规模和投资策略的不同，基金经理会使用不同的模型。传统的风险度量方法不一定考虑回报的常态性等因素。为了全面考虑各种风险，通过加入减值和"亏损时间"等模型，可以弥补采用风险价值（VaR）来衡量风险的缺陷。

除了评估投资的市场相关风险，投资者还可根据审慎经营原则来评估对冲基金的失误或欺诈可能给投资者带来损失的风险。应当考虑的事项包括，对冲基金管理公司对业务的组织和管理，投资策略的可持续性和基金发展成公司的能力。

（二）透明度及监管事项

由于对冲基金是私募基金，几乎没有公开披露的要求，有人认为其不够透明。还有很多人认为，对冲基金管理公司和其他金融投资管理公司相比，受到的监管少，注册要求也低，而且对冲基金更容易受到由经理人导致的特殊风险，比如偏离投资目标、操作失误和欺诈。2010年，美国和欧盟新提出的监管规定要求对冲基金管理公司披露更多信息，提高透明度。另外，投资者，特别是机构投资者，也通过内部控制和外部监管，促使对冲基金进一步完善风险管理。随着机构投资者的影响力与日俱增，对冲基金也日益透明，公布的信息越来越多，包括估值方法、头寸和杠杆等。

（三）与其他投资相同的风险

对冲基金的风险和其他的投资有很多相同之处，包括流动性风险和管理风险。流动性指的是一种资产买卖或变现的容易程度；与私募股权基金相似，对冲基金也有封闭期，在此期间投资者不可赎回。管理风险指的是基金管理引起的风险。管理风险包括：偏离投资目标等对冲基金特有风险、估值风险、容量风险、集中风险和杠杆风险。估值风险指投资的资产净值可能计算错误；在某一策略中投入过多，这就会产生容量风险；如果基金对某一投资产品、板块、策略或者其他相关基金敞口过多，就会引起集中风险。这些风险可以通过对控制利益冲突、限制资金分配和设定策略敞口范围来管理。

许多投资基金都使用杠杆，即在投资者出资之外借钱交易或者利用保证金交易的做法。尽管杠杆操作可增加潜在回报，同样也能扩大损失。采用杠杆的对冲基金可能会使用各种风险管理手段。与投资银行相比，对冲基金的杠杆率较低。根据美国国家经济研究局的工作论文，投资银行的平均杠杆率为14.2倍，而对冲基金的杠杆率为1.5～2.5倍。

有人认为，某些基金，比如对冲基金，为了在投资者和经理能够容忍的风险范围内最大化回报，会更偏好风险。如果经理自己也投资基金，就更会激励其提高对风险监管的程度。

第七章　利润分配

第一节　利润分配的内容及程序

一、利润分配的内容

利润分配，是将企业实现的净利润，按照国家财务制度规定的分配形式和分配顺序，在企业和投资者之间进行的分配。

利润分配的过程与结果，关系到所有者的合法权益能否得到保护，企业能否长期、稳定发展的重要问题，为此，企业必须加强利润分配的管理和核算。企业利润分配的主体是投资者和企业，利润分配的对象是企业实现的净利润；利润分配的时间即确认利润分配的时间是利润分配义务发生的时间和企业做出决定向内向外分配利润的时间。

（一）利润分配的意义

1.通过利润分配

国家财政能动员集中一部分利润，由国家有计划地分配使用，实现国家政治职能和经济宏观调控职能，发展高新技术、能源交通和原料基础工业，为社会经济的发展创造良好条件。

2.通过利润分配

企业由此而形成一部分自行安排使用的积累性资金，增加企业生产经营的财力，有利于企业适应市场需要发展生产，改善职工生活福利。

3.通过利润分配

投资者能实现预期的收益，从而提高企业的信誉程度，有利于增强企业急需融通资金的能力，有利于生产经营发展。

（二）利润分配的原则

1.依法分配原则

企业利润分配的对象是企业缴纳所得税后的净利润，这些利润是企业的权益，企业有权自主分配。国家有关法律、法规对企业利润分配的基本原则、一般次序和重大比例也作了较为明确的规定，其目的是保障企业利润分配的有序进行，维护企业和所有者、债权人以及职工的合法权益，促使企业增加积累，增强风险防范能力。国家有关利润分配的法律和法规主要有公司法、外商投资企业法等，企业在利润分配中必须切实执行上述法律、法规。利润分配在企业内部属于重大事项，企业的章程必须在不违背国家有关规定的前提下，对本企业利润分配的原则、方法、决策程序等内容做出具体而又明确的规定，企业在利润分配中也必须按规定办事。

2.资本保全原则

资本保全是责任有限的现代企业制度的基础性原则之一，企业在分配中不能侵蚀资本。利润的分配是对经营中资本增值额的分配，不是对资本金的返还。按照这一原则，一般情况下，企业如果存在尚未弥补的亏损，应首先弥补亏损，再进行其他分配。

3.充分保护债权人利益原则

债权人的利益按照风险承担的顺序及其合同契约的规定，企业必须在利润分配之前偿清所有债权人到期的债务，否则不能进行利润分配。同时，在利润分配之后，企业还应保持一定的偿债能力，以免产生财务危机，危及企业生存。此外，企业在与债权人签订某些长期债务契约的情况下，其利润分配政策还应征得债权人的同意或审核方能执行。

4.多方及长短期利益兼顾原则

利益机制是制约机制的核心，而利润分配的合理与否是利益机制最终能否持续发挥作用的关键。利润分配涉及投资者、经营者、职工等多方面的利益，企业必须兼顾，并尽可能地保持稳定的利润分配。在企业获得稳定增长的利润后，应增加利润分配的数额或百分比。同时，由于发展及优化资本结构的需要，除依法必须留用的利润外，企业仍可以出于长远发展的考虑，合理留用利润。在积累与消费关系的处理上，企业应贯彻积累优先的原则，合理确定提取盈余公积金和分配给投资者利润的比例，使利润分配真正成为促进企业发展的有效手段。

二、利润分配的程序

利润分配程序是指公司制企业根据适用法律、法规或规定，对企业一定期间实现的净利润进行分配必须经过的先后步骤。

根据我国《公司法》等有关规定，企业当年实现的利润总额应按国家有关税法的规定做相应的调整，然后依法交纳所得税。交纳所得税后的净利润按下列顺序进行分配。

（一）弥补以前年度的亏损

按我国财务和税务制度的规定，企业的年度亏损，可以由下一年度的税前利润弥补，下一年度税前利润尚不足于弥补的，可以由以后年度的利润继续弥补，但用税前利润弥补以前年度亏损的连续期限不超过5年。5年内弥补不足的，用本年税后利润弥补。本年净利润加上年初未分配利润为企业可供分配的利润，只有可供分配的利润大于零时，企业才能进行后续分配。

（二）提取法定盈余公积金

根据《公司法》的规定，法定盈余公积金的提取比例为当年税后利润（弥补亏损后）的10%。当法定盈余公积金已达到注册资本的50%时可不再提取。法定盈余公积金可用于弥补亏损、扩大公司生产经营或转增资本，但公司用盈余公积金转增资本后，法定盈余公积金的余额不得低于转增前公司注册资本的25%。

（三）提取任意盈余公积金

根据《公司法》的规定，公司从税后利润中提取法定公积金后，经股东会或者股东大会决议，还可以从税后利润中提取任意公积金。

（四）向投资者分配利润

根据《公司法》的规定，公司弥补亏损和提取公积金后所余税后利润，可以向股东（投资者）分配股利（利润），其中有限责任公司股东按照实缴的出资比例分取红利，全体股东约定不按照出资比例分取红利的除外；股份有限公司按照股东持有的股份比例分配，但股份有限公司章程规定不按持股比例分配的除外。

根据《公司法》的规定，在公司弥补亏损和提取法定公积金之前向股东分配利润的，股东必须将违反规定分配的利润退还公司。公司持有的本公司股份不得分配利润。

三、股利支付的方式

股利支付的方式主要有：现金股利、股票股利、财产股利和负债股利。

（一）现金股利

现金股利是最常见的一种分红方式，也是大多数股东喜欢的方式，但发放现金股利需要充足的变现能力、强大的资产作保证，对一个正在迅速发展的公司而言，资金需求量大，发放现金股利，并不多见，这也是国内上市公司派发现金红利较少的原因。

（二）股票股利

股票股利是指增加发行股票给现有股东。从会计角度看，股票股利只是资金在股东权益账户之间的转移，将资金从留存盈利账户转移到股东权益账户，不改变股东的股权比例，也不增加公司资产。

从理论上讲，就股东而言，股票股利除了增加其所持的股票数量之外，几乎没有任何价值，因为公司的盈利不变，其所持的股份比例不变，股价会同比例减少，因此，每位股东所持有股票的市场价值总额也保持不变，但对公司而言，股东分享了公司的利润而又无须分配现金，由此可以将更多的现金保存下来用于再投资，有利于公司长期健康、稳定地发展。发放股票股利在国内习惯称为送红股。

股票分割是指将一股面值较高的股票交换成数股面值较低的股票的行为。例如，将原来的一股股票交换成两股股票。股票分割不属于某种股利，但其所产生的效果与发放股票股利相似。

（三）财产股利

财产股利是以现金以外的资产支付的股利，主要是以公司所拥有的其他企业的有价证券，如债券、股票作为股利支付给股东。

（四）负债股利

负债股利是公司以负债支付的股利，通常以公司的应付票据支付给股东，不得已情况下也有发行公司债券抵付股利的。

财产股利和负债股利实际上是现金股利的替代。这两种股利方式目前在我国很少使用，但并非法律所禁止。

从上市公司的分红方案来看，主要采用送配股和发放现金红利并用的方式。采用这种方式对公司而言，有很大的好处：

（1）通过送红股，使股东感到公司发放了红利，而公司又没有现金的流出。

（2）通过送股，扩大了流通在外股数。通过配股，将会使投资者再次投资于本公司股票，公司可以再从资本市场上获得资金。

国内上市公司之所以敢于连续采用这种分红方式，关键是由国内特殊的情况形成的：

（1）资本市场股票供应量不能满足投资者的需要，公司不必担心自己的股票会因为送配股而大幅度降低。

（2）上市公司多为国有企业，国有股、法人股都是不具备流通条件的，公司不担心自己在股票市场上的行为不佳而被兼并收购，外部压力较小。在分析股份制企业的分红方案时，要对分红方案作连续三年至五年的对比分析，从企业的分红政策的变化间接考察其财务政策和经营状况。

以上介绍的方法从股东权益状况、企业盈利能力、投资价值及股利政策几个方面对股份有限公司进行分析与评价，多是站在投资人的角度来考虑。信贷人员利用这些指标提供的信息，从投资人对公司的信心程度及预测投资人将会采取的行动中，可以作为判断公司的现状及发展趋势的一种依据，同时结合其他指标的分析对股份公司做出全面评价并指导信贷决策。

第二节　影响利润分配的因素

一、法律因素

企业在进行利润分配时，应坚持法定利润分配程序，不能以企业资本分配利润，不能当年无利润而动用以前年度留存收益分配利润等，都是企业利润分配过程中所必须遵循的法律规定。

相关要求主要体现在以下几个方面：

1. 资本保全约束：规定公司不能用资本（包括实收资本或股本和资本公积）发放股利，目的在于维持企业资本的完整性，保护企业完整的产权基础，保障债权人的权益。

2. 资本积累约束：规定公司必须按一定的比例和基数提取各种公积金。另外，它要求在进行股利分配时，一般应当贯彻"无利不分"的原则。

3. 超额累积利润约束：如果公司为了避税而使盈余的保留大大超过了公司目前及未来的投资需求时，将被加征额外的税款。

二、现金能力因素

企业若想以现金的形式分配利润，就必须考虑现金的支付能力。企业盈利不等于一定有相应的现金。实践中，企业往往出现会计账面利润很多，但现金十分拮据的情况。这是由于企业在创利的过程中，同时进行实物资产的购置，从而使以往的盈利和当期的利润固定化为非现金资产，影响了资产的流动性。

三、税收因素

股票投资目的是获取股利，或是通过低吸高抛，取得资本利得收益。但对于股东来说，二者所缴纳的所得税是不同的，现金股利的税负高于资本利得的税负。

四、股东构成因素

不同阶层、不同收入水平，以及不同投资目的的股东，对股利分配的要求也是不同的。

五、负债因素

当公司举借长期债务时，债权人为了保护自身的利益，可能会对公司发放股利加以限制。

六、资本成本因素

在企业的各种筹资方法中，留用利润的资本成本是最低的而且是稳定可靠的，还可以使企业保持较强的外部筹资能力，企业的资产负债率可以保持在较理想的水平之上。但过分地强调留用利润，股利支付过少也会走向负面，因为股价有可能因投资者的不满、抛售而跌落，公司声誉受损，反而会影响企业的外部筹资能力。

七、企业拓展因素

当企业处于发展上升阶段，具备广泛的投资机会时，需要大量的发展资金，这时企业可以考虑减少股利支出，将大部分盈利用于扩大再生产，在将来给股东以更加满意的回报，这很可能会被多数股东所接受。当企业处于盈利充裕、稳定，并无良好的拓展机会时，可考虑采用较高的股利以回报投资者。

八、通货膨胀因素

在通货膨胀时期，企业的购买力下降，原计划以折旧基金为来源购置固定资产则难以实现，为了弥补资金来源的不足，企业购置长期资产，往往会使用企业的盈利，因此股利支付会较低。

第三节　股利分配政策

一、剩余股利政策

（一）分配方案的确定

股利分配与公司的资本结构相关，而资本结构又是由投资所需资金构成的，因此实际上股利政策要受到投资机会及其资本成本的双重影响。剩余股利政策就是在公司有着良好的投资机会时，根据一定的目标资本结构（最佳资本结构），测算出投资所需的权益资本，先从盈余当中留用，然后将剩余的盈余作为股利予以分配。

采用剩余股利政策时，应遵循四个步骤：

（1）设定目标资本结构，即确定权益资本与债务资本的比率，在此资本结构下，加权平均资本成本将达到最低水平；

（2）确定目标资本结构下投资所需的股东权益数额；

（3）最大限度地使用保留盈余来满足投资方案所需的权益资本数额；

（4）投资方案所需权益资本已经满足后若有剩余盈余，再将其作为股利发放给股东。

（二）采用本政策的理由

奉行剩余股利政策，意味着公司只将剩余的盈余用于发放股利。这样做的目的是保持理想的资本结构，使加权平均资本成本最低。

二、固定或持续增长股利政策

（一）分配方案的确定

这一股利政策是将每年发放的股利固定在某一相对稳定的水平上并在较长的时期内不变，只有当公司认为未来盈余会显著地、不可逆转地增长时，才提高年度的股利发放额。

（二）采用本政策的理由

固定或持续增长股利政策的主要目的是避免出现由于经营不善而削减股利的情况。采用这种股利政策的理由在于：

（1）稳定的股利向市场传递公司正常发展的信息，有利于树立公司良好形象，增强投资者对公司的信心，稳定股票的价格。

（2）稳定的股利额有利于投资者安排股利收入和支出，特别是对那些对股利有着很高依赖性的股东更是如此。而股利忽高忽低的股票，则不会受这些股东的欢迎，股票价格会因此而下降。

（3）稳定的股利政策可能会不符合剩余股利理论，但考虑到股票市场会受到多种因素的影响，其中包括股东的心理状态和其他要求，因此为了使股利维持在稳定的水平上，即使推迟某些投资方案或者暂时偏离目标资本结构，也可能要比降低股利或降低股利增长率更为有利。

该股利政策的缺点在于股利的支付与盈余相脱节。当盈余较低时仍要支付固定的股利，这可能导致资金短缺，财务状况恶化；同时不能像剩余股利政策那样保持较低的资本成本。

三、固定股利支付率政策

（一）分配方案的确定

固定股利支付率政策，是公司确定一个股利占盈余的比率，长期按此比率支付股利的政策。在这一股利政策下，每年股利额随公司经营的好坏而上下波动，获得较多盈余的年份股利额高，获得盈余少的年份股利额就低。

（二）采用本政策的理由

主张实行固定股利支付率的人认为，这样做使股利与公司盈余紧密地配合，以体现多盈多分、少盈少分、无盈不分的原则，真正公平地对待每一位股东。但是，在这种政策下各年的股利变动较大，极易造成公司的不稳定，对于稳定股票价格不利。

四、低正常股利加额外股利政策

（一）分配方案的确定

低正常股利加额外股利政策，是指公司一般情况下每年只支付固定的、数额较低的股利，在盈余多的年份，再根据实际情况向股东发放额外股利。但额外股利并不固定化，不意味着公司永久地提高了规定的股利率。

（二）采用本政策的理由

（1）这种股利政策使公司具有较大的灵活性。当公司盈余较少或投资需用较多资金时，可维持设定的较低但正常的股利，股东不会有股利跌落感；而当盈余有较大幅度增加时，则可适度增发股利，把经济繁荣的部分利益分配给股东，使他们增强对公司的信心，这有利于稳定股票的价格。

（2）这种股利政策可使那些依靠股利度日的股东每年至少可以得到虽然较低但比较稳定的股利收入，从而留住这部分股东。

第四节　股票的分割与回购

一、股票分割

（一）股票分割的概念

股票分割又称股票拆细，即将一张较大面值的股票拆成几张较小面值的股票。

股票分割对公司的资本结构不会产生任何影响，一般只会使发行在外的股票总数增加，资产负债表中股东权益各账户（股本、资本公积、留存收益）的余额都保持不变，股东权益的总额也保持不变。

股票分割给投资者带来的不是现实的利益，但是投资者持有的股票数增加了，给投资者带来了今后可多分股息和更高收益的希望，因此股票分割往往比增加股息派发对股价上涨的刺激作用更大。

（二）股票分割的作用

（1）股票分割会在短时间内使公司股票每股市价降低，买卖该股票所必需的资金量减少，易于增加该股票在投资者之间的换手，并且可以使更多的资金实力有限的潜在股东变成持股的股东。因此，股票分割可以促进股票的流通和交易。

（2）股票分割可以向投资者传递公司发展前景良好的信息，有助于提高投资者对公司的信心。

（3）股票分割可以为公司发行新股做准备。公司股票价格太高，会使许多潜在的投资者力不从心而不敢轻易对公司的股票进行投资。在新股发行之前，利用股票分割降低股票价格，可以促进新股的发行。

（4）股票分割有助于公司并购政策的实施，增加对被并购方的吸引力。

（5）股票分割带来的股票流通性的提高和股东数量的增加，会在一定程度上加大对公司股票恶意收购的难度。

（6）股票分割在短期内不会给投资者带来太大的收益或亏损，即给投资者带来的不是现实的利益，而是给投资者带来了今后可多分股息和更高收益的希望，是利好消息，因此对除权日后股价上涨有刺激作用。

二、股票回购

股票回购是指上市公司利用现金等方式，从股票市场上购回本公司发行在外的一定数额的股票的行为。公司在股票回购完成后可以将所回购的股票注销。但在绝大多数情况下，公司将回购的股票作为"库藏股"保留，不再属于发行在外的股票，且不参与每股收益的计算和分配。库藏股日后可移作他用，如发行可转换债券、雇员福利计划等，或在需要资金时将其出售。

（一）股票回购的目的

（1）反收购措施。股票回购在国外经常作为一种重要的反收购措施被运用。回购将提高本公司的股价，减少在外流通的股份，给收购方造成更大的收购难度；股票回购后，公司在外流通的股份少了，可以防止浮动股票落入进攻企业手中。

（2）改善资本结构。股票回购是改善公司资本结构的一个较好途径。利用企业闲置的资金回购一部分股份，虽然降低了公司的实收资本，但是资金得到了充分利用，每股收益也提高了。

（3）稳定公司股价。过低的股价，无疑将对公司经营造成严重影响，股价过低，使人们对公司的信心下降，消费者对公司产品产生怀疑，削弱公司出售产品、开拓市场的能力。在这种情况下，公司回购本公司股票以支撑公司股价，有利于改善公司形象，股价在上升过程中，投资者又重新关注公司的运营情况，消费者对公司产品的信任增加，公司也有了进一步配股融资的可能。因此，在股价过低时回购股票，是维护公司形象的有力途径。

（二）股票回购的影响

股票回购对上市公司的影响主要表现在以下几个方面：

（1）股票回购需要大量资金支付回购成本，容易造成资金紧张，降低资产流动性，影响公司的后续发展。

（2）股票回购无异于股东退股和公司资本的减少，导致不仅在一定程度上削弱了对债权人利益的保护，而且忽视了公司的长远发展，损害了公司的根本利益。

（3）股票回购容易导致公司操纵股价。

据传，证监会有意允许券商开展股票回购业务，3家券商可能成为首批试点。这对于投资者是一柄双刃剑，虽然能够获得短期融资，但是却有可能放大风险。对股票回购业务，举个简单的例子，假定投资者张三持有1万股中国石油（601857）股票，当时市价9.8元，此时张三临时需要用钱，但张三看好中国石油的后市，不愿意卖出持股，此时张三便可以将中国石油股票按照7.8元的价格卖给券商，并约定一个月之后按照8元的价格买回，券商赚了0.2元的差价，张三获得了临时的周转资金，大家都合适。应该说，股票回购业务还是有一定价值的，但是它又与融资融券、股票质押有雷同的一面。比如说，张三需要现金时，除了将股票卖给券商外，还可以用持有的股票作为抵押向券商融资，或者卖出一半股票，取出现金后，然后用融资融券的方式再买回一半股票，也能达到类似的目的，股票回购并不是唯一获得资金的办法。其实，张三用股票换得现金后，还是面临着比较大的风险，一是遇到股价下跌需要追加保证金的风险，二是到期无法筹得资金买回股票的风险。这些风险都是张三无法回避的，当然，融资融券、股票质押也需要面对这些问题。其实A股市场并不适合全面开展股票回购业务，小范围的试点还是可以的，但是其进入门槛不应太低，至少应与股指期货、融资融券持平，过小的投资者或许并没有应对保证金交易的经验，如果强行参与，可能会有预料不到的麻烦。如果估计不错的话，能够进行股票回购的股票池极有可能参照融资融券的股票池，并非所有的股票都能参与，同时仍在禁售期的有限售条件股不知能否卖给券商，如果可以，或许相当多的限售股会成为"死当"，券商就成为大股东。

应该说，试点券商完全有必要按照经营当铺的思路去经营股票回购，随时做好投资者不再买回股票的准备，对于投资者来说，也完全可以使用股票回购将自己的风险转嫁给券商。例如，前期包钢稀土因稀土价格保持高位而股价坚挺，此时看好包钢稀土又不愿意承担过高风险的投资者，就可以将股票卖给券商，到需要回购时如果股价继续上涨，那么就买回股票，如果股价不断走低，干脆也就不要了，这也可以算是一种止损。

（三）股票回购的方式

1. 场内公开收购和场外协议收购

按照股票回购的地点不同，可分为场内公开收购和场外协议收购两种。

场内公开收购是指上市公司把自己等同于任何潜在的投资者，委托在证券交易所有正式交易席位的证券公司，代自己按照公司股票当前市场价格回购。在国外较为成熟的股票市场上，这一种方式较为流行。据不完全统计，整个80年代，美国公司采用这一种方式回购的股票总金额为2300亿美元左右，占整个回购金额的85%以上。虽然这一种方式的透明度比较高，但很难防止价格操纵和内幕交易，因而，美国证券交易委员会对实施场内回购的时间、价格和数量等均有严格的监管规则。

场外协议收购是指股票发行公司与某一类（如国家股）或某几类（如法人股、B股）投资者直接见面，通过在店头市场协商来回购股票的一种方式。协商的内容包括价格和数量的确定，以及执行时间等。很显然，这一种方式的缺陷就在于透明度比较低，有违于股市"三公"原则。

2. 举债回购、现金回购和混合回购

按照筹资方式，可分为举债回购、现金回购和混合回购。

举债回购是指企业通过向银行等金融机构借款的办法来回购本公司股票。如果企业认为其股东权益所占的比例过大，资本结构不合理，就可能对外举债，并用举债获得的资金进行股票回购，以实现企业资本结构的合理化。有时候还是一种防御其他公司的敌意兼并与收购的保护措施。

现金回购是指企业利用剩余资金来回购本公司的股票。这种情况可以实现分配企业的超额现金，起到替代现金股利的目的。

混合回购是指企业动用剩余资金，以及向银行等金融机构借贷来回购本公司股票。

3. 出售资产回购或利用债券和优先股交换

按照资产置换范围，可分为出售资产回购股票、利用手持债券和优先股交换（回购）公司普通股、债务股权置换。

出售资产回购股票是指公司通过出售资产筹集资金回购本公司股票。

利用手持债券和优先股交换（回购）公司普通股是指公司使用手持债券和优先股换回（回购）本公司股票。

债务股权置换是指公司使用同等市场价值的债券换回本公司股票。例如，1986年，Owenc Corning公司使用52美元的现金和票面价值35美元的债券交换其发行在外的每股股票，以提高公司的负债比例。

4. 固定价格要约回购和荷兰式拍卖回购

按照回购价格的确定方式，可分为固定价格要约回购和荷兰式拍卖回购。

固定价格要约回购是指企业在特定时间发出的以某一高出股票当前市场价格的价格水平，回购既定数量股票的要约。为了在短时间内回购数量相对较多的股票，公司可以宣布固定价格回购要约。它的优点是赋予所有股东向公司出售其所持股票的均等机会，而且通常情况下公司享有在回购数量不足时取消回购计划或延长要约有效期的权力。与公开收购相比，固定价格要约回购通常被认为是更积极的信号，其原因可能是要约价格存在高出市场当前价格的溢价。但是，溢价的存在也使固定价格回购要约的执行成本较高。

荷兰式拍卖回购首次出现于1981年Todd造船公司的股票回购。此种方式的股票回购在回购价格确定方面给予公司更大的灵活性。在荷兰式拍卖的股票回购中，首先公司指定回购价格的范围（通常较宽）和计划回购的股票数量（可以上下限的形式表示）；而后股东进行投标，说明愿意以某一特定价格水平（股东在公司指定的回购价格范围内任选）出售股票的数量；公司汇总所有股东提交的价格和数量，确定此次股票回购的"价格—数量曲线"，并根据实际回购数量确定最终的回购价格。

5. 可转让出售权回购方式

所谓可转让出售权，是实施股票回购的公司赋予股东在一定期限内以特定价格向公司出售其持有股票的权利。之所以称为"可转让"是因为此权利一旦形成，就可以同依附的股票分离，而且分离后可在市场上自由买卖。执行股票回购的公司向其股东发行可转让出售权，那些不愿意出售股票的股东可以单独出售该权利，从而满足了各类股东的需求。此外，因为可转让出售权的发行数量限制了股东向公司出售股票的数量，所以这种方式还可以避免股东过度接受回购要约的情况。

（四）股票回购的意义

1.对于股东的意义

股票回购后股东得到的资本利得需缴纳资本利得税，发放现金股利后股东则需缴纳股息税。在前者低于后者的情况下，股东将得到纳税上的好处。但是，各种因素很可能因股票回购而发生变化，结果是否对股东有利难以预料。也就是说，股票回购对股东利益具有不确定的影响。

2.对于公司的意义

进行股票回购的最终目的是有利于增加公司的价值：

（1）公司进行股票回购的目的之一是向市场传递股价被低估的信号。股票回购有着与股票发行相反的作用。股票发行被认为是公司股票被高估的信号，如果公司管理层认为公司的股价被低估，通过股票回购，向市场传递了积极信息。股票回购的市场反应通常是提升股价，有利于稳定公司股票价格。如果回购以后股票仍被低估，剩余股东也可以从低价回购中获利。

（2）当公司可支配的现金流明显超过投资项目所需的现金流时，可以用自由现金流进行股票回购，有助于增加每股盈利水平。股票回购减少了公司自由现金流，起到了降低管理层代理成本的作用。管理层通过股票回购试图使投资者相信公司的股票是具有投资吸引力的，公司没有把股东的钱浪费在收益不好的投资中。

（3）避免股利波动带来的负面影响。当公司剩余现金是暂时的或者是不稳定的，没有把握能够长期维持高股利政策时，可以在维持一个相对稳定的股利支付率的基础上，通过股票回购发放股利。

（4）发挥财务杠杆的作用。如果公司认为资本结构中权益资本的比例较高，可以通过股票回购提高负债比率，改变公司的资本结构，并有助于降低加权平均资本成本。虽然发放现金股利也可以减少股东权益，增加财务杠杆，但两者在收益相同情形下的每股收益不同。特别是如果是通过发行债券融资回购本公司的股票，可以快速提高负债比率。

（5）通过股票回购，可以减少外部流通股的数量，提高股票价格，在一定程度上降低公司被收购的风险。

（6）调节所有权结构。公司拥有回购的股票（库藏股），可以用来交换被收购或被兼并公司的股票，也可用来满足认股权证持有人认购公司股票或可转换债券持有人转换公司普通股的需要，还可以在执行管理层与员工股票期权时使用，避免发行新股而稀释收益。

第八章　账务分析与财务管理的现状

第一节　财务分析概述

一、财务分析的意义

财务分析对不同的信息使用者具有不同的意义。具体来说，财务分析的意义主要体现在以下方面：

（一）可以判断企业的财务实力

通过对资产负债表和利润表有关资料进行分析，计算相关指标，可以了解企业的资产结构和负债水平是否合理，从而判断企业的偿债能力、营运能力及获利能力等财务实力，揭示企业财务状况方面可能存在的问题。

（二）可以评价和考核企业的经营业绩，揭示财务活动存在的问题

通过指标的计算、分析和比较，能够评价和考核企业的盈利能力和资产周转状况，揭示其经营管理在各个方面和各个环节的问题，找出差距，得出分析结论。

（三）可以挖掘企业潜力，寻求提高企业经营管理水平和经济效益的途径

企业进行财务分析的目的不仅仅是发现问题，更重要的是分析问题和解决问题。通过财务分析，应保持和进一步发挥生产经营管理中成功的经验，对存在的问题应提出解决的策略和措施，以达到扬长避短，提高经营管理水平和经济效益的目的。

（四）可以评价企业的发展趋势

通过企业各种财务分析，可以判断企业的发展趋势，预测其生产经营的前景及偿债能力，从而为企业领导层进行生产经营决策、投资者进行投资决策和债权人进行信

贷决策提供重要的依据，避免因决策错误给其带来重大的损失。

二、财务分析的内容

（一）财务分析的主体及目的

财务分析的主体，包括权益投资人、债权人、经理人员、政府机构和其他与企业有利益关系的人士。他们出于不同目的使用财务报表，需要不同的信息，采用不同的分析程序。

1.投资人

投资人是指公司的权益投资人，即普通股东。普通股东投资于公司的目的是增加自己的财富。他们所关心的包括偿债能力、收益能力以及风险等。

权益投资人进行财务分析，是为了回答以下几方面的问题：

（1）公司当前和长期的收益水平高低，以及公司收益是否容易受重大变动的影响；

（2）财务状况如何，公司资本结构决定的风险和报酬如何；

（3）与其他竞争者相比，公司处于何种地位。

2.债权人

债权人是指借款给企业并得到企业还款承诺的人。债权人关心企业是否具有偿还债务的能力。债权人可以分为短期债权人和长期债权人。债权人的主要决策是决定是否给企业提供信用，以及是否需要提前收回债权。他们进行财务报表分析是为了回答以下几方面的问题：

（1）公司为什么需要额外筹集资金；

（2）公司还本付息所需资金的可能来源是什么；

（3）公司对于以前的短期和长期借款是否按期偿还；

（4）公司将来在哪些方面还需要借款。

3.经理人员

经理人员是指被所有者聘用的、对公司资产和负债进行管理的个人组成的团体，有时称之为"管理当局"。

经理人员关心公司的财务状况、盈利能力和持续发展的能力。经理人员可以获取外部使用人无法得到的内部信息。他们分析报表的主要目的是改善报表。

4.政府机构有关人士

政府机构也是公司财务报表的使用人，包括税务部门、国有企业的管理部门、证券管理机构、会计监管机构和社会保障部门等。他们使用财务报表是为了履行自己的监督管理职责。

5.其他人士

其他人士，如职工、中介机构（审计人员、咨询人员）等。审计人员通过财务分析可以确定审计的重点，财务分析领域的逐渐扩展与咨询业的发展有关，一些国家"财务分析师"已经成为专门职业，他们为各类报表使用人提供专业咨询。

财务分析的目的是进行财务分析的最终目标，财务分析的最终目标是为财务报表使用者做出相关决策提供可靠的依据。财务分析的目的受财务分析主体的制约，不同的财务分析主体进行财务分析的目的是不同的。

财务分析的一般目的可以概括为：评价过去的经营业绩，衡量现在的财务状况，预测未来的发展趋势。根据分析的具体目的，财务分析可以分为流动性分析、盈利性分析、财务风险分析、专题分析（如破产分析、审计人员的分析性检查程序）。

（二）财务分析的内容

（1）资金运作分析：根据公司业务战略与财务制度，预测并监督公司现金流和各项资金使用情况，为公司的资金运作、调度与统筹提供信息与决策支持；

（2）财务政策分析：根据各种财务报表，分析并预测公司的财务收益和风险，为公司的业务发展、财务管理政策制度的建立及调整提供建议；

（3）经营管理分析：参与销售、生产的财务预测、预算执行分析、业绩分析，并提出专业的分析建议，为业务决策提供专业的财务支持；

（4）投融资管理分析：参与投资和融资项目的财务测算、成本分析、敏感性分析等活动，配合上级制定投资和融资方案，防范风险，并实现公司利益的最大化；

（5）财务分析报告：根据财务管理政策与业务发展需求，撰写财务分析报告、投资财务调研报告、可行性研究报告等，为公司财务决策提供分析支持。

第二节　基本财务比率分析

一、偿债能力财务指标分析

偿债能力分析包括短期偿债能力分析和长期偿债能力分析。短期偿债能力是企业及时、足额偿还流动负债的保证程度，其主要指标有流动比率、速动比率和利息保障倍数。这些比率越高，表明企业短期偿债能力越强，但这些比率在评价短期偿债能力时也存在一定的局限性。

（一）流动比率指标

流动比率是用于反映企业流动资产偿还到期流动负债能力的指标。它不能作为衡量企业短期变现能力的绝对标准。

（1）企业偿还短期债务的流动资产保证程度强，并不说明企业已有足够的偿债资金。所以，考察流动比率时，要根据每一项流动资产的短期变现能力，设计一个变现系数，对企业的流动资产进行修正，这样才能得到客观、真实的流动比率。

（2）计价基础的不一致在一定程度上削弱了该比率反映短期偿债能力的可靠性。计算流动比率时（速动比率亦如此），分母中的短期负债较多采用到期值计价，而分子中的流动资产有的采用现值计价（如现金、银行存款），有的采用历史成本计价（如存货、短期投资），还有的采用未来价值计价（如应收账款）。计价基础不一致必然导致流动比率反映短期偿债能力的可靠性下降。所以，流动资产的未来价值与短期负债的未来价值之比才能更好地反映企业的短期偿债能力。

（3）该比率只反映报告日的静态状况，具有较强的粉饰效应，因此要注意企业会计分析期前后的流动资产和流动负债的变动情况。流动资产中各要素所占比例的大小，对企业偿债能力有重要影响，流动性较差的项目所占比重越大，企业偿还到期债务的能力就越差。而企业可以通过瞬时增加流动资产或减少流动负债等方法来粉饰其流动比率，人为操纵其大小，从而误导信息使用者。

（二）速动比率指标

速动比率是比流动比率更能反映流动负债偿还的安全性和稳定性的指标。

（三）利息保障倍数指标

利息保障倍数反映了获利能力对债务偿付的保证程度。该比率只能反映企业支付利息的能力和企业举债经营的基本条件，不能反映企业债务本金的偿还能力。同时，企业偿还借款的本金和利息不是用利润支付，而是用流动资产来支付，所以使用这一比率进行分析时，不能说明企业是否有足够多的流动资金偿还债务本息。另外，使用该指标时，还应注意非付现费用问题。从长期来看，企业必须拥有支付其所有费用的资金；但从短期来看，企业的固定资产折旧费用、待摊费用、递延资产摊销、无形资产摊销等非付现费用，并不需要现金支付，只需从企业当期利润中扣除。因而，有些企业即使在利息保障倍数低于1的情况下，也能够偿还其债务利息。

二、营运能力财务指标分析

（一）应收账款周转率指标

应收账款周转率是用于反映应收账款周转速度的指标。其在实践中存在以下局限性：一是没有考虑应收账款的回收时间，不能准确地反映年度内收回账款的进程及均衡情况；二是当销售具有季节性，特别是当赊销业务量各年相差较悬殊时，该指标不能对跨年度的应收账款回收情况进行连续反映；三是不能及时提供应收账款周转率信息。该指标反映某一段时期的周转情况，只有在期末才能根据年销售额、应收账款平均占用额计算出来。

（二）存货周转率指标

存货周转率是反映企业销售能力强弱、存货是否过量和资产是否具有较强流动性的一个指标，也是衡量企业生产经营各环节中存货运营效率的综合性指标。在实际运用中，存货计价方法对存货周转率具有较大的影响，因此，在分析企业不同时期或不同企业的存货周转率时，应注意存货计价方法是否一致。另外，为了改善资产报酬率，企业管理层可能会希望降低存货水平和周转期，有时受人为因素影响，该指标不能准确地反映存货资产的运营效率。同时，在分析中不可忽视因存货水平过高或过低而造成的一些相关成本，如存货水平低会失去顾客信誉、销售机会及生产延后。

三、盈利能力财务指标分析

（一）销售利润率指标

盈利能力分析中主要的分析指标是销售利润率指标。销售利润率是企业一定时期的利润总额与产品销售净收入的比值，其反映的是企业一定时期的获利能力。销售利润率虽能揭示某一特定时期的获利水平，但难以反映获利的稳定性和持久性，并且该比率受企业筹资决策的影响。财务费用作为筹资成本在计算利润总额时须扣除。在销售收入、销售成本等因素相同的情况下，由于资本结构不同，财务费用水平也会不同，销售利润率就会有差异。同时，投资净收益是企业间相互参股、控股或其他投资形式所取得的利润，与销售利润率中的当期产品销售收入之间没有配比关系。同样，销售利润率指标之间以及营业外收支净额与当期产品销售收入之间也没有配比关系。因此，销售利润率指标不符合配比原则与可比性原则。

（二）资本保值增值率指标

资本保值增值率是考核经营者对投资者投入资本的保值和增值能力的指标。资本保值增值率存在以下不足：一是该指标除了受企业经营成果的影响，还受企业利润分配政策的影响，同时也未考虑物价变动的影响；二是分子分母为两个不同时点上的数据，缺乏时间上的相关性，如考虑到货币的时间价值，应将年初的净资产折算为年末时点上的价值（或年末净资产贴现为年初时点上的价值），再将其与年末（或年初）净资产进行比较；三是在经营期间由于投资者投入资本、企业接受捐赠、资本（股本）溢价以及资产升值的客观原因导致的实收资本、资本公积的增加，并不是资本的增值，向投资者分配的当期利润也未包括在资产负债表的期末"未分配利润"项目中。所以，计算资本保值增值率时，应从期末净资产中扣除报告期因客观原因产生的增减额，再加上向投资者分配的当年利润。资本增值是经营者运用存量资产进行各项经营活动而产生的期初、期末净资产的差异，若企业出现亏损，则资本是不能保值的。

第三节　财务综合分析

一、财务综合分析概述

所谓财务综合分析，就是将企业营运能力、偿债能力和盈利能力等方面的分析纳入一个有机的分析系统，全面地对企业财务状况、经营状况进行解剖和分析，从而对企业经济效益做出较为准确的评价与判断。

一个健全有效的财务综合指标体系必须具备以下特点：

（一）评价指标全面

设置的评价指标尽可能涵盖偿债能力、营运能力和盈利能力等各方面的考核要求。

（二）主辅指标功能匹配

在分析中要做到：明确企业分析指标的主辅地位，要能从不同侧面、不同层次反映企业财务状况，揭示企业经营业绩。

（三）满足各方面经济需求

设置的指标评价体系既能满足企业内部管理者决策的需要，也能满足外部投资者和政府管理机构决策及实施宏观调控的要求。

二、财务综合分析方法

财务综合分析的方法主要有两种：杜邦财务分析体系法和沃尔比重评分法。

（一）杜邦财务分析体系法

这种分析方法首先由美国杜邦公司的经理创立并首先在杜邦公司成功运用，称之为杜邦系统（Du Pont System）。它是利用财务指标间的内在联系，对企业综合经营理财能力及经济效益进行系统的分析评价的方法。其基本思想是将企业净资产收益率逐级分解为多项财务比率乘积，这样有助于深入分析比较企业经营业绩。

杜邦体系各主要指标之间的关系如下：

净资产收益率=主营业务净利率×总资产周转率×权益乘数

其中：主营业务净利率=净利润÷主营业务收入净额

总资产周转率=主营业务收入净额÷平均资产总额

权益乘数=资产总额÷所有者权益总额=1÷（1–资产负债率）

（二）沃尔比重评分法

亚历山大·沃尔在20世纪初出版的《信用晴雨表研究》和《财务报表比率分析》中提出了信用能力指数的概念，他选择了七个财务比率，即流动比率、产权比率、固定资产比率、存货周转率、应收账款周转率、固定资产周转率和自有资金周转率，分别给定各指标的比重，然后确定标准比率（以行业平均数为基础），将实际比率与标准比率相比，得出相对比率，将此相对比率与各指标比重相乘，得出总评分。

沃尔比重评分法的基本步骤包括：

（1）选择评价指标并分配指标权重；

（2）确定各项评价指标的标准值；

（3）对各项评价指标计分并计算综合分数；

（4）形成评价结果。

沃尔比重评分法有两个缺陷：一是选择这七个比率及给定的比重缺乏说服力；二是如果某一个指标严重异常时，会对总评分产生不合逻辑的重大影响。

第四节　财务管理中存在的问题及改革措施

中小企业是国民经济的重要组成部分，对经济发展和社会稳定起着重要的促进作用。但由于其产出规模小、资本和技术构成较低、受传统体制和外部宏观经济影响大等因素，使中小企业在财务管理方面存在与自身发展和市场经济均不适应的情况。需引起各方注意，研究对策，以促进我国中小企业的改革与发展。

一、企业财务管理的现状

目前，我国企业中，有相当一部分忽视了财务管理的核心地位，管理思想僵化落后，使企业管理局限于生产经营型管理格局之中，企业财务管理的作用没有得到充分发挥。另外，由于受宏观经济环境变化和体制的影响，企业在加强财务管理方面遇到了阻碍。例如，政策的"歧视"使中小企业和大型企业不能公平竞争；地方政府行业管理部门大量的干预，使中小企业的财务管理目标短期化；财务管理受企业领导的影响过大；等等。

二、企业财务管理中存在的问题

（一）融资困难，资金严重不足

目前我国企业初步建立了较为独立、渠道多元的融资体系，但是，融资难、担保难仍然是制约企业发展的最突出的问题。其主要原因为：（1）负债过多，融资成本高，风险大，造成企业信用等级低，资信相对较差。（2）国家没有专设企业管理扶持机构，国家的优惠政策未向企业倾斜，使之长期处于不利地位。（3）大多数企业是非国有企业，有些银行受传统观念和行政干预的影响，对其贷款不够热心。（4）中介机构不健全，缺乏专门为企业贷款服务的金融中介机构和贷款担保机构。

（二）投资能力较弱，且缺乏科学性

（1）企业投资所需资金短缺。银行和其他金融机构是企业资金的主要来源，但企业吸引金融机构的投资或借款比较困难。银行即使同意向企业贷款，也因高风险而提高贷款利率，从而增加了企业融资的成本。（2）追求短期目标。由于自身规模较小，贷款投资所占的比例比大企业多得多，所面临的风险也更大，所以它们总是尽快收回投资，很少考虑扩展自身规模。（3）投资盲目性，投资方向难以把握。

（三）财务控制薄弱

（1）对现金管理不严，造成资金闲置或不足。有些企业认为现金越多越好，造成现金闲置，未参加生产周转；有些企业的资金使用缺少计划安排，过量购置不动产，无法应付经营急需的资金，陷入财务困境。（2）应收账款周转缓慢，造成资金回收困难。原因是没有建立严格的赊销政策，缺乏有力的催收措施，应收账款不能兑现或形成呆账。（3）存货控制薄弱，造成资金呆滞。很多企业月末存货占用资金往往超过其营业额的两倍以上，造成资金呆滞，周转失灵。（4）重钱不重物，资产流失浪费严重。不少企业的管理者，对原材料、半成品、固定资产等的管理不到位，出了问题无人追究，资产浪费严重。

（四）管理模式僵化，管理观念陈旧

一方面，企业典型的管理模式是所有权与经营权的高度统一，企业的投资者同时就是经营者，这种模式势必给企业的财务管理带来负面影响。企业中相当一部分属于个体、私营性质，在这些企业中，企业领导者集权现象严重，并且对于财务管理的理论方法缺乏应有的认识和研究，致使其职责不分，越权行事，造成财务管理混乱，财务监控不严，会计信息失真等。企业没有或无法建立内部审计部门，即使有也很难保证内部审计的独立性。另一方面，企业管理者的管理能力和管理素质差，管理思想落后。有些企业管理者基于其自身的原因，没有将财务管理纳入企业管理的有效机制中，缺乏现代财务管理观念，使财务管理失去了它在企业管理中应有的地位和作用。

三、解决企业财务管理中存在问题的对策

我国企业在财务管理方面存在的问题是由宏观经济环境和自身双重因素造成的。所以，为了更好地解决问题，需从政府、市场和企业自身三方面入手。

（一）政府要加强相关法律法规建设，尽快制定或完善有利于企业发展的政策

（1）中小企业的经营规模小、抵御市场风险的能力差、资金经营的能力差等决定了它通过市场融资资信很低的特点。这从客观上要求国家通过稳定的融资机制给予适当的扶持。世界上许多国家都制定了针对中小企业发展的法律、法规及优惠政策，如日本的《中小企业基本法》和《中小企业现代化促进法》、美国的《中小企业法》和《公平执行中小企业法案》（1996）等。在这方面我们应该借鉴国际经验。值得欣慰的是，我国已开始着手这方面的工作。比如，我国已出台了《关于鼓励和促进中小企业发展的若干政策意见》，由九届全国人大财经委员会起草的《中小企业促进法》也于2003年开始施行。

（2）成立企业基金。包括特定用途基金、担保基金、风险投资基金、互助基金等，其资金来源可以是各级政府金融机构及企业的入会费，管理上实行基金封闭运行，集中支持中小企业的发展。

（3）加快建立中小企业信用担保体系。中小企业信用担保机构是以服务为宗旨的中介组织，不能以营利为主要目的，担保费的收取，不能以增加中小企业的融资成本为代价。国家经贸委、国家工商总局、财政部等10部委联合下发了《关于加强中小企业信用管理工作的若干意见》，就引导中小企业增强信用观念，改善其信用状况以

创造良好的信用环境，以及加快我国社会化信用体系的建设步伐。这标志着我国以企业为主体的社会化信用体系建设开始启动。值得注意的是，在建立企业信用担保体系过程中，要把建立信用担保制度和建立其他社会化服务体系（如企业资信评估机构、企业投资及融资信息服务机构、企业联合会等）结合起来，为企业融资提供形式多样的服务。

（二）企业投资要面向市场，对投资项目进行可行性研究，正确进行投资决策，努力降低投资风险

（1）应以对内投资方式为主。对内投资主要有以下几个方面：一是对新产品试制的投资。二是对技术设备更新改造的投资。三是人力资源的投资。目前应特别注意人力资源的投资，从某种角度来说，加强人力资源的投资，拥有一定的高素质的管理及技术型人才，是企业制胜的法宝。

（2）分散资金投向，降低投资风险。企业在积累的资本达到了一定的规模之后，可以搞多元化经营，把鸡蛋放在不同的篮子里，从而分散投资风险。

（3）应规范项目投资程序。当企业在资金、技术操作、管理能力等方面具备一定的实力之后，可以借鉴大型企业的普遍做法，规范项目的投资程序，实行投资监理，对投资活动的各个阶段做到精心设计和实施。另外，要注意实施跟进战略，规避投资风险。

（三）企业要苦练内功，强化资金管理，加强财务控制

（1）提高认识，把强化资金管理作为推行现代企业制度的重要内容，贯彻落实到企业内部各个职能部门。由于资金的使用周转牵涉企业内部的方方面面，企业经营者应转变观念，认识到管好、用好、控制好资金不单是财务部门的职责，更是关系到企业的各个部门、各个生产经营环节的大事。所以要层层落实，共同为企业资金的管理做出贡献。

（2）努力提高资金的使用效率，使资金运用产生最佳的效果。为此，首先，要使资金的来源和动用得到有效配合。比如绝不能用短期借款来购买固定资产，以免导致资金周转困难。其次，准确预测资金收回和支付的时间。比如应收账款什么时候可收回，什么时候可进货等，都要做到心中有数，否则，易造成收支失衡，资金拮据。最后，合理地进行资金分配，流动资金和固定资金的占用应有效配合。

（3）加强财产控制。建立健全财产物资管理的内部控制制度，在物资采购、领用、销售及样品管理上建立规范的操作程序，堵住漏洞，维护安全。对财产的管理与记录必须分开，以形成有力的内部牵制，绝不能把资产管理、记录、检查核对等交由一个人来做。定期检查盘点财产，督促管理人员和记录人员保持警戒而不至于疏忽。

（4）加强对存货和应收账款的管理。近年来，很多企业陷入经营流动资金紧缺的困境，加强存货及应收账款管理是重要的解困措施。加强存货管理，尽可能压缩过时的库存物资，避免资金呆滞，并以科学的方法确保存货资金的最佳结构。加强应收账款管理，对赊销客户的信用进行调研评定，定期核对应收账款，制定完善的收款管理办法，严格控制账龄。要在取得确凿证据后，对死账、呆账进行妥善的会计处理。

（四）加强财会队伍建设，提高企业全员的管理素质

目前，不少企业会计账目不清，信息失真，财务管理混乱；企业领导营私舞弊、行贿受贿的现象时有发生；企业设置账外账，弄虚作假，造成虚盈实亏或虚亏实盈的假象；等等。究其原因，主要有：（1）企业财务基础薄弱，会计人员素质不高，又受制于领导，无法行使自己的监督权；（2）企业领导的法制观念淡薄，忽视财务制度、财经纪律的严肃性和强制性。为了解决好上述问题，必须加强财会队伍建设，对财会人员进行专业培训和政治思想教育，增强财会人员的监督意识。加强全员素质教育，首先从企业领导做起，不断提高全员法律意识，增强法制观念。只有依靠企业全员上下的共同努力，才有可能改善企业管理状况，搞好财务管理，提高企业的竞争实力。

第九章　金融创新及其对财务管理的影响

第一节　金融创新概述

一、金融创新的含义

金融创新的定义虽然大多源于熊彼特经济创新的概念，但各个定义的内涵差异较大，总括起来对于金融创新的理解不外乎有三个层面。

第一，宏观层面的金融创新将金融创新与金融史上的重大历史变革等同起来，认为整个金融业的发展史就是一部不断创新的历史，金融业的每项重大发展都离不开金融创新。

从这个层面上理解金融创新有如下特点：金融创新的时间跨度长，将整个货币信用的发展史视为金融创新史，金融发展史上的每一次重大突破都视为金融创新；金融创新涉及的范围相当广泛，不仅包括金融技术的创新，金融市场的创新，金融服务、产品的创新，金融企业组织和管理方式的创新，金融服务业结构上的创新，而且还包括现代银行业产生以来有关银行业务、银行支付和清算体系、银行的资产负债管理乃至金融机构、金融布场、金融体系、国际货币制度等方面的历次变革。如此长的历史跨度和如此广的研究空间使得金融创新研究可望而不可及。

第二，中观层面的金融创新是指20世纪50年代末60年代初以后，金融机构特别是银行中介功能的变化，它可以分为技术创新、产品创新以及制度创新。技术创新是指制造新产品时，采用新的生产要素或重新组合要素、生产方法、管理系统的过程。产品创新是指产品的供给方生产比传统产品性能更好、质量更优的新产品的过程。制度创新则是指一个系统的形成和功能发生了变化，而使系统效率有所提高的过程。从这个层面上，可将金融创新定义为政府或金融当局和金融机构为适应经济环境的变化和在金融过程中的内部矛盾运动，防止或转移经营风险和降低成本，更好地实现流动性、安全性和营利性目标而逐步改变金融中介功能，创造和组合一个新的高效率的资金营运方式或营运体系的过程。中观层次的金融创新概念不仅把研究的时间限制在60年代以后，而且研究对象也有明确的内涵，因此，大多数关于金融创新理论的研究均采用此概念。

第三，微观层面的金融创新仅指金融工具的创新。大致可分为四种类型：信用创新型，如用短期信用来实现中期信用，以及分散投资者独家承担贷款风险的票据发行便利等；风险转移创新型，它包括能在各经济机构之间相互转移金融工具内在风险的各种新工具，如货币互换、利率互换等；增加流动创新型，它包括能使原有的金融工具提高变现能力和可转换性的新金融工具，如长期贷款的证券化等；股权创造创新型，它包括使债权变为股权的各种新金融工具，如附有股权认购书的债券等。

我国学者对此的定义为：金融创新是指金融内部通过各种要素的重新组合和创造性变革所创造或引进的新事物。并认为金融创新大致可归为三类：①金融制度创新；②金融业务创新；③金融组织创新。

从思维层次上看，"创新"有三层含义：

（1）原创性思想的跃进，如第一份期权合约的产生；

（2）整合性将已有观念的重新理解和运用，如期货合约的产生；

（3）组合性创性，如蝶式期权的产生。

二、金融创新的理论基础

（一）西尔柏的约束诱导型金融创新理论

（1）西尔柏（W.L.Silber）主要是从供给角度来探索金融创新。西尔柏研究金融创新是从寻求利润最大化的金融公司创新最积极这个表象开始的，由此归纳出金融创新是微观金融组织为了寻求最大的利润，减轻外部对其产生的金融压制而采取的"自卫"行为。

（2）西尔柏认为，金融压制来自两个方面：一是政府的控制管理；二是内部强加的压制。

（二）凯恩的规避型金融创新理论

（1）凯恩（E.J.Kane）提出了"规避"的金融创新理论。所谓"规避"就是指对各种规章制度的限制性措施实行回避。"规避创新"则是回避各种金融控制和管理的行为。它意味着当外在市场力量和市场机制与机构内在要求相结合，回避各种金融控制和规章制度时就产生了金融创新行为。

（2）"规避"理论非常重视外部环境对金融创新的影响。从"规避"本身来说，也许能够说明它是一些金融创新行为的源泉，但是"规避"理论似乎太绝对和抽象化地把规避和创新逻辑地联系在一起，而排除了其他一些因素的作用和影响，其中最重要的是制度因素的推动力。

（三）希克斯和尼汉斯的交易成本创新理论

（1）希克斯（J.R.Hicks）和尼汉斯（J.Niehans）提出的金融创新理论的基本命题是"金融创新的支配因素是降低交易成本"。这个命题包括两层含义：一是降低交易成本是金融创新的首要动机，交易成本的高低决定金融业务和金融工具是否具有实际意义；二是金融创新实质上是对科技进步导致交易成本降低的反映。

（2）交易成本理论把金融创新的源泉完全归因于金融微观经济结构变化引起的交易成本下降，是有一定局限性的。因为它忽视了交易成本降低并非完全由科技进步引起，竞争也会使交易成本不断下降，外部经济环境的变化对降低交易成本也有一定的作用。

（3）交易成本理论单纯地以交易成本下降来解释金融创新原因，把问题的内部属性看得过于简单。但是，它仍不失为研究金融创新的一种有效的分析方法。

（四）金融深化理论

（1）美国经济学家爱德华·S.肖从发展经济学的角度对金融与经济发展的关系进行了开创性的研究。

（2）肖提出金融深化理论，要求放松金融管制，实行金融自由化。这与金融创新的要求相适应，因此成为推动金融创新的重要理论依据。

（五）制度学派的金融创新理论

（1）以戴维斯（S.Davies）、塞拉（R.Sylla）和诺斯（North）等为代表。

（2）这种金融创新理论认为，作为经济制度的一个组成部分，金融创新应该是一种与经济制度互为影响、互为因果关系的制度改革。

（六）理性预期理论

（1）理性预期学派是从货币学派分离出来的一个新兴经济学流派，最早提出理性预期思想的是美国经济学家约翰·穆斯。20世纪70年代初，卢卡斯正式提出了理性预期理论。

（2）理性预期理论的核心命题有两个：

①人们在看到现实即将发生变化时倾向于从自身利益出发，作出合理的、明智的反应；

②那些合理的、明智的反应能够使政府的财政政策和货币政策不能取得预期的效果。

（七）格林和海伍德的财富增长理论

格林（B. Green）和海伍德（J. Haywood）认为财富的增长是决定金融资产和金融创新需求的主要因素。

三、金融创新的原因

（一）顺应需求的变化

20世纪50年代，3个月期的美元国库券利率在1%～3.5%波动。到了70年代，它的波幅达到4%～11.5%。而80年代这一波幅已扩大至5%～15%以上。利率的剧烈波动造成了巨额的资本利得或资本损失，并使投资回报率具有较大的不确定性。经济环境的这一变化，刺激了对满足该需求的创新的探求，激励人们创造一些能够降低利率风险的新的金融工具。在该需求的推动下，70年代产生了三种新的金融创新：可变利率抵押贷款、金融期货交易和金融工具的期权交易。

（二）顺应供给的变化

当前计算机和通信技术的改善，是导致供给条件发生变化的最重要的源泉，它有力地刺激了金融创新。当能够大大降低金融交易成本的新计算机技术可以运用时，金融机构便可据以设想出可能对更公众有吸引力的新金融产品和新金融工具，银行卡即是其中之一。计算机和通信技术的改善也增强了市场获得证券信息的能力，这种由交易和信息技术的改善而引发的金融创新最重要的例证是证券化。此外，政府管理制度的变化也能够导致供给条件变化，由政府管理变化而发生的金融创新的例子是贴现经纪人和股票指数期货的出现。

（三）规避既有管理法规

由于金融业较其他行业受到更为严格的管理，政府管理法规就成为这个行业创新的重要推动力量。当管理法规的某种约束可以合理地或被默认地予以规避，并可以带来收益，创新就会发生。过去美国银行业在法定准备金与存款利率两个方面受到限制。自60年代末期开始，由于通货膨胀率引起的较高的利率水平同存款利率上限和存款准备金合在一起减少了银行的利润，促使商业银行产生了欧洲美元、银行商业票据、可转让提款通知书账户（NOW）、自动转换储蓄账户（ATS）和隔日回购协定、货币市场互助基金（MMMF）等形式的金融创新。

四、金融创新的种类

中国学者对此的定义为：金融创新是指金融内部通过各种要素的重新组合和创造性变革所创造或引进的新事物。并认为金融创新大致可归为四类：①金融传统业务的创新；②金融市场创新；③金融工具的创新；④金融制度的创新。

（一）金融传统业务的创新

1. 负债业务的创新

（1）商业银行负债业务的创新是对传统业务的改造、新型存款方式的创造与拓展。

（2）商业银行的新型存款账户突出个性化，迎合了市场不同客户的不同需求。

（3）商业银行负债的范围、用途多样化。

2. 资产业务的创新

20世纪40年代以后，商业银行的资产业务创新不如负债业务创新那么活跃，创新主要表现在贷款业务上，具体表现在以下四个方面：

（1）贷款结构的变化；

（2）贷款证券化；

（3）与市场利率密切联系的贷款形式不断出现；

（4）贷款业务表外化。

3. 资产负债表外业务创新

商业银行的资产负债表外业务是指商业银行在不涉及账上资产与负债变动的情况下，通过投入一部分人力、物力而改变当期损益增加收益率的业务活动。其实质就是在不扩大资产与负债的同时只收取手续费和佣金的业务。随着金融业竞争的加剧、科学技术的不断发展和银行趋利避险的本质要求，20世纪80年代，表外业务得到普遍重视，不断进行业务创新，并迅速发展起来。典型的表外业务创新有贷款证券化、担保、承诺、支持性信用证等。据统计，瑞士银行在1992～1993年间，表外业务的收益就占总利润的70%以上，德国在1992年通过表外业务就获利340亿马克，占总盈利的65%。

（二）金融市场的创新

1. 境外金融市场——跨越国界的金融市场创新

境外金融市场又称离岸金融市场、外币存放市场，是指在一国境外进行该国货币的存款、放款、投资、债券发行和买卖业务的市场。由于这种市场起源于欧洲，所以也叫欧洲货币市场。

欧洲货币市场作为一个创新的市场，具有以下特点：

（1）摆脱了任何国家政府法规、税制的管制约束，非常自由。

（2）突破了国际贸易与国际金融汇集地的限制。

（3）银行间的批发市场，成交金额巨大。

（4）存款利率略高于国内金融市场，贷款利率略低于国内金融市场，对资金存款人和借款人都有吸引力。

（5）完全是外国投资者和外国筹资者的关系，即非居民与非居民的借贷关系。

2. 证券化抵押市场——成功的金融市场创新

20世纪80年代金融市场的重要创新是证券化抵押市场的形成和发展。证券化在20世纪70年代已经出现，在80年代得到迅速发展，在抵押贷款证券化的基础上，出现了以抵押贷款为基础发行的证券的二级市场，这一市场称之为证券化抵押市场。在美国，这种二级市场以联邦国民抵押协会和联邦住宅放款抵押公司为中心组成，抵押贷款证券化的数量和二级市场规模不断扩大，英国在20世纪80年代中期也形成了类似的市场。随着银行资产证券化的发展，各种新型抵押债券的发行，更使这一市场进一步趋向繁荣。证券化抵押市场由于发行者一般具有雄厚实力、信用级别高、安全性好的特点，同时收益也较高，对投资者很有吸引力，因而成为成功的金融市场创新。

3. 金融衍生市场——生命力最强的金融市场创新

衍生工具最早在商品交易市场引入，金融衍生工具的交易在20世纪20年代也已出现，最早的是由股票交易所引入的股票期权交易。1972年5月16日，美国芝加哥商品交易所的分支——"国际货币市场"率先经营六种国际货币（英镑、加拿大元、德国马克、日元、瑞士法郎和澳大利亚元）的期货合约，世界上第一个买卖国际货币期货的有形市场成立。此后，外汇期货业务在世界范围内迅速发展。20世纪70年代中后期，债券期货、国库券期货、利率期货、股票指数期货纷纷推出，一个新型的金融市场——期货市场宣告形成并在全球迅速发展。1973年4月26日，芝加哥期权交易所宣告成立，也宣告了另一重要金融市场——期权市场的诞生。

（三）金融工具的创新

1. 风险转移型创新工具

（1）价格风险转移型创新工具。该类工具可以减少资产价格变动的风险或转移这类风险。20世纪70年代以来汇率和利率的波动加剧，所以这类创新工具在金融市场上很受欢迎。这类创新工具主要有：可调整利率抵押、浮动利率抵押、背对背贷款、金融期货及期权、互换及定期利率协议、票据发行便利等。

（2）信用风险转移型创新工具。该类工具可以减少和转移金融资产信用状况因非正常恶化而导致的风险。其大量出现是以20世纪80年代石油供应过剩与债务危机等事件为背景的。

由于这些国际事件使许多金融资产的信用状况恶化，引起对这类工具的大量需求。这类创新工具主要有：无追索权的资产销售、贷款互换、证券化的资产、可转让贷款合同、信用证、票据发行便利等。

2. 流动性增强型创新工具

这类创新工具的功能是增强金融资产和金融工具的流动性，使本来无法流动的资产变成可转让的资产，从而大大提高其流动性。这类创新工具除前面提到的证券化的资产、可转让贷款合同、票据发行便利外，还有闲置余额投资账户及其他先进管理技术、货币市场互助基金以及其他可流通的货币市场工具等。

3. 引致信用型创新工具

这类创新工具的功能是能帮助使用者增加进入某些信贷市场的机会，从而提高其获得信用的能力。这类工具或利用现有资产获得新的融资能力，或直接提供新的贷款来源，或通过互换间接提供这种来源。这类创新工具主要有零息债券、垃圾债券、股权参与性融资、住宅股权贷款等。

4. 引致股权型创新工具

这类创新工具的功能是对债务性质的资产给予股权特征的效果。这类创新工具数量较少，典型的工具是债务——股权互换和受托可转换债券。

国际清算银行还认为，在众多的创新金融工具中，最主要的创新金融工具只有四种形式：互换、期权、票据发行便利和远期利率协议。随着时间的推移和实际金融交易活动中各种特殊需要，可以有许多不同的创新形式以及它们与其他金融工具相互组合而形成的新的金融工具形式。

（四）金融制度的创新

1. 分业经营制度向混业经营制度的转变

在世界各国的银行体系中有两种不同的银行制度，即以德国为代表的"全能银行制"和以美国为代表的"分业银行制"。这主要是在商业银行业务和投资银行业务的合并与分离问题上的区别。自20世纪80年代以来，随着金融自由化浪潮的不断升级，这一相互之间不越雷池一步的管理制度已经发生改变，美国于1999年底废除了对银行业经营严格限制60多年的《斯蒂格尔法案》，允许商业银行合业经营。目前，世界上大多数商业银行的上述两个传统特征和分业界限已逐渐消失，商业银行的经营范围正不断扩大，世界上著名的大银行已经成为"百货公司"式的全能银行，从其发展动向看，商业银行全能化、综合化已经成为一种必然趋势。

2. 金融机构实行统一管理的制度逐渐形成

由于商业银行具有信用创造的特殊功能，因此，世界上的大多数国家都对商业银行实行了比非银行金融机构更为严格的管理制度。如对其市场准入的限制、活期存款不得支付利息的限制、存款最高利率的限制、不同存款准备金率的差别限制等。在金融业不断发展的过程中，非银行金融机构正是看准了这一制度的薄弱之处，进行了大胆创新与发展，使非银行金融机构的种类、规模、数量、业务范围与形式等迅速发展，商业银行在新的市场竞争中处于明显的劣势。鉴于经济环境、市场条件所发生的巨大变化，各国政府都不同程度地缩小了对两类金融机构在管理上的差别，商业银行与非银行金融机构在市场竞争中的地位趋于平等。

第二节 金融创新的影响

一、金融创新的影响概括

金融创新使得对货币的定义和货币层次的划分更加复杂，同时对货币流通速度也产生了较大的影响。从货币乘数和货币流通速度的反向关系对传统的货币乘数进行修正，从而可以得出：金融创新使货币流通速度降低。同时通过近年来中国货币流通速度和货币乘数的实证检验，上述结论基本成立。下面从修正的货币乘数角度，分析金融创新对货币流通速度的影响：

二、货币流通速度的模型

（一）交易型的货币数量模型

原始货币数量论认为，经济中货币需求量与所需满足的商品交易量成正比，用公式表示就是费雪的货币交易方程：$MV=PQ$。

其中 M 为货币数量，V 为货币流通速度，P 为商品价格，Q 为商品交易量，PQ 乘积即为某一时期内的商品交易额。可见，货币流通速度最早的定义乃是指年度内单位货币被使用的平均次数，因而又被称为货币交易流通速度。

（二）收入型货币数量模型

20世纪60年代到70年代，以弗里德曼为首的货币主义学派发展了货币数量论，新的货币数量论方程式如下：$MV=PY$，其中 PY 指名义货币收入，伴随这一转变货币流通速度亦有了新的含义：一定时期内单位货币周转（这里所指的周转包括再生产的全过程）的平均次数。因而又被称为货币收入流通速度。

从上述模型可以看出，二者在原理上基本统一，它们的区别主要在于前者是源于货币作为交易手段的职能来解释货币流通速度；而后者则是从货币储藏手段（永久性收入）的职能来解释。根据货币均衡理论，货币市场均衡的条件为 $MS=MD$，所以货币的流通速度V和货币的供给量具有直接的关系，众所周知，M_2是由M_1和准货币（M_2—M_1）构成的，其中M_1对应货币的交易职能，准货币对应货币的贮藏职能。把二者加以综合可以得出货币流通速度的一般公式为：$M_2V=GDP$。

三、金融创新对货币流通速度的影响

（一）金融创新对货币定义和货币划分的影响

从整个货币发展的里程来看，一般认为货币经历了朴素的商品货币阶段、贵金属货币阶段、代用符号货币阶段、电子货币阶段四个阶段。各阶段就其作为货币的价值与本身所包含的价值而言，具有实物货币、金属货币、信用货币、电子货币、数字货币等多种形式（其中数字现金是电子货币发展的较高阶段形式）。金融创新的日新月异使得理论界对货币的定义变得日益困难。货币到底是什么？传统的货币定义认为货币是为广大公众所普遍接受的一般等价物的特殊商品。马克思和一些当代主流经济学家均认为"货币是一种社会关系"；而米尔顿·弗里德曼和新凯恩斯主义的经济学家、哈佛大学的年轻教授曼昆却认为："货币是经济中人们经常用于购买其他人的物品与劳务的一组资产"；社会学家西美尔则把货币视作为"一切价值的公分母"、"价值的现金化""货币是人与人之间交换活动的物化，是一种纯粹功能的具体化。"在围绕着理解和把握货币到底是什么这一问题上，经济学家和社会学家们被长期困扰，特别是金融创新使货币的外延越来越广泛，致使对货币的界定越发复杂。

金融创新，特别是大量金融业务创新后，涌现了许多新型账户，这些账户的出现使传统货币供给层次划分出现混乱，如NOW、ATS、MMDA等新型账户都具有开具支票的功能，类似于活期存款，理应划入M1，但这些账户余额又大部分放在投资性储蓄账户内，实际上它应属于M_2。由于类似的金融创新，各国对货币供给层次的划分不断进行修改。英国已有M_1、M_2、M_3、DCE、PSL1、PSL2等8个货币供给指标，从1970年到1984年修改货币定义达9次之多。美国在1971～1984年共修改货币定义7次，货币供给指标发展到目前的M_1、M_2、M_3、L和Debt 5个。尽管频繁修改，但金融创新带来的难题仍未完全解决，如电子账户、多功能信用卡和网络支付账户等对应的货币层次，各国中央银行目前尚无明确答案。所以，金融创新使得对于货币的定义和货币层次划分更加难以界定，从而直接影响到货币流通速度的分析与测定。

（二）货币流通速度和货币乘数的关系

货币乘数是指在基础货币（高能货币）基础上货币供给量通过商业银行的创造存款货币功能产生派生存款的作用产生的信用扩张倍数。在一定的名义GDP下，货币乘数B和货币流通速度V之间存在反比关系，即在一定的产出水平下，货币流通速度增大，则货币乘数减少；反之亦然。所以要分析金融创新对货币流通速度的影响，只要找出影响货币乘数的因素，就可以得出相应的结论。

（三）从修正的货币乘数来看金融创新对货币流通速度的影响

金融创新对货币的定义和货币层次的划分产生了深刻的影响，随着金融工具种类的不断丰富，无论是流通中的现金还是各类存款等流动性不同的货币供给都发生了较大的变化。金融创新对货币乘数的各种影响因素的影响变化如下。

1. 对现金的影响

随着电子技术的日益成熟，电子货币的发展将会成为货币的主流。经济体之间的借贷、消费、转账等将无一不是通过网络进行结算，支票和现金结算将逐步减少。特别是数字现金是在银行存款转移支付工具的逐渐深化和对现金通货的逐渐挤占的基础上发展起来的电子货币的高级发育形态，是货币经历实物货币、贵金属货币、代用符号货币（纸币）等各种发育阶段类型的电子货币不断发展和演化的产物，具有良好的匿名性、无限的分割性、真实的价值性、快捷便利和可交换性等一系列的优点，可以推知，数字现金对货币形态演化的这种影响趋势将使数字现金不断挤占现金通货纸币和存款通货的某些形态而逐渐成为未来数字货币时代最主要的流通货币形式之一，它是现金纸币通货和存款通货的最佳替代者，因此，从其问世以来便迅速挤占现金和存款通货中数字现金前期各种发育形态的电子货币的位置，并且后来居上。不难推知，随着数字经济对整体经济增长贡献率的提高，实体经济对现行的现金纸币通货的需求将因数字现金的逐渐挤占而大幅缩减至少量存在，数字现金则会广为流行，而结算性临时存款通货的大部分将逐步转化为数字现金形态，小部分仍将以卡型电子货币形态和存款转账型电子货币形态存在，但也将逐渐向数字现金形态转化。

2. 金融创新对货币层次和货币乘数的影响

金融创新使传统货币层次的划分变得越来越模糊，各种货币之间转变的交易成本越来越低，而且货币层次越来越多，如NOW账户、ATS账户等。特别在西方国家金融市场，由于金融产品不断创新，日益增多，不同流动性的金融创新产品在不同程度上充当了商品交换的媒介，成为了事实上的货币。这样一来，货币的供应规模量不断扩大。这里可以引入一个金融创新下的可以充当货币媒介的可替代性金融资产的一个量，即在货币供应量上加入一个量Mc，所以金融创新下货币供应量为：

$$M = C + Dr + Dt + Ce + Mc$$

金融创新对货币流通速度的影响可以从不同的方面得到解释，其中现金漏损率的降低、替代性金融资产的比例增大和超额准备率的下降都使货币的流通速度降低，而数字现金占活期存款比例则会使货币的流通速度加快。总体来说，由于数字现金和活期存款的流动性都比较强，所以在一定时期内产生较大的相互替代可能性不大（但是从长远来看Ce还是增大的），所以要考察在一定时期内货币的流通速度或者货币乘数发生变换总体趋势是：金融创新使货币乘数增大，流通速度下降。

四、中国货币流通速度和货币乘数变化的实证检验

中国金融创新起步较晚，所以金融创新的水平相对与西方国家来说还处于较低的水平。但是近年来随着中国金融体制改革步伐的加快，金融创新也获得了阶段性发展。特别是电子技术的应用带来的技术创新以及金融体制改革方面的制度创新都取得了较大成果。现阶段金融产品更加丰富，金融的市场化改革步伐越来越快。这些举措无疑都会对中国的货币流通速度产生一定的影响。从检验的数据来看，中国近年来货币的流通速度和货币乘数呈反向关系，基本符合理论上成立的关系；同时，检验结果基本满足金融创新发展的趋势，特别是近年来金融创新的步伐加快，货币流通速度和货币乘数变化的速度加快。

第三节　金融创新的挑战

金融创新存在危机和风险，其中道德风险是风险的重要组成部分，从某种意义上来看，道德风险的存在和失控是金融创新的"毒药"。金融创新的道德风险就是金融机构及其从事金融领域工作的精英们为追求自身利益的最大化使创新脱离了道德的轨迹，造成了道德危机，进而危害投资人和金融机构的利益。近年来，由于追求竞争优势和高额利益，西方国家出现了放宽金融管制与倡导金融领域的自由化经营的倾向，如允许各金融机构业务交叉，放松对本国居民和外国居民在投资方面的诸多限制，货币政策宽松、资产证券化和金融衍生产品得到了无节制的发展等，使道德风险不断积聚，最后导致危机的爆发。具体而言，金融创新的道德风险主要包括以下几个方面。

一、金融创新以规避制度监管为目的，使道德风险失去了有效的制度控制

道德风险首先源自制度管制缺失的风险。按照制度经济学的观点，人是制度化的人，没有好的制度环境，好人也会变为坏人。金融创新的原动力之一就是可以通过创新以突破旧体制的限制。按照凯恩(E. J. Kane)的规避型金融创新理论，金融创新就是回避各种金融控制和管理的行为。也就是说，当外在市场力量和市场机制与机构内在要求相结合以规避各种金融控制和规章制度时就产生了金融创新行为。凯恩认为，许多形式的政府管制与控制实质上等于隐含的税收，阻碍了金融业从事已有的营利性活动和利用管制以外的利润机会，因此，金融机构会通过创新来逃避政府的管制。在他看来，金融创新与金融监管是相互博弈均衡的过程。综观数次美国金融危机，根源之一在于现有金融机构通过金融创新，形成了一个完全不同于传统金融体系的"影子银行"体系。其核心是通过一系列金融产品、金融工具、金融市场的创新，突破既有的金融监管体系，以便在这种无监管金融交易中获得最大利润。

对金融监管的规避使败德现象时有发生。例如，利用监管制度的滞后性以及法律的"真空地带"，滥用金融创新或恶意金融创新；利用金融机构的特殊性，对公众不

公开有关金融产品的信息，导致由于信息不对称产生的道德风险等。由于监管制度的不完善，使得金融创新行为乃至不道德行为合法化，从而变相鼓励了某些不道德的金融创新行为。

此外，从金融监管的形式以及金融监管失效的原因来看，由政府主导的监管尤有不足之处，它不可能从微观层面来监督和解决所有的问题，法律监管和道德监管就显得尤为重要。美国金融监管机制一直被视为全球的典范，但事实证明并非完美无缺。美国自1929年金融大崩溃以来先后经历了自由放任、加强管制、金融创新、加强监管、放松监管等多次转折，最终还是发生了危机，这与道德机制监督的缺失不无关系。

二、金融创新引发的金融风险转移，致使投资者承担了道德风险的后果

创新是对未知世界的探求，其根本特征是不确定性和风险性。然而，创新同时又能抵御一定的风险，金融创新的原动力之一是规避金融风险，金融创新的特点是将诸多风险以不同的组合方式再包装，相对于传统金融业务，这种方式更加复杂。它对单个经济主体提供风险保护的同时却将风险转移到了其他更多的经济主体上，如果经济主体都想转移同一方向的风险时，风险就会集中爆发，给金融体系造成严重危害。

为何以规避风险为目的的金融创新会使风险毫无限制地产生？答案就是把风险扔给别人。对于金融创新者而言，他们非常清楚并懂得风险的含义，而当他们自己的风险较小或风险能够转移时，为了欲望和贪婪，他们会制造风险，除非他们是有道德的人，或者是受制度约束的人。金融市场的扩大和繁荣靠投资者的数量，金融机构为取得更大的利益、规避投资风险，通过金融创新吸引更多的投资者参与市场，同时也使金融机构的风险转移到投资人身上，致使投资人的利益受到损害。

对于投资人而言，他们的投资行为也是受利益所驱使的。他们能接受金融创新并承受道德风险源于对投资收益的预期，在此前提下，投资者为了获取更高的收益愿意承担风险。当无论金融创新的主体还是高风险倾向的投资者都追求收益最大化时，就出现了共振和同向效应，这使得金融创新发起者的金融风险的转移成为可能。

三、金融创新打破了原有的信用体系，使道德风险的防范体系更加脆弱

金融创新导致了银行信用体系的风险。信用风险是交易对方无法履约偿还借款而造成的损失，这既包括金融机构又包括投资者。金融机构既要有信用，又要追求效益和利益，二者要有平衡，如果追求效益和利益的动机占了上风，就会出现信用危机和道德危机。

制度经济学家凡勃伦提出了金融机构的内在脆弱理论，该理论认为商业银行要发挥作为金融中介的作用必须满足以下两个条件：（1）储蓄者任何时候都可以提款，对银行充满信心；（2）银行能够在众多的项目中筛选出效益较好的项目。也就是说，银行首先要有信用，其次要能提供给投资者盈利的产品。这说明，银行从产生之日起就是与信用紧密相连的，信用是其安身立命之本，而金融产品创新则是银行业竞争的结果，为了吸引更多的资金银行在监管无效的情况下从事高风险行业，创造出令人眼花缭乱的金融创新产品，由于创新产品的复杂性、链条的间接性、预期的不确定性以及信息的不对称性，导致了信用的脆弱性和无效性。

美国次贷危机中通过加大融资链条稀释信用度的做法就是例证。次贷危机的起因是资产证券化产品，它们是以商业银行传统的信贷资产作为基础资产的，而证券化之后，其影响范围却远远超过了传统的商业银行领域。金融创新使得各种金融机构原有的分工限制日益模糊、交叉，职责难以区分和控制，不受旧的信用体系的约束，大量开展投机业务，以增加利益来源。这些投机行为有很多从传统信用体系评价来看是不正当的。

金融创新还改变了原有的信用承诺体系，使信用度降低，这种创新模式没有保证投资者在分配中获益，失去了应有的承诺和保障，导致投资者的利益在无形中受到损害。

在美国次贷危机中，传统存贷业务比重较大的商业银行受到的影响较小，而主要从事资产管理、证券业务的投资银行影响较大，一个重要原因在于投资银行的高负债率和高杠杆交易比率的金融衍生产品，而它们的信用担保是比较脆弱的。

第四节　金融创新对财务管理的影响

伴随着我国经济的不断发展，企业已成为我国非常活跃的经济主体，其作为国民经济的主要构成部分之一，以独特的经营模式与灵活的生产模式对经济与社会的发展安定发挥了举足轻重的推动作用，为我国经济发展做出了一定的贡献。对于金融市场而言，无论是国内的或是国际的，金融创新均会持续出现，越来越多的金融创新已为竞争之焦点。金融创新不仅有成功案例，而且也存在失败的案例，此种状况愈加增添了金融创新之复杂性，金融创新的收益与风险较过去变得愈加难以预料。金融创新的复杂多变性则能够为企业的财务管理带来一部分新的变化。我国企业只有把握好财务管理这个重要工作环节，才能使中小企业在激烈的市场竞争中，达到资金的保、增值，才能长盛不衰。

一、金融创新对企业财务管理的影响

金融创新指企业谋求利润机会，借助重组各项金融要素，创建出新的"生产函数"，实施包含各类支付清算手段、金融工具、金融监管以及组织制度等诸多方面的创新。金融创新在促进金融发展的期间，也能构成新的金融风险，促使原有的金融监管措施和制度丧失功能，增加了金融监管的难度。金融创新的概念即指金融领　域，借助创新改变与重组，引入抑或创造新事物的各项要素之范围。狭义的金融创新即金融业务创新，即西方发达国家在开拓延伸银行成立之条件，取消抑或延迟针对银行的资产负债的监督管理，取消抑或延迟控制外汇和利率控制，允许非银行金融部门与银行采取业务交叉等金融管制之后，增强了各金融部门之间相互竞争，产生了一部分新的交易、金融工具。

（一）金融创新给企业财务管理带来新变化

1. 金融创新驱使企业在财务管理实施新的措施

金融创新在改变着过去的企业所处的财务抑或金融环境，企业的财务操作应当予以相应的变化，金融创新影响企业原有的财务管理流程抑或形式，新的金融创新产品抑或工具不仅能够给企业创造新的利益，而且亦能够给企业带来新的风险。因为企业的财务管理面临金融创新的新问题，针对所发生的变化探求对策，实施相关业务改造，增加或减少金融业务。培植 出适宜新财务环境之合理业务组合；挖掘新的金融创新产品抑或工具创造的利益；防止因其造成的新风险。

2.金融创新驱使企业在财务管理转变观念与管理模式

金融创新驱动企业在财务管理方面要改变过去的管理形式与财务决策观念，金融创新让财务环境愈加复杂，不确定性原因增多；融资途径与手段愈加丰富多元，可取代的融资模式增加，明确选择决策较以往愈加困难；投资风险增大，不断出现新风险源头，风险控制变得愈加复杂困难。

3.金融创新驱使企业在财务管理选择有利金融工具

一部分新的金融工具能够为企业经营带来越来越大的便利与利益，企业在如何运用有利的工具方面下功夫。

上述这些内容要求企业重塑企业本身财务管理流程，抑或实施针对性的改革，财务工作所必须具备的技能发生改变，应当增加财务管理工作投融资决策之力量，有关财务工作者不仅应了解财务管理内容，还应了解金融业务，二者应很好地相融一处；财务机构的信息流必须拓宽，要求在过去的企业内部财务信息上传下达之流程中，科学地融入外部相关财务与金融工具信息的吸收和传输，以便及时地借助这部分信息与工具服务于财务活动；在财务机构中要求设置同相关金融创新主体——金融与金融管理的部门沟通的公共关系管理者抑或职能，以便可以及时有效捕捉相关信息，同时愈加有效率地应用新的财务工具与金融工具。

（二）金融创新给企业带来新利益

在以世界为核心内容的企业财务管理中，企业财务与财务风险的管理的目标属于具备针对性的对金融创新进入研究，实施相应的财务战略，进而优化企业财务管理。促使金融创新产品抑或工具能够给企业创造新的利益，可从借助金融创新，提升资金收益率、化解财务风险、提高 企业融资水平等方面来体现。

1.借助金融创新提升资金收益率

企业对企业闲散资金实施管理时，能够直接借助可创造比较高的收益、风险相对来讲不大、投资时间不长的金融工具，实施赢利活动，提升企业闲置资念之收益率。

2.借助金融创新化解财务风险

重视金融创新，了解和把握 国内外金融工具，善于运用金融工具转移经济风险。应对外汇风险应用最多的系长期外汇合约，应对利率风险最多的系利率互换，应对商品价格风险的系商品期货与期权，应对权益风险的则指场外交易期权。可见，金融创新产品同风险管理存在紧密的关系，伴随金融期货市场的发展与各类具有衍生性金融工具的出现，货币与利率的相互更换、外汇长期合同等屡屡不穷，这便需要企业财务管理工作者学习和把握这部分国内外金融工具，以适应企业经营的需要。为了规避投资风险，企业要实施跟进战略。要尽力防止带头拓展市场。跟进成功人员的方法，可谓企业防止风险的有效办法。企业的经营灵活，模式多元，适应性好，能够依据市场的改变迅速调整其产品结构，转变生产方向，及至转行，有效发挥"船小头好调"的特征，进而较快地满足市场新的需要。

3.借助金融创新提高企业融资水平

金融创新的持续发展为企业的融资模式创造了更多的选择机会，有助于提高企业融资水平。一直以来，较为典型的新的创新融资产品能够归纳为认股权证融资、浮动利率产品融资、风险投资融资、金融财团融资和可转换债券融资五种模式。

二、 金融创新环境下企业财务管理强化策略

在金融创新环境下，企业的生产经营环境发生了改变，企业可能产生融资难、库存大、产品无销路、资金回收率低等诸多问题。就企业而言，财务管理工作是企业管理的核心，面对上述问题要快速予以反应，及时整合财务管理战略、降低成本、强化对现金的管理等，并且政府应为企业摆脱困难提供更好的条件，譬如营造有力的法律与政策以及资金的保障环境等，进而协助企业有效地规避财务风险给企业带来的不利影响。

（一）需要政府营造良好的法律与政策环境

面对金融创新，若想让企业能够健康地发展成长，政府就要大力营造优良的、方便企业融资的政策和法律环境，有关部门还要强化其同企业之间的沟通，提供各类经济信息服务，在税收征管上提升透明度与公平性。重点应采取如下措施：（1）规范企业制度，不断健全整治结构；（2）进一步深化商业银行改革，不断完善金融企业制度。应将商业银行转变为企业资本充足、内部控制严密、运作安稳、服务效益突出的现代金融企业，同时选取有条件的国有商业银行实施股份制整改，及时有效处地理企业不良资产，不断添充企业资本金，创造条件努力上市；（3）培植良好的信用环境。针对当前社会信用意识较差的问题，要加快构建完善企业信用体系，强化信用文化建设。要培养企业家信用思想，倡导和弘扬信用理念，在良好的信用环境下，不断改善银行同企业之间的关系。

（二）健全企业内部控制机制

企业若要在企业困难时期能够顺利地渡过，就要不断强化自身内部控制系统的管理。只有建立健全内部管理机制，方能由内至外地把企业所面对的风险规避在外。所以，企业一定要建立完善的财务风险管理体系，强化企业内部控制机制。一旦面临危机，首先应控制企业成本，节省企业开支；进一步强化对企业的审计工作；内部审计机构要强化对内部控制机制构建与履行状况的考核与评估，建立健全企业内部控制机制有效性的日常评价制度。

（三）强化财务管理工作的精细化管理

对于企业领导来讲，面临金融创新要转变观念，加强财务精细化管理。由于，许多中小企业的领导对怎样应对银行金融工具防止利率、汇率改变的风险知识把握欠缺，对怎样在企业不同经营时期运用什么样的银行产品融资的基本知识了解不够，所以，导致企业对资金的投放与利用粗放，资金周转效率不高。金融创新需要中小企业进入对资金采取精细化管理的时期，因此，企业对财务管理采取精细化的管理模式，更有助于预防财务损失的出现，进而规避金融风险。

（四）拓展融资渠道

1.政府方面

要借助政策渠道来拓展其筹资途径，譬如将贷款局限条件压低、实行税收减免政策等，同时鼓励企业主动进行财务管理产权重组与技术创新，最大限度地推动企业财务管理发展。

2.企业方面

要加强企业本身财务控制与资金管理，保证资金利用率。且可思考借助加强财务信息的透明度与公开性来提高企业信用级别，以扩大其融资途径。

（五）加强营运资金管理

企业要生存发展，最重要的是要保持拥有足够的现金，现金充足不但能够协助企业应对危机，而且也是企业长期发展的关键保障。科学的现金管理不但能够保障生产经营的正常运转，而且还可借助适度地增大技术创新与品牌建设之投进而更好地抓住企业的发展机遇。主要应注重如下几个方面的工作：

1.有效利用资金

企业一定要实施措施加速现金和存货以及应收账款的周转速度，尽可能减轻资金的过分占用，压缩资金占用成本。以企业财务机构为主体，强化对赊销与预购业务的控制，建立相应应收账款控制以及预付货款控制体系，针对应收账款要强化动态跟踪，严谨应收账款账龄管理，增大催收应收账款力度，及时有效收回应收账款，降低风险，进而提升企业资金利用率。并且强化成本控制，科学合理地实施采购，严格控制存货，提升资金周转速度。

2.规避经营风险

企业在运用金融创新时，应强化风险的防范与化解。财务机构应具备专业人才来分析与控制风险，把企业的融投资风险控制在最理想的程度。企业面对财务管理外部宏观环境要具备正确的认识，借助对财务管理办法与政策的不断整合，以加强企业本身的适宜能力，同时辅以人才培育、健全制度等手段，以有效缓解因环境变化而带来的财务风险；企业要根据企业本身实情，适度降低负债比例，以有效防止融资风险；企业可思考利用兼并重组的模式，以缓解由于投资有误所造成的财务风险。

3.建立商业信誉

树立优良的商业信誉，有效借助商业信用，化解资金短期周转之难，同信贷部门、供应方、经销方等确立良好的协作关系，开发拓展自身的资金筹集途径，以备在有需求时有实力向银行借款，借助财务杠杆，化解资金需要压力，提升权益资本报酬率。

总之，收益同风险可谓孪生兄弟，金融创新创造便利与利益之际，风险也随之而来。既然新的金融创新产品抑或工具能够给企业带来新的风险，企业在借助金融创新带来利益同时，还应规避金融创新造成的风险。对于企业财务管理工作来讲，由于在金融创新环境下受到各方面因素的影响，因此实施有效方法来发挥财务管理的功能就显得重要。根据企业自身实际，科学实施，进而最大限度改变企业财务管理工作的不利因素，以更好地促进企业经济效益的增长。

第十章　货币与货币制度

第一节　货币的产生与发展

一、货币的含义

（一）货币的基本含义

关于货币的本质仍然存在大量的争论。经济学的货币概念五花八门，最初是以货币的职能下定义，后来又形成了作为一种经济变量或政策变量的货币定义。传统上，货币定义主要有以下几种：

（1）人们普遍接受的用于支付商品劳务和清偿债务的物品；

（2）充当交换媒介，价值、贮藏、价格标准和延期支付标准的物品；

（3）超额供给或需求会引起对其他资产超额需求或供给资产；

（4）购买力的暂栖处；

（5）无须支付利息，作为公众净财富的流动资产；

（6）与国民收入相关最大的流动性资产等。

实际上，上述6条都属于货币的职能定义。

最新的货币理论认为货币是一种所有者与市场关于交换权的契约，本质是所有者相互之间的约定。吾以吾之所有予市场，换吾之所需，货币就是这一过程的约定。这一理论能够经受严格证伪和逻辑论证，解释所有货币有关的经济学现象，并为所有的经济学实践所检验，为几百年的货币本质之争画上了句号。

货币本质的逻辑推理和证明：

当市场处于物物交换阶段时，交换能否发生取决于交换双方的供给与需求互补性，这种互补性并不总是存在的，可能甲余A缺B，而乙余B缺D，如果只存在甲乙双方，那么交换就无法进行。假定存在丙，他余D缺A，那么在某项约定下，交换就可以在甲、乙、丙三者间以双方交换的形式发生。这个约定就是：乙与丙约定可以用A来换取D，这样乙就可以用B来和甲交换A，尽管A并不是他最终需要的，A充当了交换媒介的角色。我们把在这个事例中的角色延伸开来，将甲指代买家，乙指代卖家，丙指代市场，它既可以是某个丙，也可以是内部存在交换的组合。这样A就充当了通货的角色，即甲用A来向乙购买他所需的B，而乙则持有A并用它来和丙交换D。

当交换在更大范围内发生，交换双方供给与需求双向匹配的重要性就会不断降低，如果市场的规模足够大，那么就总存在可能的第三方，他能够提供缺失的供给来满足交换者的需求。这个第三方就是市场，市场是包含所有交换者的总体。在上述甲、乙、丙交换的例子中，我们假定丙包含丁、戊和庚，来做一个一般的说明：假定丁余D缺E，戊余E缺F，庚余F缺A。显然，交换如果能够进行，乙、丁与戊都应该和A的接受者约定A可以换取其所需，于是乙、丁与戊就有了一个共同的约定。我们再追溯A的来源，甲的A从何而来呢？存在两种可能：交换所得或者自行产出。如果是自行产出，那么甲就成为一个通货的生产者，进一步来说是货币的发行者，他显然接受了这样一个事实：即A可以用来交换其所需，因为他正在这么做。如果是交换所得，我们不妨称呼这个交换对象为天干，那么甲与天干交换得到A的时候，乙就成为来自市场的第三方，甲也应与乙约定A可以交换其所需，故甲、乙就有了一个共同的约定。我们把这个事件中的交换关系进行简并，我们就得到一个结论：只要交换者与市场能够达成一个约定，约定某个物品对其他物品的交换权，那么交换就总能够进行。

如果不存在丙，则市场上没有乙需要的产品D，因为乙获取市场丙需要的A就没有意义，那么乙与甲交换来获得A的行为也就没有意义，甲、乙之间的交换也不会进行，整个交换中止。就乙而言，在其所有B为甲所需的同时，其所需D也能从市场取得，那么乙才愿意与市场丙交换。对乙而言，甲同样可视为市场的一部分。这样甲与乙之间的单向匹配，乙与丙之间的单向匹配，丙与甲之间的单向匹配在归纳为个体与市场时，即表现甲与市场丙（含乙）之间的双向匹配，乙与市场丙（含甲）之间的双向匹配，而这乃是物物交换得以发生的基本条件。因而货币的作用就在于将供给和需求单向匹配的双方无法达成的交换通过市场而实现，进而实现市场所有交换者的供需转换，即所有向所需的转换。将所有交给市场的同时也要求市场提供其所需乃是交换的前提，所有与所需的转换通过买卖两个独立的过程次序发生，而货币就是对这一过程的约定。

（二）货币的形态

货币的形态包括以下几种：

（1）实物货币：实物货币是最早的货币。它是由普通商品充当的，基本保持原有形态，且在交易过程中不固定地充当交易媒介的货币。中国最早的货币是贝，古代欧洲以牛为货币，其他地区以盐、烟草等为货币。

（2）金属货币：价值比较高，易于分割，便于携带，如金、银等贵金属为币材的货币即为金属货币。实物货币与金属货币统称为商品货币，因为它们既可以作为货币使用，也可以作为商品使用。

（3）代用货币：代用货币是金属货币的代表物，它通常是由政府或银行发行代替金属货币流通使用的纸币。这种代用货币事实上是一种可流通的实质货币收据，如早期的银行券。可兑现的纸币——银行券：由银行发行的，以金、银为发行保证，可以随时兑换为金银。

（4）信用货币:信用货币是代用货币的进一步发展物，只作为信用关系的产物，不再作为金属货币的代表物，不能与金属货币相兑换，是纯粹的货币价值符号，因而它是一种债务型货币。信用货币分为纸币、辅币和银行存款货币。

（5）存款货币(可签发支票的存款)和电子货币：现代银行签发，可用于转账结算，与银行券同时发挥着货币的作用。

二、货币的产生

人类历史上最早的商品交换是直接的以物换物。物物交换会使交换变得很不方便。在交换的实践中，人们逐渐习惯于用某种比较容易为大家接受的商品来充当商品交换的"中间人"，从而促使了货币的产生。

货币经历了从实物货币到金属货币，再从金属货币到纸币的演变过程。

在历史上曾经有多种材料充当过货币的角色。金银由于比较贵重便于携带、质地均匀便于分割、化学性质稳定便于保存以及美丽等原因而在货币世界中脱颖而出，长期霸占了货币的宝座。用黄金充当货币的制度叫作金本位制。

金银货币在货币发展过程中逐渐被使用更方便的纸币所代替。纸币与铸币相比具有以下优点：（1）印刷纸币的成本比铸造金银货币低得多；（2）避免了铸币在流通中的磨损，防止贵金属的损失；（3）纸币比铸币更容易保管、携带和运输。纸币最初是作为金银货币的代表出现的，仅仅是一种货币的符号。

现代的货币制度，是以纸张作为货币材料，并且币值不再与黄金挂钩的货币制度，也叫纸币本位制。当今世界，人们所称的货币就是指纸币，纸币已不再是金银货币的代表和符号。我国实行的是纸币本位制。

随着商品经济的迅速发展和计算机技术的进步，票据形式的记账货币和近年出现的各种"电子货币"取代了部分纸币进行流通。

三、货币形态的演变

几千年来，货币形式随着商品交换和商品经济的发展在不断地发展变化。迄今为止，货币形式大致经历了实物货币、金属货币、纸币和信用货币几个发展阶段，从总体趋势来看，货币形式随着商品产生流通的发展，随着经济发展程度的提高，不断从低级向高级发展演变，这个过程大致可以分为三个阶段。

（一）一般价值形态转化为货币形式后，有一个漫长的实物货币占主导地位的时期

在商品生产和交换还不发达的古代，实物货币的形式五花八门，重要的外来商品和本地易于转让的财产充当了货币。

实物货币都具有无法消除的缺陷，因为许多实物货币都形体不一，不易分割和保存，不便携带，而且价值不稳定，因此随着经济的发展与交易的扩大，实物货币逐渐被金属货币替代。

（二）从实物货币向金属货币的转化

随着商品生产和交换的发展，特别是金属冶炼技术的发展，人们找到适宜作为货币材料的金属来充当货币。与实物货币相比，金属货币具有价值稳定、易于分割、易于储藏等优势，更适宜于充当货币；但是金属货币也有难以克服的弊端，就是面对不断增长的进入交换的商品来说，货币的数量却很难保持同步的增长，因为金属货币的数量受金属的贮藏和开采量的先天制约，因此在生产力急速发展时期，大量商品却往

往由于货币的短缺而难以销售，引发萧条。同时金属货币在进行大额交易时不便携带，也影响了金属货币的使用。

（三）从金属货币向信用货币转化

信用货币产生于金属货币流通时期，信用货币主要有两种形式：纸币现钞和存款货币。在20世纪30年代以前，信用货币可以直接兑现或部分有条件兑现金属货币，后来由于资本主义经济矛盾激化和战争的影响，金属货币制度受到破坏，政府滥用信用货币发行权造成通货膨胀，使信用货币的兑现性大大削弱，金属货币自由铸造和流通的基础地位也遭到破坏，于是各国政府在30年代纷纷放弃金属货币制度，实行不兑现的信用货币制度。

第二节　货币的本质与职能

一、货币的本质

货币就其本质而言，是所有者之间关于交换权的契约，不同形式的货币在本质上是统一的。过去，由于人们对货币的本质认识不清，错误地从不同角度将货币分为不同的种类，比如，根据货币的商品价值分为债务货币与非债务货币两大类；根据是否约定贵金属的兑换比例分为可兑换货币和不可兑换货币等。

货币从形式上，根据货币的商品价值可分为实物货币和形式货币，实物货币本身是一种特殊商品，包含价值量，如羊、贵金属等；而形式货币本身没有价值量，它的价值是契约约定的，只有契约价值。两者形式不同，但是本质上是统一的，即都被约定作为交换媒介，都存在契约价值。货币的购买力决定于货币的契约价值，但实物货币的购买力也会受自身商品价值的影响，通常实物货币的商品价值小于其作为货币的契约价值。

货币的本质一般被认为是一般等价物。这个定义仅仅从职能出发，实际上没有说明货币的本质，也无法回答内在逻辑问题，即货币为何可充当一般等价物？关于货币契约本质的问题可以查看货币契约。

过去关于货币本质的债务论说法，即其认为货币是持有者对发行者的债权，这一说法存在明显的纰漏，无法回答发行者借入的权益为何，如何偿还等基本问题。以下内容详细列出了过往人们对货币本质不清楚的情况下作出的各种解释：

债务货币就是当今主要发达国家所通行的法币（Fiat Money）系统，它的主要部分是由政府、公司以及私人的"货币化"的债务所构成。

美元就是其中最典型的例子。美元在债务产生的同时被创造出来，在债务偿还的同时被销毁。流通中的每一个美元，都是一张债务欠条，每一张欠条在每一天里都在产生债务利息，而且是利滚利地增加着，这些天文数字的利息收入归谁呢？归创造出美元的银行系统。债务美元的利息是原有货币总量之外的部分，必然要求在现有货币总量之外再创造出新的债务美元，换句话说，人民借钱越多，就必须借更多的钱。债务与货币死锁在一起，其逻辑的必然结果就是，债务永远在增加，直到其债务货币遭人彻底抛弃或其利息重负压垮自身经济发展，导致整个体系的最终崩溃。债务的货币化乃是现代经济严重的潜在不稳定因素之一，它是通过透支未来的倾向资源来满足当时的需要。中国老话——"寅吃卯粮"说的正是这个意思。

在货币的本质没有得到确认前，债务货币的说法有其合理的一面，它解决了无商品价值的纸币和商品的交换问题，即回答了为何纸币可以购买商品的问题。但是纸币虽然和借条有一定的相似性，但却存在本质的区别：

作为借条，偿还的物品通常不得少于借入的物品，这与纸币普遍存在的贬值现象相矛盾。（如果把"A卖给市场5个鸡蛋"看作"借给市场5个鸡蛋"，他卖鸡蛋得到的纸币看作借条，那么当他要求市场偿还时，即他使用这些货币时，他应该得到至少5个鸡蛋，如果考虑利息，他应该得到更多。但现实是由于纸币的贬值，A之后将无法用他先前卖鸡蛋得到的货币再买到5个鸡蛋（从长期看纸币总是逐渐贬值的）。此外，作为借条，借出方总是希望借入方尽快偿还物品，如果纸币是借条，那么纸币的拥有者就会尽快希望从市场买入实物，即把钱用掉，这和经济学中一个普遍的现象"流动性偏好"相矛盾，即在市场稳定的情况下，人们通常更喜欢持有货币而不是实物商品。（如果年终奖是一万元现金或价值一万元的大米，你会选哪个呢？）但货币债务学说最大的缺陷还是其无法解释商品之间的交换问题，即所还非所借问题，买入

（借入）的是A，卖出（偿还）的却是B，而货币最根本的作用是充当交换媒介，促进商品之间的交换。

所以，货币和债务存在本质的区别。

非债务货币，相对于纸币而言，都是错误理解货币本质的产物。某些实物货币，以金银货币为典型代表。这种货币自身含有公认的价值量，但它同样是契约的产物，它的商品价值通常小于其作为货币的契约价值，但是由于自身商品价值的存在，它包含双重身份：货币契约和担保物，用于担保的价值即是实物货币本身的商品价值，但一般是非完全担保。这种担保可以给人们提供心理保障和价值保障，当货币的契约价值降低时，现存的商品价值可以支撑并部分弥补损失。实物货币由于存在自身的产量问题，无法满足社会日益扩大的交易规模和物质产出，必将演化成形式货币，即早期学者所言的"债务货币"。

形式货币在发行时，由于引进了国债作为担保等记账形式，表面上看起来非常类似于债务，但其实只是约束纸币发行者的一种手段，即纸币发行者并不创造价值，其只是受人民的委托来发行货币，理所当然不应该把这些纸币当成其财富。另外通过债务的方式来发行货币，也反映了货币作为交换媒介，本身可以没有商品价值这一客观事实。

货币的流通存在发行和回笼一对反向操作，但是由于人类经济活动的持续性，总有一些"在路上"的货币，这些"在路上"的货币就是流通中的货币，它的数量即货币的需求量。

"如果所有银行的贷款都被偿还，银行存款将不复存在，整个货币流通将会枯竭。这是一个令人惊愕的想法。我们（美联储）完全依赖商业银行。我们货币流通中的每一个美元，无论是现钞还是信用，都必须有人来借才能产生出来。如果商业银行（通过发放信贷）制造出足够的货币，我们的经济就会繁荣；否则，我们就会陷入衰退。我们绝对没有一种永久性的货币系统。当人们抓住了整个问题的关键之处，我们（货币系统）可悲的荒谬之处，以及（美联储）令人难以置信的无助，就会变得如此明显。货币是人们最应该调查和思考的问题，它的重要性在于，除非人民广泛地理解这个（货币）系统并立刻采取措施修正它，否则我们现在的文明将会崩溃。"——罗伯特·汉姆费尔，美联储亚特兰大银行。

在所有货币中，金银货币意味着"实际拥有"，而法币则代表"欠条+许诺"。二者的价值"含金量"有着本质区别。中国的人民币则介于二者之间。尽管人民币也存在"债务化货币"的成分，但就其主体而言，仍然是体现过去已经完成的产品与服务的度量。人民币的发行并非像美元一样必须以国债作抵押，由私有中央银行发行货币，从这个角度来讲，人民币的属性更接近金银货币。同时，由于人民币没有金银作为支撑，它又有法币的基本属性，因此必须依靠政府的强制力才能保证货币价值。

货币是商品交换发展到一定阶段的自发产物，是固定地充当一般等价物的特殊商品，是商品内在矛盾发展的必然结果，商品所有者以货币作为媒介进行交换，也就是说货币的本质也是一种商品。

关于货币的本质，在西方货币学说史上曾存在两种不同的观点：

一是货币金属论，二是货币名目论。

货币金属论者从货币的价值尺度、储藏手段和世界货币的职能出发，认为货币与贵金属等同，货币必须具有金属内容和实质价值，货币的价值取决于贵金属的价值。

货币名目论者从货币的流通手段、支付手段等职能出发，否定货币的实质价值，认为货币只是一种符号，一种名目上的存在。货币金属论是货币金、银本位制的产物，随着20世纪初金本位制度的崩溃，其影响力正日益减弱。21世纪在西方货币中，占统治地位的是货币名目论，这从西方经济学教科书对货币的定义中可见一斑。美国著名经济学家米什金的《货币金融学》将货币定义为："货币或货币供给是任何在商品或劳务的支付或在偿还债务时被普遍接受的东西。"

历史上这两种观点都没有准确地掌握货币的本质，它们都受到货币形式的干扰，企图从货币的形式出发来定义货币的本质，因而无法给出完整统一的货币定义。事实上货币就其内在商品价值而言，并不是有或无两个断裂的选择，而是逐渐量变的过程，电子货币的商品价值几乎为零，纸币接近于零，硬币、铜板的商品价值略高，金银等贵金属货币的商品价值更高，这种量变的过程揭示了不同形式货币本质的统一性，即货币作为契约的产物，它的交换价值是契约约定的，当市场稳定、信任度高时，人们倾向于接受纸币等名目货币；当市场不稳定、信任度低时，人们更倾向于接受金属货币。

以上的货币本质论述是从经济学角度展开认识的，我们还应考察货币的政治学前提和政治学背景。从政治学角度来说，货币为政权服务受制于权力。历史常识指出：一个政权的垮台往往伴随其发行货币的失效，一个政权的建立往往伴随其发行货币的成立，一个政权的形象往往伴随其发行货币的流通。由此可以认定：货币的本质是主权信用。

如果从文明的角度来掌握货币的定义，我们可以从理论上认识到。货币是一种固化的物质文明符号，是一种物质文明形象，是一种物质文明要素。与语言、价值观、种族、宗教等构成了我们这个星球的文明世界。

二、货币的职能

由于货币属于商品，因此它同所有商品一样也具有使用价值和交换价值。当处在不同形式的价值运动中的时候，货币所表现出来的作用也不尽相同：价值尺度、流通手段、支付手段、贮藏手段和世界货币。其中，价值尺度和流通手段是货币的基本职能，另外三种职能则是在两者的基础上形成的派生职能。

（一）价值尺度

价值尺度是货币最基本、最重要的职能，即货币充当表现和衡量其他一切商品价值的尺度。商品价值量的大小，取决于它所包含的社会必要劳动时间的长短。在这里，社会必要劳动时间是商品价值的内在尺度。但在商品经济条件下，商品价值量的大小无法用劳动时间来直接表现，只能通过作为价值代表的货币来间接表现。可见，货币执行价值尺度的职能，实际上是充当商品价值的外在价值尺度。而通过一定数量的货币表现出来的商品价值，就是商品的价格。换句话说，价格是价值的货币表现。货币之所以能够充当价值尺度，是因为货币本身是商品，也具有价值，从而可以用来衡量其他商品的价值。

货币执行价值尺度的职能，是通过价格标准来实现的。为了衡量各种商品的大小，货币自身必须先确定一个计量单位，即在技术上把一定重量的金或银确定为一个货币单位，如斤、两、钱、分等。这种包含一定金属重量的货币单位就叫作价格标准。不同国家有不同的货币计量单位，从而有不同的价格标准。如在我国历史上，"两""铢""文"曾为主要的货币单位，即价格标准。而在英国，货币单位则主要是"镑"。价格标准不是货币的一个独立职能，而是从价值尺度职能派生出来的一种技术规定。虽然货币的价值尺度的职能要借助价格标准来实现，但二者是不同的范畴。区别在于：作为价值尺度，货币是价值即凝结在商品中的社会劳动的化身，而价格标准则是货币的计量单位。

（二）流通手段

流通手段是指货币在商品流通中充当交换媒介的职能。在货币出现之前，商品交换是物物直接交换，即商品—商品。货币出现后，商品交换就通过货币作为媒介来进行，即商品—货币—商品。在这里，货币在两种商品交换关系中起着媒介物的作用，执行着流通手段的职能。

作为价值尺度，可以是观念上的货币。作为流通手段，则必须是现实的货币，但不一定是足值的货币。这是因为，货币在执行流通手段职能时，每次都只是转瞬即逝的事情，人们关心的是它能否起到交换媒介的作用，而并不关心它的实足价值是多少。只要社会公认它能代表一定数量的货币，代表一定的价值就行。这就产生了不足值货币代替足值货币，以及纸币代替铸币作为流通手段的可能性。相对来说，纸币本身是没有价值的，只是按照它所代表的金或银的价值，即代表金属货币，执行流通手段的职能。

货币作为流通手段，一方面克服了物物交换中搜寻的困难，另一方面也加深了商品经济的内在矛盾。以货币为媒介的商品交换使交换分成了买和卖两个独立的行为，二者在时间、空间上的脱节包含了危机的可能性。

（三）贮藏手段

贮藏财富（财富的象征），不是观念上的货币，是足值的金银条（如金属条块等）。货币的贮藏手段职能，即货币退出流通领域作为社会财富的一般代表被保存起来的职能。货币作为贮藏手段能够自发地调节流通中的货币量。当流通中需要的货币量减少时，多余的货币就退出流通；当流通中需要的货币量增加时，部分被贮存的货币就进入流通。充当贮藏手段的货币，必须是实在的足值的金银货币。只有金银铸币或金银条块才能发挥货币的贮藏手段职能。

纸币不具备贮藏手段的职能。只有当纸币币值长期保持稳定的条件下，人们才会储藏纸币。纸币有储存手段（在银行）的职能，不具备贮藏手段的职能。

（四）支付手段

支付手段是指货币在执行清偿债务时所执行的职能。在商品交换中，商品买卖可以不用现款，采用赊账的方式，到一定时期后再付现款。由于先购买，后支付，卖者成为债权人，买者成为债务人。到约定期限后，买者以货币清偿对卖者的债务。在这里，货币就起着支付手段的职能。货币作为支付手段先是在商品流通的范围内，后来扩展到商品流通领域之外。

赊账买卖实际上是一种借贷活动。随着赊账买卖的发展，产生了各种信用货币，如期票、支票、汇票、银行券等。各种信用货币也发挥着支付手段的职能，同时，它们所代表的债务可以相互抵销，这就大大减少了流通中所需要的货币量。

支付手段是在价值尺度和流通手段的基础上进一步产生的。由于货币作为价值尺度，才能使商品与货币相交换；由于货币作为流通手段，才能产生商品买和卖的行为；只有在买卖进一步发展的情况下，才会出现买卖商品时的赊销方式，支付手段的职能才会产生。为了到期支付，必须进行货币贮藏。可见，支付手段必须以价值尺度、流通手段、货币贮藏职能的存在为前提。

（五）世界货币

（1）含义：货币在世界市场作为一般等价物发挥作用时，我们称其为世界货币。作为世界货币，必须有十足价值，并且是贵金属块，按其实际重量来发挥其职能。实际上，发挥世界货币职能的就是金块、银块。纸币不能充当世界货币。

（2）作用：在世界市场上购买国外商品、支付国际收支差额。需要现实的货币，是作为社会财富的代表，在国与国之间转移时产生的。

第三节 货币制度及其类型

一、货币制度的内容

（一）规定货币材料

规定货币材料就是规定币材的性质，确定不同的货币材料就形成不同的货币制度。但是哪种物品可以作为货币材料不是国家随心所欲指定的，而是对已经形成的客观现实在法律上加以肯定。目前各国都实行不兑现的信用货币制度，对货币材料不再做明确规定。

（二）规定货币单位

货币单位是货币本身的计量单位，规定货币单位包括两方面：一是规定货币单位的名称，二是规定货币单位的值。在金属货币制度条件下，货币单位的值是每个货币单位包含的货币金属重量和成色；在信用货币尚未脱离金属货币制度条件下，货币单位的值是每个货币单位的含金量；在黄金非货币化后，确定货币单位的值表现为确定或维持本币的汇率。

（三）规定流通中货币的种类

规定流通中货币的种类主要指规定主币和辅币，主币是一国的基本通货和法定价格标准，辅币是主币的等分，是小面额货币，主要用于小额交易支付。金属货币制度下主币是用国家规定的货币材料按照国家规定的货币单位铸造的货币，辅币用贱金属并由国家垄断铸造；信用货币制度下，主币和辅币的发行权都集中于中央银行或政府指定机构。

（四）规定货币法定支付偿还能力

货币法定支付偿还能力分为无限法偿和有限法偿。无限法偿指不论用于何种支付，不论支付数额有多大，对方均不得拒绝接受；有限法偿即在一次支付中有法定支付限额的限制，若超过限额，对方可以拒绝接受。金属货币制度下，一般而言主币具有无限法偿能力，辅币则是有限法偿，在信用货币制度条件下，国家对各种货币形式支付能力的规定不是十分明确和绝对。

（五）规定货币铸造发行的流通程序

货币铸造发行的流通程序主要分为金属货币的自由铸造与限制铸造、信用货币的分散发行与集中垄断发行。自由铸造指公民有权用国家规定的货币材料，按照国家规定的货币单位在国家造币厂铸造铸币，一般而言，主币可以自由铸造；限制铸造指只能由国家铸造，辅币为限制铸造。信用货币分散发行指各商业银行可以自主发行，早期信用货币是分散发行，目前各国信用货币的发行权都集中于中央银行或指定机构。

（六）规定货币发行准备制度

货币发行准备制度是为约束货币发行规模维护货币信用而制定的，要求货币发行者在发行货币时必须以某种金属或资产作为发行准备。在金属货币制度下，货币发行以法律规定的贵金属作为发行准备，在现代信用货币制度下，各国货币发行准备制度的内容比较复杂，一般包括现金准备和证券准备两大类。

二、货币制度的构成

（一）货币材料

货币制度的基础条件之一是要有确定的币材。世界上许多国家曾经长期以金属作为货币材料，确定用什么金属作为货币材料就成为建立货币制度的首要步骤。具体选择什么金属作货币材料受到客观经济发展条件以及资源禀赋的制约。

（二）货币单位

货币单位也是货币制度的构成要素之一，在具体的政权背景下，货币单位表现为国家规定的货币名称。在金属货币条件下，需要确定货币单位名称和每一货币单位所包含的货币金属量。规定了货币单位及其等分，就有了统一的价格标准，从而使货币更准确地发挥计价流通的作用。当代，世界范围流通的都是信用货币，货币单位的值的确定，就同如何维持本国货币与外国货币的比价有着直接的关系。

（三）货物流通——通货的铸造、发行与流通

（1）将进入流通领域的货币（通货）可以区分为本位币和辅币。本位币是按照国家规定的货币单位所铸成的铸币，亦称主币。辅币是主币以下的小额通货，供日常零星交易与找零之用。

（2）本位币的面值与实际金属价值是一致的，是足值货币，国家规定本位币具有无限法偿能力。允许本位币可以自由铸造和熔化的国家，对于流通中磨损超过重量公差的本位币，不准投入流通使用，但可以向政府指定的机构兑换新币，即超差兑换。

（3）辅币一般用贱金属铸造，其所包含的实际价值低于名义价值，但国家以法令形式规定在一定限额内。辅币仅具有限法偿性，但可以与主币自由兑换。辅币不能自由铸造，只准国家铸造，其铸币收入是国家财政收入的重要来源。在当代纸币条件下，辅币与贱金属铸造的主币经常标识国家名称或者可以体现国家权威，但与历史上金属货币体系中将主币与辅币铸造发行权分别授予不同部门比较，更多地是具有象征意义。

（4）银行券和纸币是贵金属储量以及相应的金银货币不能满足商品经济发展扩大的需要而出现的产物。银行券是由银行发行，以商业信用为基础的信用货币。早期银行券流通的前提和背景是持券人可随时向发行银行兑换金属货币。经历1929～1933年世界范围的经济危机之后，西方各国中央银行发行的银行券停止兑现，其流通已不再依靠银行信用，而是依靠国家政权的强制力量，从而使银行券转化为纸币。

（四）货币铸造——货币发行准备制度

货币发行准备制度有两种情况：一种是在金属货币与银行券同时流通条件下，为了避免银行券过多发行、保证银行券信誉，发行机构按照银行券的实际规模保持一定数量的黄金和外汇资产；另一种情况是纸币流通条件下，发行纸币的金融机构（中央银行或者商业银行）维持一定规模的黄金和外汇资产。

发行货币机构按照一定要求与规则持有黄金就是黄金储备制度，是货币制度的一项重要内容，也是一国货币稳定的基础。多数国家的黄金储备都集中由中央银行或国家财政部管理。

在金属货币流通的条件下，黄金储备主要有三项用途：第一，作为国际支付手段的准备金，也就是作为世界货币的准备金；第二，作为时而扩大时而收缩的国内金属流通的准备金；第三，作为支付存款和兑换银行券的准备金。在当代世界各国已无金属货币流通的情况下，纸币不再兑换黄金，黄金准备的后两项用途已经消失，但黄金作为国际支付的准备金这一作用仍继续存在，各国也都储备一定量的黄金作为准备。

各国中央银行为了保证有充足的国际支付手段，除了持有黄金外，还可以选择储备外汇资产，具体选择何种外汇资产，既取决于该外汇资产所对应的外国货币作为国际支付手段的可接受性，也要考虑国际金融市场上的汇率变动以及各种不确定性因素。由于面临汇率风险，中央银行外汇储备应考虑持有适当的外汇资产组合而不是单一外汇资产。

三、货币制度的类型及演变

（一）货币制度的类型

根据货币制度作用的范围可分为：国际货币制度、区域性货币制度、国家货币制度。

根据货币制度的基础可分为：单本位制、复本位制。

根据货币制度的具体形式可分为：金属货币制度、不兑现的信用货币制度。

（二）货币制度的演变

1. 金本位制

将历史上至今曾经出现过的货币制度可以分为两类，即金属本位与纸币本位。

金本位制是指以黄金作为本位货币的货币制度。其主要形式有金币本位制、金块本位制和金汇兑本位制。

（1）金币本位制。金币本位制是以黄金为货币金属的一种典型的金本位制。其主要特点有：金币可以自由铸造、自由熔化；流通中的辅币和价值符号（如银行券）可以自由兑换金币；黄金可以自由输出输入。在实行金本位制的国家之间，根据两国货币的黄金含量计算汇率，称为金平价。

（2）金块本位制。金块本位制是指由中央银行发行、以金块为准备的纸币流通的货币制度。它与金币本位制的区别在于：其一，金块本位制以纸币或银行券作为流通货币，不再铸造、流通金币，但规定纸币或银行券的含金量，纸币或银行券可以兑换为黄金；其二，规定政府集中黄金储备，允许居民在持有本位币的含金量达到一定数额后兑换金块。

（3）金汇兑本位制。金汇兑本位制是指以银行券为流通货币，通过外汇间接兑换黄金的货币制度。金汇兑本位制与金块本位制的相同之处在于规定货币单位的含金量，国内流通银行券，没有铸币流通。但规定银行券可以换取外汇，不能兑换黄金。本国中央银行将黄金与外汇存于另一个实行金本位制的国家，允许以外汇间接兑换黄金，并规定本国货币与该国货币的法定比率，从而稳定本币币值。

2. 布雷顿森林体制

布雷顿森林体制是指各国政府将本币与美元挂钩制定兑换比率，这样使各国货币与黄金间接挂钩。在这种国际货币制度安排中，美元相对于其他成员国的货币处在等价于黄金的关键地位。所以，这种制度又称为以美元为中心的国际货币制度。

3. 牙买加体系

牙买加体系是20世纪70年代中期形成的国际货币制度，主要内容：（1）国际储备货币多元化；（2）汇率安排多样化；（3）多种渠道调节国际收支，包括：①运用国内经济政策，②汇率政策，③通过国际融资平衡国际收支，④通过国际协调来解决国际收支平衡问题，⑤通过外汇储备的增减来调节。牙买加体系对维持国际经济运转和推动世界经济发展发挥了积极的作用，但仍存在一些缺陷，国际货币制度仍有待于进一步改革和完善。

4. 银本位制

银本位制是指以白银为本位货币的一种货币制度。在货币制度的演变过程中银本位的历史要早于金本位。银本位制的运行原理类似于金本位制，主要不同点在于以白银作为本位币币材。银币具有无限法偿能力，其名义价值与实际含有的白银价值一致。银本位分为银两本位与银币本位。

5. 复本位制

复本位制指一国同时规定金和银为本位币。在复本位制下金与银都如在金本位制或银本位制下一样，可以自由买卖，自由铸造与熔化，自由输出输入。复本位制从表面上看能够使本位货币金属有更充足的来源，使货币数量更好地满足商品生产与交换不断扩大的需要，但实际上却是一种具有内在不稳定性的货币制度。

"劣币驱逐良币"的现象，即金银两种金属中市场价值高于官方确定比价，而不断被人们收藏时，金银两者中的"贵"金属最终会退出流通，使复本位制无法实现。这一现象被称为"格雷欣法则"。"劣币驱逐良币"的根本原因在于金银复本位与货币作为一般等价物具有排他性、独占性的矛盾。

6. 纸币本位

（1）纸币本位制又称为信用本位制，由于从国家法律而论，纸币已经无需以金属货币作为发行准备。

（2）纸币制度的主要特征是在流通中执行货币职能的是纸币和银行存款。

（3）纸币给政府通过调节货币数量影响经济活动创造了条件。

（4）对纸币制度自实行之日起就存在不同的争论。

主张恢复金本位的人认为只有使货币能兑换为金，才能从物质基础上限制政府的草率行为，促使政府谨慎行事。赞同纸币本位制的人则认为，在当今的经济社会中，货币供应量的变化对经济的影响十分广泛，政府通过改变货币供应量以实现预定的经济目标，已经成为经济政策不可或缺的组成部分。

四、我国现行货币制度

我国现行的货币制度是一种"一国多币"的特殊货币制度，即在大陆实行人民币制度，而在香港、澳门、台湾实行不同的货币制度。表现为不同地区各有自己的法定货币，各种货币只限于本地区流通，各种货币之间可以兑换，人民币与港元、澳门元之间按以市场供求为基础决定的汇价进行兑换，澳门元与港元直接挂钩，新台币主要与美元挂钩。

人民币是我国大陆的法定货币，人民币主币"元"是我国货币单位，具有无限法偿能力；人民币辅币与人民币主币一样具有无限法偿能力。人民币由国家授权中国人民银行统一发行与管理。人民币是不兑现的信用货币，并以现金和存款货币两种形式存在，现金由中国人民银行统一发行，存款货币由银行体系通过业务活动进入流通。

人民币汇率在1994年以前一直由国家外汇管理局制定并公布，自1994年1月1日人民币汇率并轨以后，实施以市场供求为基础的单一的、有管理的浮动汇率制，中国人民银行根据前一日银行间外汇市场形成的价格，公布人民币对美元等主要货币的汇率，各银行以此为依据，在中国人民银行规定的浮动幅度内自行挂牌。

中国人民银行对人民币发行与流通的管理，主要体现在发行基金计划的编制、发行基金的运送管理、反假币及票样管理和人民币出入境管理等方面。

第十一章　信用与利率

第一节　信用的产生与发展

一、信用的概念

信用是指能够履行诺言而取得的信任，信用是长时间积累的信任和诚信度。信用是难得易失的，费十年功夫积累的信用，往往由于一时一事的言行而失掉。它还指我们过去的履行承诺的正面记录，是一种行为艺术，是一种人人可以尝试与自我管理的行为管理模式。对信用的真正含义的认识，仁者见仁，智者见智，可以从不同的角度进行探究，在通常意义上，我们至少可以从三个角度来理解"信用"。

从伦理道德层面看：信用主要是指参与社会和经济活动的当事人之间所建立起来的、以诚实守信为道德基础的"践约"行为。

从法律层面看：《民法通则》中规定"民事活动应当遵守自愿、公平、等价有偿、诚实守信的原则"；《合同法》中要求"当事人对他人诚实不欺，讲求信用，恪守诺言，并且在合同的内容、意义及适用等方面产生纠纷时要依据诚实信用原则来解释合同"。

从经济学层面看：信用是指在商品交换或者其他经济活动中授信人在充分信任受信人能够实现其承诺的基础上，用契约关系向受信人放贷，并保障自己的本金能够回流和增值的价值运动。

二、信用的特征

信用含有信任和借贷两层含义，分别为社会学和经济学范畴，信用的这一本质内涵，决定信用具有下列基本特征。

（一）信用具有社会性

1.信用的社会性体现在社会心理因素上

信用是以信任为前提和基础的。对受信人的信任实际上是授信人对信用关系所具有的安全感，它是一种社会心理因素，因为安全感并非凭空产生，而是依赖于受信人的资信，取决于授信人的理性判断，因此，它是一种特殊的社会心理现象。

2.信用体现一种社会关系

信用不仅是个体行为，而且是发生在授信人和受信人之间的社会关系。成千上万的授信人和受信人发生信用关系，行为主体时而是授信人，时而是受信人，身份在不断变换。如银行在吸收存款时，是受信人，与存款客户发生信用联系；银行在发放贷款时，则为授信人，与贷款客户发生信用联系。这充分体现信用错综复杂的社会关系。随着信用的发展，信用内涵及其表现形式愈加丰富，信用作为一种社会关系也愈加复杂。在现代社会，信用关系逐步深入社会生活每一个角落，尤其是经济领域。可以说，现代市场经济实质上是由错综复杂的信用关系编织而成的巨大社会关系网络。

3.信用的社会性对经济发展和社会生活的影响越来越大

随着时代的发展，信用始终处于发展变化之中。不同的时代，信用有不同的表现形式，人们对信用有着不同的看法。在当今社会，传统的信用观念发生了急剧变化，人们对信用的理解不断深化。信用前所未有地影响着经济发展和社会生活，成为一种越来越重要的社会关系。

（二）信用的伦理和文化特征

信用属于伦理学范畴，体现为一种约束人们行为的道德准则。信用不仅仅是一种社会关系，也不仅仅是一种交易方式，它更是人类社会的一种价值观。诚实守信得到社会的推崇和信任，失信则将受到谴责和孤立。当人们都认同并遵守这种价值观和道德准则的时候，社会信用环境就会优化，失信的行为就会减少。

就信用的文化特征来看，不同的文化背景对信用具有不同的理解。在中国传统文化背景下，借债始终被认为是在不得已的情况下做出的选择。人们常常将债务称为"饥荒"，即只有到了饥荒的时候才可以借债。在消费上，将"寅吃卯粮"视为"恶习"，主张禁欲节俭和量入为出。在西方文化背景下，情况则大为不同，人们对透支习以为常，超前消费成为普遍现象。尽管信用的产生是人类社会发展的共同规律，"诚实守信"是人类普遍认同的美德，但是，不同的文化对信用的理解存在差异，体现了信用的文化特征。

（三）偿还和付息是经济和金融范畴中的信用的基本特征

经济学和金融学范畴中的信用，其基本特征是偿还和付息，即信用是一种借贷行为，借贷的条件是到期偿还本金，并支付使用资金的代价——利息。在这里，信用是价值运动的特殊形式，所有权没有发生转移，但改变了资金使用权。首先，通过信用方式融通资金，促成了资金的再分配和利润率的平均化。生产资金固定在特定的自然形态上，只能用于一定的用途，不能自由转移。但闲置的货币资金可以通过信用方式聚集起来投放到任何产业，使资金在各产业之间进行再分配，从利润较低的产业转向利润较高的产业，因而促成了各产业利润率的平均化，并自发调节各产业间的比例关系。其次，信用加速了资本的集中和积累。大资本通过银行信贷的支持，使其在竞争中加速了对中小资本的吞并，使资本更加集中。同时信用把各企业零散的、用作积累的利润汇合为巨额货币资本，用于支持追加资本扩大再生产的企业，加快了资本的积累过程。最后，信用可以节省流通费用，加速资本的周转。信用工具的广泛使用，节约了现金流通及其相关的各项费用，也加速了商品的销售过程，省去了商品保管、运输等费用。

信用的这一特征与信用的社会性、信用的伦理和文化特征紧密相关，资金融通存在一定风险，以信用方式融通资金的风险更大，授信者不仅要面临能否获得相应的利息收入，而且还要承担本金能否收回的风险。由于授信在前，收回本金和获得利息收入在后，其间要经历或长或短的时间。为了确保资金的安全，获得利息收入，授信者势必要在授信前对受信主体进行资信评估，对于资信好的企业和个人，才敢于提供资金融通；而对于资信不好、有不良记录的企业和个人，则不能提供资金融通。由此可见，作为社会道德范畴的信用是作为经济和金融范畴的信用的基础和前提。这也说明，为什么在社会信用环境缺失的情况下，信用资金规模会出现萎缩。

三、信用的产生与发展

私有制出现以后，社会分工不断发展，大量剩余产品不断出现。私有制和社会分工使劳动者各自占有不同劳动产品，剩余产品的出现则使交换行为成为可能。　随着商品生产和交换的发展，商品流通出现了矛盾——"一手交钱、一手交货"的方式由于受到客观条件的限制经常发生困难。例如，一些商品生产者出售商品时，购买者却可能因自己的商品尚未卖出而无钱购买。于是，赊销即延期支付的方式应运而生。赊销意味着卖方对买方未来付款承诺的信任，意味着商品的让渡和价值实现发生时间上的分离。这样，买卖双方除了商品交换关系之外，又形成了一种债权债务关系，即信用关系。当赊销到期、支付货款时，货币不再发挥其流通手段的职能而只充当支付手段。这种支付是价值的单方面转移。正是由于货币作为支付手段的职能，使得商品能够在早已让渡之后独立地完成价值的实现，从而确保了信用的兑现。整个过程实质上就是一种区别于实物交易和现金交易的交易形式，即信用交易。

后来，信用交易超出了商品买卖的范围。作为支付手段的货币本身也加入了交易过程，出现了借贷活动。从此，货币的运动和信用关系联结在一起，并由此形成了新的范畴——金融。现代金融业正是信用关系发展的产物。在市场经济发展初期，市场行为的主体大多以延期付款的形式相互提供信用，即商业信用；在市场经济较发达时期，随着现代银行的出现和发展，银行信用逐步取代了商业信用，成为现代经济活动中最重要的信用形式。总之，信用交易和信用制度是随着商品货币经济的不断发展而建立起来的；进而，信用交易的产生和信用制度的建立促进了商品交换和金融工具的发展；最终，现代市场经济发展成为建立在错综复杂的信用关系之上的信用经济。

四、信用的本质

作为一种借贷行为，信用是有条件的商品或货币的转让行为。这种转让从社会本质上讲是一种分配行为。

（一）信用代表的是一种具有偿还性和增值性的社会价值量的再分配关系

信用最初是从商品流通中产生的，以商品的赊购赊销体现出来的一种经济活动。但其本身并不是流通范畴，而是一个分配范畴。因为商品流通实现的是价值的形态变化，通过这种变化解决商品价值和使用价值的矛盾；信用和货币支付手段相联系，代表着价值单方面的转移，并通过这种转移对社会资金各组成部分进行重新组合来实现社会价值量的临时再分配。这种以等价交换为原则的价值再分配，必须约定归还期限和考虑借贷期间内商品或货币资金的时间价值，因此信用涉及的价值运动是具有偿还性和增值性的一种社会价值量再分配关系。这种分配从本质上讲不同于财政分配，财政分配虽然也是一种价值的单方面运动，但是它不具有偿还性和增值性。

（二）信用是使用权和所有权相分离的特殊价值运动形式

在信用过程中，价值运动是通过一系列借贷、支付、偿还过程来实现的。当货币或商品是被贷出时，其所有权并没有发生转移，只有使用权发生了变化。信用正是利用使用权和所有权相分离的特点，通过对社会资金各组成部分的重新组合来实现资金的临时再分配。因此，信用实质上在一定时期内改变了不同经济主体对社会资源占有的比例关系。

第二节 信用形式和信用工具

一、信用的基本形式

信用的基本形式按受信对象可分为公共信用、企业信用、网络信用、消费者个人信用、国际信用。

（一）公共信用

公共信用也称政府信用，是指一个国家各级政府举债的能力。政府为对人民提供各种服务，诸如国防、教育、交通、保健及社会福利，需要庞大的经费支应。但是政府税收的增加往往赶不上支出的增加，因此，政府财政每年出现庞大的赤字。为弥补财政赤字，政府发行或出售各种信用工具。这些信用工具代表政府对持有人所做出的将来偿还借款的承诺。这种偿还债务的承诺来自公共机关，因此称为公共信用。

以美国为例，美国政府分为三级：联邦政府（中央政府）、州政府与地方政府（包括市政府与县政府）。各级政府每年要向外举债，这样才能应付各项庞大的开支。

联邦政府的财政出售下列信用工具举债，筹措资金：期限为1年内的，称为国库券；期限为1年到10年的，称为国库票据；期限为10年以上的，称国库公债。由于联邦政府有雄厚的经济后盾，债信良好，因此这些证券发行以后，不但美国人购买，外国人甚至外国政府也争相购买。

各州宪法大多都规定，州政府的年度预算不能有赤字，以符合州宪法所规定的财政收支平衡的要求，但在特殊情况下，州政府还是经常无法应付预算，从而不得不发行公债来筹措财源。只是由于州政府和地方政府财力有限，信用风险较高，所发行的公债不如联邦政府公债那样容易出售。

（二）企业信用

企业信用泛指一个企业法人授予另一个企业法人的信用，其本质是卖方企业对买方企业的货币借贷。它包括生产制造企业在信用管理中，对企业法人性质的客户进行的赊销，即产品信用销售。在产品赊销过程中，授信方通常是材料供应商、产品制造商和批发商，而买方则是产品赊销的受益方，它们是各种各样的企业客户或代理商。买方以自己企业的名义取得卖方所授予的信用。企业信用还涉及商业银行、财务公司、其他金融机构对企业的信贷，以及使用即期汇款付款和预付货款方式以外的贸易方式所产生的信用。

银行也是一种企业，而且是专门经营信用的企业。在产品赊销过程中，银行等金融机构为买方提供融资支持，并帮助卖方扩大销售。商业银行等金融机构以货币方式授予企业信用，贷款和还贷方式的确定以企业信用水平为依据。商业银行对不符合其信用标准的企业会要求提供抵押、质押作为保证，或者由担保公司为这些企业做出担保。后一种情况实质上是担保公司向申请贷款的企业提供了信用，是信用的特殊形式。

一家企业的信用可以体现其价值，并达到其合作目的。信用标榜着一家企业、商家的最高利益，如果企业失去信用，那么企业就面临着倒闭的考验。

（三）网络信用

网站亮证构建网络信用。网站亮证，是指持有"官方网站认证证书"和"官方网站认证标志"的企业网上身份认证资质，将证书标志悬挂在官网的醒目位置。网站亮证经营是由于网络的虚拟性和开放性，市场主体应当遵循的网站运营规则，既保护网站权益又保障网民利益。

网站亮证是电子商务的核心环节，让官网看得见、摸得着、信得过，方便网民识别、信任、认可官方网站。延伸工商亮照、同步线上线下品牌，提升自身品牌及运营效率，有效缩短空间与时间的差距，网站亮证提升品牌竞争优势。办理网站亮证、公示网站信用信息，让网民安心、省心、放心。既保护网站权益又保障网民利益，既是网站运营基础，更是网站经营效益。

（四）消费者个人信用

消费者信用是指消费者个人以对未来偿付的承诺为条件的商品或劳务的交易关系。事实上，消费者个人信用作为市场经济中的交易工具已经有很长的历史了。"二战"以后，科技突飞猛进，生产力大幅提高。为了推销商品，商人设计出许多创新推销方式，诸如分期付款、赊购证、信用卡等。消费者个人信用的出现扩大了市场的规模并使消费者可以提前享受到他们所要的东西。

如果以信用的使用目的为标准，消费者个人信用可以再分为零售信用和现金信用。

1. 零售信用

零售信用是指零售商向消费者以赊销的方式提供产品与劳务，是消费者直接用来向零售商购买最终产品的一种交易媒介。通过这种方式，企业或零售商增加了销售，争取了更多的消费者。在现代市场经济条件下，零售信用已经成为市场竞争的一种手段。

在零售信用中，具体可以划分为循环信用、分期付款信用以及专业服务信用。

循环信用是零售商与消费者之间的一种协定。依据协定，零售商允许消费者在事先约定的限额内，以信用交易购买各种商品。

零售分期付款信用的特点是要求受信方支付首付款，然后在一定期间内按期支付固定的金额，直到还完全部款项为止。它与循环信用不同的是，消费者要与企业签订销售合同，在余款支付完后信用交易自动终止，所以它又叫作封闭信用。

专业服务信用专指消费者可以先期获得专业人士的服务，在收到账单后再行付款，是专业服务提供者对消费者所提供的短期信用。专业服务信用类似上述的循环信用，只是由专业服务替代了实际商品。

2. 现金信用

现金信用即现金贷款。当消费者由于各种理由需要现金，可以向金融机构申请贷款，消费者得到的是现金，授信主体是金融机构。现金信用比零售信用进步了很多：零售信用将交易限定在具体的商品上，而现金信用则可以使消费者购买任意的商品以及更广泛的用途。

与零售信用一样，现金信用因偿还方式的不同，可以分为分期付款贷款、单笔付款贷款及一般用途信用卡三种。

分期付款贷款是一种贷款的协定。它约定借款人在将来的一段时间内，以固定而有规律的付款方式偿还贷款。借款人必须提供收入及财务的稳定性证明，使贷款人对借款人将来偿还贷款抱有信心。

单笔支付贷款是一种短期的贷款，贷款期限通常短于1年，并规定在期限终了时，借款人应将全部贷款一次付清。

一般用途信用卡由银行、金融公司或大公司的财务部门发行，是发卡公司对于持卡人预先核准的贷款凭证。此种贷款通常设有信用额度，亦即持卡人使用信用卡购买商品或支付费用的最高限额。

（五）国际信用

国际信用是国际间的借贷行为，包括以赊销商品形式提供的国际商业信用，以银行贷款形式提供的国际银行信用以及政府间相互提供的信用。

（1）国际商业信用：来料加工、补偿贸易。

（2）国际银行信用：出口信贷、进口信贷。

（3）政府间信用。

（4）国际金融机构信用。

二、信用工具

随着信用在现代经济生活中的不断深化和扩展，信用工具种类越来越多，从不同的角度可以进行不同的划分。

（一）按信用形式划分

（1）商业信用工具，如各种商业票据等；

（2）银行信用工具，如银行券和银行票据等；

（3）国家信用工具，如国库券等各种政府债券；

（4）社会信用和股份信用工具，如债券、股票等。

（二）按期限划分

可分为长期、短期和不定期信用工具。长期与短期的划分没有一个绝对的标准，一般以一年为界，一年以上的为长期，一年以下的则为短期。

短期信用工具主要是指国库券、各种商业票据，包括汇票、本票、支票等。

西方国家一般把短期信用工具称为"准货币"，这是由于其偿还期短，流动性强，随时可以变现，近似于货币。长期信用工具通常是指有价证券，主要有债券和股票。不定期信用工具是指银行券和多数的民间借贷凭证。

第三节　利息与利率

一、利息

（一）利息的含义与本质

利息，是货币所有者因发出货币资金而从借款者手中获得的报酬；同时，它也是借贷者使用货币资金必须支付的代价。利息实质上是利润的一部分，是利润的特殊转化形式。

利息（Interest），抽象地说就是指货币资金在向实体经济部门注入并回流时所带来的增值额。具体来说，一般就是指借款人（债务人）因使用借入货币或资本而支付给贷款人（债权人）的报酬。又称子金，是母金（本金）的对称。利息的计算公式为：利息=本金×利率×存款期限（也就是时间）。

根据银行业务性质的不同，银行利息可以分为银行应收利息和银行应付利息两种。

应收利息是指银行将资金借给借款者，而从借款者手中获得的报酬。它是借贷者使用资金必须支付的代价，也是银行利润的一部分。应付利息是指银行向存款者吸收存款，而支付给存款者的报酬。它是银行吸收存款必须支付的代价，也是银行成本的一部分。

利息的来源决定利息的本质。在私有制社会里，资本所有者以利息的形式榨取一部分剩余价值，利息反映剥削关系。在市场经济的社会主义国家里，借贷资金的所有者可以是国家、集体，也可以是个人，都是凭借投入的资本来分割利润，获取利息，所以，社会主义经济中的利息是一种按资分配纯收入的形式。

（二）利息的来源

在不同的生产方式下，利息的来源不同，反映的经济关系也不同。

1. 在奴隶社会和封建社会

高利贷是生息资本的主要形式，高利贷的利息来源于奴隶或小生产者的剩劳动甚至必要劳动所创造的价值，体现了高利贷者和奴隶主、封建主共同对劳动者的剥削关系。

2. 在资本主义生产方式下

利息是剩余价值的一种特殊表现形式，是利润的一部分，体现了借贷资本家和职能资本家共同剥削雇佣工人的关系，也体现了他们共同瓜分剩余价值的关系。

3. 在以公有制为主体的社会主义社会中

利息来源于国民收入或社会纯收入，是社会纯收入再分配的一种方式，体现了劳动者共同占有生产资料、独立进行经济核算、重新分配社会纯收入的关系。

（三）利息理论

利息报酬理论。配第、洛克认为利息是因暂时放弃货币的使用权（而给贷方带来不方便）而获得的报酬。

资本生产力论。萨伊（庸俗经济学家推崇）认为资本具有生产力，利息是资本生产力的产物，纯利息是对借用资本所付的代价。

节欲论。西尼尔认为利息是资本家节欲行为（牺牲眼前的消费欲望）的补偿。

时差论。庞巴维克认为现在的物品的价值通常高于未来的同一类和同一数量的物品的价值。（满足即期需要，已经控制在手，能投入生产创造利润）其间产生一个差额，利息就是来弥补整个价值差额的。

流动偏好论。凯恩斯认为利息是在特定时期内，人们放弃货币周转灵活性的报酬。

剩余价值论。马克思认为利息是生产过程所创造的剩余价值。

二、利率

利率，又叫利息率，是衡量利息高低的指标。是一定时期内利息额和本金的比率。

（一）利率的分类

（1）按计算利息的期限单位划分：年利率、月利率和日利率。

（2）根据计算方法划分单利和复利。

单利是指在借贷期限内，只在本金上计算利息，对本金所产生的利息不再另外计算利息。复利是指在借贷期限内，除了在原来本金上计算利息外，还要把本金所产生的利息重新计入本金、重复计算利息，俗称"利滚利"。

（3）根据银行业务要求划分：存款利率、贷款利率。

存款利率是指在金融机构存款所获得的利息与本金的比率。贷款利率是指从金融机构贷款所支付的利息与本金的比率。

（4）按借贷期间内利率是否浮动划分：固定利率和浮动利率。

固定利率是合同期内固定不变的利率；浮动利率是合同期内可随时调整的利率。

（5）按利率的作用划分：基础利率和差别利率。

基础利率是在各种利率中起决定作用的利率；差别利率是根据不同的情况试图限制或鼓励性的利率。

（6）按信用行为的期限长短划分：短期利率和长期利率。

（7）按计息对象划分：存款利率、贷款利率、再贷款利率、贴现率、再贴现率、准备金利率。

（8）按借贷主体不同划分：中央银行利率、商业银行利率、非银行利率。

（9）根据与通货膨胀的关系划分：名义利率和实际利率。

名义利率是指没有剔除通货膨胀因素的利率，也就是借款合同或单据上标明的利率。实际利率是指已经剔除通货膨胀因素后的利率。

（10）根据确定方式划分：官定利率、公定利率和市场利率。

官定利率是指由政府金融管理部门或者中央银行确定的利率。公定利率是指由金融机构或银行业协会按照协商办法确定的利率，这种利率标准只适合于参加该协会的金融机构，对其他机构不具约束力，利率标准也通常介于官定利率和市场利率之间。市场利率是指根据市场资金借贷关系紧张程度所确定的利率。

（11）根据国家政策意向划分：一般利率和优惠利率。

一般利率是指在不享受任何优惠条件下的利率。优惠利率是指对某些部门、行业、个人所制定的利率优惠政策。

（二）利率的本质

利率就其表现形式来说，是指一定时期内利息额同借贷资本总额的比率。利率是单位货币在单位时间内的利息水平，表明利息的多少。多年来，经济学家一直在致力于寻找一套能够完全解释利率结构和变化的理论。"古典学派"认为，利率是资本的价格，而资本的供给和需求决定利率的变化；凯恩斯则把利率看作"使用货币的代价"；马克思认为，利率是剩余价值的一部分，是借贷资本家参与剩余价值分配的一种表现形式。利率通常由国家的中央银行控制，在美国由联邦储备委员会管理。现在，所有国家都把利率作为宏观经济调控的重要工具。当经济过热、通货膨胀上升时，便提高利率、收紧信贷；当过热的经济和通货膨胀得到控制时，便会把利率适当地调低。因此，利率是重要的基本经济因素。

利率是经济学中一个重要的金融变量，几乎所有的金融现象、金融资产均与利率有着或多或少的联系。当前，世界各国频繁运用利率杠杆实施宏观调控，利率政策已成为各国中央银行调控货币供求，进而调控经济的主要手段，利率政策在中央银行货币政策中的地位越来越重要。合理的利率，对发挥社会信用和利率的经济杠杆作用有着重要的意义，而合理利率的计算方法是我们关心的问题。

（三）利率理论

从借款人的角度来看，利率是使用资本的单位成本，是借款人使用贷款人的货币资本而向贷款人支付的价格；从贷款人的角度来看，利率是贷款人借出货币资本所获得的报酬率。如果用i表示利率、用I表示利息额、用P表示本金，则利率可用公式表示为：$i=I/P$。

一般来说，利率根据计量的期限标准不同，表示方法有年利率、月利率、日利率。

现代经济中，利率作为资金的价格，不仅受到经济社会中许多因素的制约，而且，利率的变动对整个经济产生重大的影响，因此，现代经济学家在研究利率的决定问题时，特别重视各种变量的关系以及整个经济的平衡问题，利率决定理论也经历了古典利率理论、凯恩斯利率理论、可贷资金利率理论、IS—LM利率分析以及当代动态的利率模型的演变、发展过程。

凯恩斯认为储蓄和投资是两个相互依赖的变量，而不是两个独立的变量。在他的理论中，货币供应由中央银行控制，是没有利率弹性的外生变量。此时货币需求就取决于人们心理上的"流动性偏好"。而后产生的可贷资金利率理论是新古典学派的利率理论，是为修正凯恩斯的"流动性偏好"利率理论而提出的。在某种程度上，可贷资金利率理论实际上可看作古典利率理论和凯恩斯理论的一种综合。

英国著名经济学家希克斯等人则认为以上理论没有考虑收入的因素，因而无法确定利率水平，于是在1937年提出了一般均衡理论基础上的IS-LM模型。从而建立了一种在储蓄和投资、货币供应和货币需求这四个因素的相互作用之下的利率与收入同时决定的理论。

根据此模型，利率的决定取决于储蓄供给、投资需要、货币供给、货币需求四个因素，导致储蓄投资、货币供求变动的因素都将影响到利率水平。这种理论的特点是一般均衡分析。该理论在比较严密的理论框架下，把古典理论的商品市场均衡和凯恩斯理论的货币市场均衡有机地统一在一起。

马克思的利率决定理论是从利息的来源和实质的角度，考虑了制度因素在利率决定中的作用的利率理论，其理论核心是利率由平均利润率决定。马克思认为在资本主义制度下，利息是利润的一部分，是剩余价值的一种转换形式。利息的独立化，对于真正显示资金使用者在再生产过程中所起的能动作用具有积极意义。

（四）利率对经济的影响

1. 利率与汇率

利率水平对外汇汇率有着非常重要的影响。某种货币的利率上升，则持有该种货币的利息收益增加，吸引投资者买入该种货币；反之，如果利率下降，持有该种货币的收益便会减少，该种货币的吸引力也就减弱。因此，可以说"利率升，货币强；利率跌，货币弱"，进而容易出现套汇。当一个国家收缩信贷时，利率会上升，在国际市场上形成利率差异，将引起大量短期资金在国际间移动，资本一般总是从利率低的国家流向利率高的国家。

2. 利率与消费

消费、投资、出口被认为是拉动经济增长的三驾马车，我国的经济增长主要是投资拉动，而美国则是消费拉动。由于我国目前还没有实现利率的市场化，政府需要通过调控商业银行的存贷款基准利率来实现对于经济的调控作用。利率可以看成是货币的价格。利率会影响消费，原因是通过利率变化调节消费者一定时期的货币收入在消费支出和储蓄之间的分配比例。存款利率越高，居民的储蓄倾向越大，实现的购买愿望越小，居民的消费支出就会减少；反之，存款利率越低，居民的储蓄倾向越小，实现的购买愿望越大，居民的消费支出就会增加。

3.利率与投资

利率对投资规模的影响是作为投资的机会成本对社会总投资的影响，在投资收益不变的条件下，因利率上升而导致的投资成本增加，必然使那些投资收益较低的投资者退出投资领域，从而使投资需求减少。相反，利率下跌则意味着投资成本下降，从而刺激投资，使社会总投资增加。这只是理论上的，虽然说降低利率会使得借款者借钱的资金成本降低，使得他们有更多的诱因借钱来投资，但影响投资的因素还有不少，比如市场预期。如果投资者预期未来的市场是衰退的，即使央行不断地降低利率，经济可能仍然走不出低迷。

4.利率与通货膨胀率

利率与通货膨胀率之间有相关性。

5.利率与失业率

利率要通过一系列传导机制对就业施加影响，因此其结果是不确定的，降低利率是否有利于减少失业要视具体情况而定。一般来说，如果一个国家的产业结构是以资本和技术密集型为主，而且这个国家的失业类型主要是周期性失业，则利率降低的收入效应会大于替代效应，从而有利于增加就业。

第十二章　商业银行

第一节　商业银行概述

一、商业银行的含义

商业银行（Commercial Bank，CB），其网络通俗谐音是"存吧"，意为存储银行。商业银行的概念是区分于中央银行和投资银行的，是一个以营利为目的，以多种金融负债筹集资金，多种金融资产为经营对象，具有信用创造功能的金融机构。一般的商业银行没有货币发行权，传统的商业银行的业务主要集中在经营存款和贷款（放款）业务，即以较低的利率借入存款，以较高的利率放出贷款，存贷款之间的利差就是商业银行的主要利润。商业银行的主要业务范围包括吸收公众、企业及机构的存款、发放贷款、票据贴现及中间业务等，它是储蓄机构而不是投资机构。

二、商业银行的特征

从上述商业银行的法律性质可以看出，商业银行有如下特征：

（1）商业银行必须依法设立。设立的依据是我国《商业银行法》及《公司法》等有关规定。

（2）商业银行的主要业务是吸收存款和发放贷款，并经营其他中间业务，如结算业务。其他非银行金融机构，如保险公司、财务公司，由于它们不办理存款和贷款业务，所以，不属于商业银行的范畴。

（3）商业银行与一般工商企业一样，是以营利为目的的企业。商业银行具有从事业务经营所需要的自有资本，它依法自主经营、自负盈亏，以利润为目标，并以其全部法人财产对外承担责任。商业银行以利润最大化为目的，它对利润的追求表现为：创立或经营商业银行带来盈利；是否办理某一笔业务或接纳某一位顾客，也要看它能否为银行带来利润。

（4）商业银行又是不同于一般工商企业的特殊企业。其特殊性具体表现在经营对象的差异。工商企业经营的是具有一定使用价值的商品，从事商品生产的流通；而商业银行经营的是特殊商品——货币。因此，商业银行是一种与工商企业有所区别的特殊企业——金融企业。

（5）商业银行也不同于专业银行和其他金融机构。专业银行只集中经营指定范围内的业务和提供专门服务。其他金融机构，如信托投资公司、租赁公司，其业务范围更为狭窄，不属于商业银行。商业银行的业务具有综合性，既有负债业务，如存款、发行金融债券，也有资产业务，如放款、进行证券投资，还有中间业务，如办理结算。因此，商业银行的功能比专业银行和其他金融机构更全面，可以为客户提供除信托投资和股票业务以外的所有的金融服务。

三、商业银行的性质

从商业银行的起源和发展历史看，商业银行的性质可以归纳为以追求利润为目标，以经营金融资产和负债为对象，综合性、多功能的金融企业。

（一）商业银行是一种企业，它具有现代企业的基本特征

与一般的工商企业一样，商业银行也具有业务经营所需的自有资金，也需独立核算、自负盈亏，也把追求最大限度的利润作为经营目标。获取最大限度的利润是商业银行产生和发展的基本前提，也是商业银行经营的内在动力。就此而言，商业银行与工商企业没有区别。

（二）商业银行与一般的工商企业又有不同，它是一种特殊的企业

商业银行的特殊性主要表现在：

1. 商业银行的经营对象和内容具有特殊性

一般工商企业经营的是物质产品和劳务，从事商品生产和流通；而商业银行是以金融资产和负债为经营对象，经营的是特殊的商品——货币和货币资本，经营内容包括货币收付、借贷以及各种与货币运动有关的或者与之联系的金融服务。

2. 商业银行对整个社会经济的影响和受社会经济的影响特殊

商业银行对整个社会经济的影响要远远大于任何一个企业，同时商业银行受整个社会经济的影响也较任何一个具体企业更为明显。

3. 商业银行责任特殊

一般工商企业只以营利为目标，只对股东和使用自己产品的客户负责；商业银行除了对股东和客户负责之外，还必须对整个社会负责。

（三）商业银行是一种特殊的金融企业

商业银行既有别于国家的中央银行，又有别于专业银行（西方指定专门经营范围和提供专门性金融服务的银行）和非银行金融机构。中央银行是国家的金融管理当局和金融体系的核心，具有较高的独立性，它不对客户办理具体的信贷业务，不以营利为目的。专业银行和各种非银行金融机构只限于办理某一方面或几种特定的金融业务，业务经营具有明显的局限性。而商业银行的业务经营则具有很强的广泛性和综合性，它既经营"零售"业务，又经营"批发业务"，其业务触角已延伸至社会经济生活的各个角落，成为"金融百货公司"和"万能银行"。

四、商业银行的职能

商业银行在现代经济活动中有信用中介、支付中介、金融服务、信用创造和调节经济等职能，并通过这些职能在国民经济活动中发挥重要作用。商业银行的业务活动对全社会的货币供给有重要影响，并成为国家实施宏观经济政策的重要基础。

（一）信用中介

信用中介是指商业银行充当将经济活动中的赤字单位、盈余单位联系起来的中介人的角色。信用中介是商业银行最基本的功能，它在国民经济中发挥着多层次的调节作用：将闲散货币转化为资本；使闲置资本得到充分利用；将短期资金转化为长期资金。

（二）支付中介

支付中介是指商业银行借助支票这种信用流通工具，通过客户活期存款账户的资金转移为客户办理货币结算、货币收付、货币兑换和存款转移等业务活动。商业银行发挥支付中介功能主要有两个作用：节约流通费用；降低银行的筹资成本，扩大银行的资金来源。

（三）信用创造

信用创造是指商业银行通过吸收活期存款、发放贷款，从而增加银行的资金来源、扩大社会货币供应量。商业银行发挥信用创造功能的作用主要在于通过创造存款货币等流通工具和支付手段，既可以节省现金使用，减少社会流通费用，又能够满足社会经济发展对流通手段和支付手段的需要。

（四）金融服务

金融服务是指商业银行利用在国民经济中联系面广、信息灵通等的特殊地位和优势，利用其在发挥信用中介和支付中介功能的过程中所获得的大量信息，借助电子计算机等先进手段和工具，为客户提供财务咨询、融资代理、信托租赁、代收代付等各种金融服务。通过金融服务功能，商业银行既提高了信息与信息技术的利用价值，加强了银行与社会联系，扩大了银行的市场份额；同时也获得了不少费用收入，提高了银行的盈利水平。

（五）调节经济

商业银行在国家宏观经济政策的影响下，通过信贷政策的实施，利率、信贷规模及资金投向的调节，实现调节经济结构、投资消费比、产业结构等目的，为国家经济稳定发挥重要作用。

五、商业银行的组织形式

自商业银行诞生以来，已经形成了多种组织形式，发挥着各种功能以满足社会公众不同的需求。但无论采取何种组织形式，都必须以效率为原则。事实上，商业银行的组织形式既与其发挥的功能有关，也受银行规模的影响。因为商业银行规模大小与商业银行的作用呈正相关关系，银行规模越大，所提供的金融服务就越多，对经济生活发挥的作用也越大，因此也决定了银行的组织形式。当然，政府对银行业的监管要求也会对银行的组织形式产生一定的影响。

通常，商业银行的组织结构可以从其外部组织形式和内部组织结构两方面认识。

（一）商业银行的外部组织

商业银行的外部组织形式是指商业银行在社会经济生活中的存在形式。从全球商业银行看，主要有四种类型。

1.单一银行制

单一银行制也称独家银行制，其特点是银行业务完全由各自独立的商业银行经营，不设或限设分支机构。这种银行制度在美国非常普遍，是美国古老的银行形式之一，通过一个网点提供所有的金融服务。美国是各州独立性较强的联邦制国家，历史上经济发展很不平衡，东西部悬殊较大。为了适应经济均衡发展的需要，特别是适应中小企业发展的需要，反对金融权力集中，各州都立法禁止或限制银行开设分支机构，特别是跨州设立分支机构。

这种银行制度的优点是：

（1）限制银行业垄断，有利于自由竞争；

（2）有利于银行与地方政府的协调，能适合本地区需要，集中全力为本地区服务；

（3）各银行独立性和自主性很大，经营较灵活；

（4）管理层次少，有利于中央银行管理和控制。

但这种银行制度本身也存在严重的缺陷：

（1）商业银行不设分支机构，与现代经济的横向发展和商品交换范围的不断扩大存在矛盾，同时，在电子计算机等高新技术的大量应用条件下，其业务发展和金融创新受到限制；

（2）银行业务多集中于某一地区、某一行业，容易受到经济波动的影响，筹资不易，风险集中；

（3）银行规模较小，经营成本高，不易取得规模经济效益。

2. 分行制

分行制的特点是法律允许除总行以外，在国内外各地普遍设立分支机构；总行一般设在各大中心城市，所有分支机构统一由总行领导指挥。这种银行制度源于英国的股份银行。按总行的职能不同，分行制又可以进一步划分为总行制和总管理处制。总行制银行是指总行除管理控制各分支行外，本身也对外营业。总管理处制是指总行只负责控制各分支行处，不对外营业，总行所在地另设对外营业的分支行或营业部。

分行制的优点在于：

（1）分支机构多、分布广、业务分散，因而易于吸收存款，调剂资金，充分有效地利用资本；同时由于放款分散，风险分散，可以降低放款的平均风险，提高银行的安全性；

（2）银行规模较大，易于采用现代化设备，提供多种便利的金融服务，取得规模效益；

（3）由于银行总数少，便于金融当局的宏观管理。

其缺点在于容易造成大银行对小银行的吞并，形成垄断，妨碍竞争；同时，银行规模过大，内部层次、机构较多，管理困难。

目前，世界上大多数国家都实行分行制，我国也是如此。但对单一银行制和分行制在经营效率方面的优劣却是很难简单加以评判的。

3. 银行持股公司制

银行持股公司是指由一个集团成立股权公司，再由该公司控制或收购两家以上的银行。在法律上，这些银行是独立的，但其业务与经营政策，统属于同一股权公司所控制。这种商业银行的组织形式在美国最为流行。它是1933～1975年美国严格控制银行跨州经营时期，立法方面和商业银行之间"管制——逃避——再管制"斗争的结果。到1990年，美国的银行持股公司控制了8700家银行，占该行业总资产的94%。银行持股公司使得银行更便利地从资本市场筹集资金，并通过关联交易获得税收上的好处，也能够规避政府对跨州经营银行业务的限制。

银行持股公司制有两种类型，一种是非银行持股公司；另一种是银行持股公司。前者是由主要业务不在银行方面的大企业拥有某一银行股份组织起来的，后者是由一家大银行组织一个持股公司，其他小银行从属于这家大银行。

4. 连锁银行制

连锁银行制又称为联合银行制，其特点是由某一个人或某一集团购买若干独立银行的多数股票，这些银行在法律上是独立的，也没有股权公司的形式存在，但其所有权掌握在某一个人或某一集团手中，其业务和经营政策均由一个人或一个决策集团控制。这种银行机构往往是围绕一个地区或一个州的大银行组织起来的。几个银行的董事会由一批人组成，以这种组织中的大银行为中心，形成集团内部的各种联合。它与银行持股公司制一样，都是为了弥补单一银行制的不足、规避对设立分支行的限制而实行的。但连锁银行与控股公司相比，由于受个人或某一集团的控制，因而不易获得银行所需要的大量资本，因此许多连锁银行相继转为银行分支机构或组成持股公司。

（二）商业银行的内部组织结构

商业银行的内部组织结构是指就单个银行而言，银行内部各部门及各部门之间相互联系、相互作用的组织管理系统。商业银行的内部组织结构，以股份制形式为例，可分为决策机构、执行机构和监督机构三个层次。决策机构包括股东大会、董事会以及董事会下设的各委员会；执行机构包括行长（或总经理）以及行长领导下的各委员会、各业务部门和职能部门；监督机构即指董事会下设的监事会。

1. 股东大会

现代商业银行由于多是股份制银行，因此股东大会是商业银行的最高权力机构，每年定期召开股东大会和股东例会。在股东大会上，股东有权听取银行的一切业务报告，有权对银行业务经营提出质询，并且选举董事会。

2. 董事会

董事会是由股东大会选举产生的董事组成，代表股东执行股东大会的建议和决定。董事会的职责包括制定银行目标、确定银行政策模式、选举管理人员、建立委员会、提供监督和咨询以及为银行开拓业务。

3. 各种常设委员会

常设委员会由董事会设立，其职责是协调银行各部门之间的关系，也是各部门之间互通情报的媒介，定期或经常性地召开会议处理某些问题。

4. 监事会

股东大会在选举董事的同时，还选举监事，组成监事会。监事会的职责是代表股东大会对全部经营管理活动进行监督和检查。监事会比董事会下设的稽核机构的检查权威性更大，除检查银行业务经营和内部管理外，还要对董事会制定的经营方针和重大决定、规定、制度执行情况进行检查，对发现的问题具有督促限期改正之权。

5. 行长（或总经理）

行长是商业银行的行政主管，是银行内部的行政首脑，其职责是执行董事会的决定，组织银行的各项业务经营活动，负责银行具体业务的组织管理。

6. 总稽核

总稽核负责核对银行的日常账务项目，核查银行会计、信贷及其他业务是否符合当局的有关规定，是否按照董事会的方针、纪律和程序办事，目的在于防止篡改账目、挪用公款和浪费，以确保资金安全。总稽核是董事会代表，定期向董事会汇报工作，提出可行性意见和建议。

7.业务和职能部门

在行长（或总经理）的领导下，设立适当的业务和职能部门便构成了商业银行的执行机构。业务职能部门的职责是经办各项银行业务，直接向客户提供服务。职能部门的职责是实施内部管理，帮助各业务部门开展工作，为业务管理人员提供意见、咨询等。

8.分支机构

分支机构是商业银行体系业务经营的基层单位。分支行里的首脑是分支行行长。各商业银行的分支机构按照不同地区、不同时期的业务需要，还设有职能部门和业务部门，以完成经营指标和任务。

（三）商业银行管理系统的组成

1.全面管理

由董事长、行长（或总经理）负责。主要内容包括确立银行目标、计划和经营业务预测、制定政策、指导和控制及评价分支机构及银行的管理和业务工作。

2.财务管理

主要内容包括处理资本金来源和成本，管理银行现金，制定费用预算，进行审计和财务控制，进行税收和风险管理。

3.人事管理

主要内容包括招募雇员，培训职工，进行工作和工资评审，处理劳资关系。

4.经营管理

主要内容包括根据计划和目标安排组织各种银行业务，分析经营过程，保证经营活动安全。

5.市场营销管理

主要内容包括分析消费者行为和市场情况，确定市场营销战略，开展广告宣传、促销和公共关系，制定银行服务价格，开发产品和服务项目。

以上五项管理内容分别由各部门分工负责，同时，各部门之间也需要相互协作，以实现银行的既定目标。

六、商业银行的经营原则

商业银行作为一个特殊的金融企业，具有一般企业的基本特征，作为一个企业就会追求利润的最大化。商业银行合理的盈利水平，不仅是商业银行本身发展的内在动力，也是商业银行在竞争中立于不败之地的激励机制。尽管各国商业银行在制度上存在一定的差异，但是在业务经营上，各国商业银行通常都遵循营利性、流动性和安全性原则。

（一）营利性原则

营利性原则是指商业银行作为一个经营企业，追求最大限度的盈利。营利性既是评价商业银行经营水平的最核心指标，也是商业银行最终效益的体现。影响商业银行营利性指标的因素主要有存贷款规模、资产结构、自有资金比例和资金自给率水平以及资金管理体制和经营效率等。坚持贯彻营利性原则对商业银行的业务经营有着十分重要的意义。

（1）只有保持理想的盈利水平，商业银行才能充实资本和扩大经营规模，并以此增强银行经营实力，提高银行的竞争能力。

（2）只有保持理想的盈利水平，才能增强银行的信誉。银行有理想的盈利水平，说明银行经营管理有方，可以提高客户对银行的信任度，以吸收更多的存款，增加资金来源，抵御一定的经营风险。

（3）只有保持理想的盈利水平，才能保持和提高商业银行的竞争能力。当今的竞争是人才的竞争。银行盈利不断增加，才有条件利用高薪和优厚的福利待遇吸引更多的优秀人才。同时，只有保持丰厚的盈利水平，银行才有能力经常性地进行技术改造，更新设备，努力提高工作效率，增强其竞争能力。

（4）银行保持理想的盈利水平，不仅有利于银行本身的发展，还有利于银行宏观经济活动的进行。因为，商业银行旨在提高盈利的各项措施，最终会反映到宏观的经济规模和速度、经济结构以及经济效益上，还会反映到市场利率总水平和物价总水平上。

（二）流动性原则

流动性是指商业银行能够随时应付客户提现和满足客户借贷的能力。流动性在这里有两层意思，即资产的流动性和负债的流动性。资产的流动性是指银行资产在不受损失的前提下随时变现的能力。负债的流动性是指银行能经常以合理的成本吸收各种存款和其他所需资金。一般情况下，我们所说的流动性是指前者，即资产的变现能力。银行要满足客户提取存款等方面的要求，银行在安排资金运用时，一方面要求使资产具有较高的流动性；另一方面必须力求负债业务结构合理，并保持较强的融资能力。

影响商业银行流动性的主要因素有客户的平均存款规模、资金的自给水平、清算资金的变化规律、贷款经营方针、银行资产质量以及资金管理体制等。流动性是实现安全性和营利性的重要保证。作为特殊的金融企业，商业银行要保持适当的流动性是非常有必要的，因为：

（1）作为资金来源的客户存款和银行的其他借入资金要求银行能够保证随时提取和按期归还，这主要靠流动性资产的变现能力。

（2）企业、家庭和政府在不同时期产生的多种贷款需求，也需要及时组织资金来源加以满足。

（3）银行资金的运动不规则性和不确定性，需要资产的流动性和负债的流动性来保证。

（4）在银行业激烈的竞争中，投资风险也难以预料，经营目标不能保证完全实现，需要一定的流动性作为预防措施。在银行的业务经营过程中，流动性的高低非常重要。事实上，过高的资产流动性，会使银行失去盈利机会甚至出现亏损；过低的流动性可能导致银行出现信用危机、客户流失、资金来源丧失，甚至会因为挤兑导致银行倒闭。因此，作为商业银行关键是要保持适度的流动性。这种"度"是商业银行业务经营的生命线，是商业银行成败的关键。而这种"度"既没有绝对的数量界限，又要在动态的管理中保持。这就要求银行经营管理者及时果断地把握时机和做出决策。当流动性不足时，要及时补充和提高；在流动性过高时，要尽快安排资金运用，提高资金的盈利能力。

（三）安全性原则

安全性原则是指银行的资产、收益、信誉以及所有经营生存发展的条件免遭损失的可靠程度。安全性的反面就是风险性，商业银行的经营安全性原则就是尽可能地避免和减少风险。影响商业银行安全性原则的主要因素有客户的平均贷款规模、贷款的平均期限、贷款方式、贷款对象的行业和地区分布以及贷款管理体制等。商业银行坚持安全性原则的主要意义在于：

（1）风险是商业银行面临的永恒课题。银行业的经营活动可归纳为两个方面：一是对银行的债权人要求按期还本付息；二是对银行的债务者要求按期还本付息。这种信用活动的可靠程度是银行经营活动的关键。在多大程度上被确认的可靠性，又称为确定性。与此对应的是风险性，即不确定性。但在银行经营活动中，由于确定性和不确定性等种种原因，存在多种风险，如信用风险、市场风险、政治风险等，这些风险直接影响银行本息的按时收回，必然会削弱甚至丧失银行的清偿能力，危及银行本身的安全。所以，银行管理者在风险问题上必须严格遵循安全性原则，尽量避免风险、减少风险和分散风险。

（2）商业银行的资本结构决定其是否存在潜伏的危机。与一般工商企业经营不同，银行自有资本所占比重很小，远远不能满足资金的运用，它主要依靠吸收客户存款或对外借款用于贷款或投资，所以负债经营成为商业银行的基本特点。由商业银行的资本结构所决定，若银行经营不善或发生亏损，就要冲销银行自有资本来弥补，倒闭的可能性是随时存在的。

（3）坚持稳定经营方针是商业银行开展业务所必需。首先，有助于减少资产的损失，增强预期收益的可靠性。不顾一切地一味追求利润最大化，其效果往往适得其反。事实上，只有在安全的前提下营运资产，才能增加收益。其次，只有坚持安全稳健的银行，才可以在公众中树立良好的形象。因为一家银行能否立足于世的关键就是银行的信誉，而信誉主要来自银行的安全，所以要维持公众的信心，稳定金融秩序，有赖于银行的安全经营。由此可见，安全性原则不仅是银行盈利的客观前提，也是银行生存和发展的基础；不仅是银行经营管理本身的要求，也是社会发展和安定的需要。

第二节　商业银行负债业务

负债业务是形成商业银行的资金来源业务，是商业银行资产业务的前提和条件。归纳起来，商业银行广义的负债业务主要包括自有资本和吸收外来资金两大部分。

一、商业银行自有资本

商业银行的自有资本是其开展各项业务活动的初始资金，简单来说，就是其业务活动的本钱，主要部分有成立时发行股票所筹集的股份资本、公积金以及未分配的利润。自有资本一般只占其全部负债的很小一部分。银行自有资本的大小，体现银行的实力和信誉，也是一个银行吸收外来资金的基础，因此自有资本的多少还能体现银行资本实力对债权人的保障程度。具体来说，银行资本主要包括股本、盈余、债务资本和其他资金来源。

二、各类存款

按照传统的存款划分方法，主要有三种，即活期存款、定期存款和储蓄存款。

（一）活期存款

活期存款主要是指可由存款户随时存取和转让的存款，它没有确切的期限规定，银行也无权要求客户取款时作事先的书面通知。持有活期存款账户的存款者可以用各种方式提取存款，如开出支票、本票、汇票、电话转账、使用自动柜员机或其他各种方式等手段。由于各种经济交易包括信用卡商业零售等都是通过活期存款账户进行的，所以在国外又把活期存款称之为交易账户。作为商业银行主要资金来源的活期存款有以下几个特点：（1）具有很强的派生能力。在非现金结算的情况下，银行将吸收的原始存款中的超额准备金用于发放贷款，客户在取得贷款后，若不立即提现，而是转入活期存款账户，这样银行一方面增加了贷款，另一方面增加了活期存款，创造出派生存款。（2）流动性大、存取频繁、手续复杂、风险较大。由于活期存款存取频繁，而且还要提供多种服务，活期存款成本较高，因此活期存款较少或不支付利息。（3）活期存款相对稳定部分可以用于发放贷款。尽管活期存款流动性大，但在银行的诸多储户中，总有一些余额可用于对外放款。（4）活期存款是密切银行与客户关系的桥梁。商业银行通过与客户频繁的活期存款的存取业务建立比较密切的业务往来，从而争取更多的客户，扩大业务规模。

（二）定期存款。

定期存款是指客户与银行预先约定存款期限的存款。存款期限通常为3个月、6个月和1年不等，期限最长的可达5年或10年。利率根据期限的长短不同而存在差异，但都要高于活期存款。定期存款的存单可以作为抵押品取得银行贷款。定期存款具有以下特点：（1）定期存款带有投资性。由于定期存款利率高，并且风险小，因而是一种风险最小的投资方式。对于银行来说，由于期限较长，按规定一般不能提前支取，因而是银行稳定的资金来源。（2）定期存款所要求的存款准备金率低于活期存款。因为定期存款有期限的约束，有较高的稳定性，所以定期存款准备金率就可以要求低一些。（3）手续简单，费用较低，风险性小。由于定期存款的存取是一次性办理，在存款期间不必有其他服务，因此除了利息以外没有其他的费用，因而费用低。同时，定期存款较高的稳定性使其风险性较小。

（三）储蓄存款

储蓄存款主要是指个人为了积蓄货币和取得一定的利息收入而开立的存款。储蓄存款也可分为活期存款和定期存款。储蓄存款具有两个特点：一是储蓄存款多数是个人为了积蓄购买力而进行的存款。二是金融监管当局对经营储蓄业务的商业银行有严格的规定。因为储蓄存款多数属于个人，分散于社会上的各家各户，为了保障储户的利益，因此各国对经营储蓄存款业务的商业银行有严格的管理规定，并要求银行对储蓄存款负有无限清偿责任。除上述各种传统的存款业务以外，为了吸收更多存款，打破有关法规限制，西方国家商业银行在存款工具上有许多创新，如可转让支付命令账户、自动转账账户、货币市场存款账户、大额定期存单等。

三、商业银行的长、短期借款

商业银行对外借款根据时间不同，可分为短期借款和长期借款。

（一）短期借款

短期借款是指期限在一年以内的债务，包括同业借款、向中央银行借款和其他渠道的短期借款。同业借款，是指金融机构之间的短期资金融通，主要用于支持日常性的资金周转，它是商业银行为解决短期余缺，调剂法定准备金头寸而融通资金的重要渠道。由于同业拆借一般是通过中央银行的存款账户进行的，实际上是超额准备金的调剂，因此又称为中央银行基金，在美国则称为联邦基金。中央银行借款，是中央银行向商业银行提供的信用，主要有两种形式：一是再贴现，二是再贷款。再贴现是经营票据贴现业务的商业银行将其买入的未到期的票据向中央银行再次申请贴现，也叫间接借款。再贷款是中央银行向商业银行提供的信用放款，也叫直接借款。再贷款和再贴现不仅是商业银行筹措短期资金的重要渠道，同时也是中央银行重要的货币政策工具。其他渠道的短期借款有转贴现、回购协议、大额定期存单和欧洲货币市场借款等。

商业银行的短期借款主要有以下特征：（1）对时间和金额上的流动性需要十分明确。短期借款在时间和金额上都有明确的契约规定，借款的偿还期约定明确，商业银行对于短期借款的流动性需要在时间和金额上既可事先精确掌握，又可计划地加以控制，为负债管理提供方便。（2）对流动性的需要相对集中。短期借款不像存款对象那样分散，无论是在时间上还是在金额上都比存款相对集中。（3）存在较高的利率风险。在正常情况下，短期借款的利率一般要高于同期存款，尤其是短期借款的利率与市场的资金供求状况密切相关，导致短期借款的利率变化因素很多，因而风险较高。（4）短期借款主要用于短期头寸不足的需要。

（二）长期借款

长期借款是指偿还期限在一年以上的债务。商业银行的长期借款主要采取发行金融债券的形式。金融债券可分为资本性债券、一般性金融债券和国际金融债券。

发行金融债券与存款相比有以下特点：（1）筹资的目的不同。吸收存款是为了扩大银行资金来源总量，而发行金融债券是为了增加长期资金来源和满足特定用途的资金需要。（2）筹资的机制不同。吸收存款是经常性的、无限额的，而金融债券的发行是集中、有限额的，吸收存款是被动型负债，而发行金融债券是银行的主动型负债。（3）筹资的效率不同。由于金融债券的利率一般要高于同期存款的利率，对客户有较强的吸引力，因而其筹资效率要高于存款。（4）所吸收的资金稳定性不同。金融债券有明确的偿还期，一般不用提前还本付息，有很高的稳定性，而存款的期限有一定弹性，稳定性要差些。（5）资金的流动性不同。一般情况下，存款关系基本固定在银行与存户之间，不能转让；而金融债券一般不记名，有较好的流通市场，具有比存款更高的转让性。

第三节　商业银行资产业务

商业银行的资产业务是其资金运用业务，主要分为放款业务和投资业务两大类。资产业务也是商业银行收入的主要来源。商业银行吸收的存款除了留存部分准备金以外，全部可以用来贷款和投资。

一、商业银行的贷款业务

贷款是商业银行作为贷款人按照一定的贷款原则和政策，以还本付息为条件，将一定数量的货币资金提供给借款人使用的一种借贷行为。贷款是商业银行最大的资产业务，大致要占其全部资产业务的60％左右。贷款业务按照不同的分类标准，有以下几种分类方法：（1）按贷款期限划分，可分为活期贷款、定期贷款和透支贷款；（2）按照贷款的保障条件划分，可分为信用放款、担保放款和票据贴现；（3）按贷款用途划分，非常复杂，若按行业划分有工业贷款、商业贷款、农业贷款、科技贷款和消费贷款；（4）按具体用途划分，，有流动资金贷款和固定资金贷款；（5）按贷款的偿还方式划分，可分为一次性偿还和分期偿还；（6）按贷款质量划分，有正常贷款、关注贷款、次级贷款、可疑贷款和损失贷款等。对于任何一笔贷款，都必须遵循以下基本程序，即贷款的申请、贷款的调查、对借款人的信用评估、贷款的审批、借款合同的签订和担保、贷款发放、贷款检查、贷款收回。

二、商业银行的证券投资业务

商业银行的证券投资业务是商业银行将资金用于购买有价证券的活动，主要是通过证券市场买卖股票、债券进行投资的一种方式。商业银行的证券投资业务有分散风险、保持流动性、合理避税和提高收益等意义，主要对象是各种证券，包括国库券、中长期国债、政府机构债券、市政债券或地方政府债券以及公司债券。在这些证券中，国库券因风险小、流动性强而成为商业银行重要的投资工具。由于公司债券的差别较大，80年代以来，商业银行投资于公司债券的比重越来越小。商业银行其他资产业务还包括租赁业务等。

第十三章　中央银行

第一节　金融机构概述

一、金融机构的概念

金融机构（Financial Institution），是指从事金融服务业有关的金融中介机构，为金融体系的一部分，金融服务业（银行、证券、保险、信托、基金等行业）与此相应。金融中介机构包括银行、证券公司、保险公司、信托投资公司和基金管理公司等，同时亦指有关放贷的机构，发放贷款给客户在财务上进行周转的公司，而且它们的利息相对也比银行高，较方便客户借贷，因为无须繁复的文件进行证明。

二、金融机构的功能

金融机构通常提供以下一种或多种金融服务：

（1）在市场上筹资从而获得货币资金，将其改变并构建成不同种类的更易接受的金融资产，这类业务形成金融机构的负债和资产。这是金融机构的基本功能，行使这一功能的金融机构是最重要的金融机构类型。

（2）代表客户交易金融资产，提供金融交易的结算服务。

（3）自营交易金融资产，满足客户对不同金融资产的需求。

（4）帮助客户创造金融资产，并把这些金融资产出售给其他市场参与者。

（5）为客户提供投资建议，保管金融资产，管理客户的投资组合。

上述第一种服务涉及金融机构接受存款的功能；第二种和第三种服务是金融机构的经纪和交易功能；第四种服务被称为承销功能，提供承销的金融机构一般也提供经纪或交易服务；第五种服务则属于咨询和信托功能。

三、金融机构的基本类型

按照不同的标准，金融机构可划分为不同的类型：

（1）按照金融机构的管理地位，可划分为金融监管机构与接受监管的金融企业。例如，中国人民银行、银行业监督管理委员会、中国保险监督管理委员会、证券监督管理委员会等是代表国家行使金融监管权力的机构，其他的所有银行、证券公司和保险公司等金融企业都必须接受其监督和管理。

（2）按照是否能够接受公众存款，可划分为存款性金融机构与非存款性金融机构。存款性金融机构主要通过存款形式向公众举债而获得其资金来源，如商业银行、储蓄贷款协会、合作储蓄银行和信用合作社等；非存款性金融机构则不得吸收公众的储蓄存款，如保险公司、信托金融机构、政策性银行以及各类证券公司、财务公司等。

（3）按照是否担负国家政策性融资任务，可划分为政策性金融机构和非政策性金融机构。政策性金融机构是指由政府投资创办、按照政府意图与计划从事金融活动的机构。非政策性金融机构则不承担国家的政策性融资任务。

（4）按照是否属于银行系统，可划分为银行金融机构和非银行金融机构；按照出资的国别属性，又可划分为内资金融机构、外资金融机构和合资金融机构；按照所属的国家，还可划分为本国金融机构、外国金融机构和国际金融机构。

第二节　中央银行的产生与发展

一个由政府组建的机构，负责控制国家货币供给、信贷条件，监管金融体系，特别是商业银行和其他储蓄机构。中央银行是一国最高的货币金融管理机构，在各国金融体系中居于主导地位。中央银行的职能是宏观调控、保障金融安全与稳定、金融服务。中央银行是"发行的银行"，对调节货币供应量、稳定币值有重要作用。　中央银行是"银行的银行"，它集中保管银行的准备金，并对它们发放贷款，充当"最后贷款者"。中央银行是"国家的银行"，它是国家货币政策的制定者和执行者，也是政府干预经济的工具；同时为国家提供金融服务，代理国库，代理发行政府债券，为政府筹集资金；代表政府参加国际金融组织和各种国际金融活动。

中央银行所从事的业务与其他金融机构所从事的业务的根本区别在于，中央银行所从事的业务不是为了营利，而是为实现国家宏观经济目标服务，这是由中央银行所处的地位和性质决定的。中央银行的主要业务有：货币发行、集中存款准备金、贷款、再贴现、证券、黄金占款和外汇占款、为商业银行和其他金融机构办理资金的划拨清算和资金转移的业务等。

一、中央银行的起源

户部银行。户部银行是清末官商合办的银行，1905年8月在北京开业，它是模仿西方国家中央银行而建立的我国最早的中央银行。

大清银行。1908年，户部银行改为大清银行。辛亥革命时期和北洋政府时期的中国银行。

中国银行。1911年的辛亥革命，促使大清王朝覆灭，大清银行改组为中国银行。

交通银行。交通银行始建于1908年，成立之初，曾自我标榜为"纯属商业银行性质"。但事实上，它后来成了北洋政府的中央银行。1913年，交通银行取得了与中国银行同等地位的发行权。1914年，交通银行改定章程，已经具备了中央银行的职能。

以上两行，共同作为北洋政府的中央银行。

二、中央银行的发展

第一次世界大战后，各国政府为了保障战时财政需要，向中央银行大量借款，并且纷纷强迫中央银行停止或限制银行券兑换，从而造成战后经济混乱的局面，通货膨胀非常严重。

与此同时，由于前一阶段各国中央银行的创立和发展总结出了具体经验，这时候推动中央银行的成立也已经有了良好基础。所以总体来看，这个时期是中央银行发展历史上最快的阶段，中央银行职能也有了进一步扩大。

孙中山创立的中央银行。1924年8月，孙中山领导的广东革命政府在广州创立中央银行。1926年7月，国府移迁武汉，同年12月在汉口设中央银行。原广州的中央银行改组为广东省银行。1928年，汉口中央银行停业。

国民党时期的中央银行。1928年11月1日，南京国民政府成立中央银行，总行设在当时全国的经济金融中心——上海，在全国各地设有分支机构，法定中央银行为国家银行，行使中央银行职责。1949年12月，中央银行随国民党政府撤往台湾。

革命根据地的中央银行。1927年第一次国内革命战争失败后，共产党在建立根据地以后，就成立了人民的银行，发行货币。如1927年冬，闽西上杭县蚊洋区农民协会创办了农民银行等。1932年2月1日，苏维埃国家银行正式成立，苏维埃国家银行还在各地设分支机构，以带动根据地银行走向集中和统一。1934年10月，苏维埃国家银行跟随红军长征转移，1935年11月，它改组为中华苏维埃共和国国家银行西北分行。同年10月，国家银行西北分行改组为陕甘宁边区银行，总行设在延安。随着解放战争的胜利，解放区迅速扩大并逐渐连成一片，整个金融事业趋于统一和稳定。1948年11月，成立中国人民银行。

第三节 中央银行的性质、职能与独立性问题

一、中央银行的性质和作用

（一）中国中央银行的性质

《中华人民共和国中国人民银行法》明确规定：中国人民银行在国务院领导下，制定和实施货币政策，对金融业实施监督管理。我国的中央银行，它的工作对象不是企业单位和个人，而是各商业银行和其他金融机构。它的主要工作是集中力量，研究和做好全国的宏观决策，加强金融监管，以保持货币稳定，更好地为国家宏观经济决策服务。

（二）中央银行的作用

中央银行的作用通过中央银行的职能体现。中央银行的所有职能都围绕一个中心，即作为国家最重要的调节机构，主要是通过一系列直接的或间接的手段的运用，

实现对货币供求和社会经济生活的调节，求得社会总需求和社会总供给的宏观平衡，保证国民经济稳定、协调、高效和健康地向前发展。

二、中央银行的职能

中央银行的职能主要以制定、执行货币政策，对金融机构活动进行领导、管理和监督，是一个"管理金融活动的银行"，同时，还有以下职能。

（一）发行的银行

中央银行是发行的银行，是指中央银行垄断货币发行权，是一国或某一货币联盟唯一授权的货币发行机构。

1.中央银行集中与垄断货币发行权的必要性

（1）统一货币发行与流通是货币正常有序流通和币值稳定的保证。在实行金本位的条件下，货币的发行权主要是指银行券的发行权。要保证银行券的信誉和货币金融的稳定，银行券必须能够随时兑换为金币，存款货币能够顺利地转化为银行券。为此，中央银行需以黄金储备作为支撑银行券发行与流通的信用基础，黄金储备数量成为银行券发行数量的制约因素。银行券的发行量与黄金储备量之间的规定比例成为银行券发行保证制度的最主要内容。在进入20世纪之后，金本位制解体，各国的货币流通均转化为不兑现的纸币流通。不兑现的纸币成为纯粹意义上的国家信用货币。在信用货币流通情况下，中央银行凭借国家授权以国家信用为基础而成为垄断货币发行的机构，中央银行按照经济发展的客观需要和货币流通及其管理的要求发行货币。

（2）统一货币发行是中央银行根据一定时期的经济发展情况调节货币供应量，保持币值稳定的需要。币值稳定是社会经济健康运行的基本条件，若存在多家货币发行银行，中央银行在调节货币供求总量时可能出现因难以协调各发行银行从而无法适时调节银根的状况。

（3）统一货币发行是中央银行实施货币政策的基础。统一货币发行使中央银行通过对发行货币量的控制来调节流通中的基础货币量，并以此调控商业银行创造信用的能力。独占货币发行权是中央银行实施金融宏观调控的必要条件。

2.统一货币的必要条件

（1）中央银行应根据国民经济发展的客观需要，适时发行货币，保持货币供给与货币需求基本一致，为国民经济稳定发展创造良好的金融环境。

（2）中央银行应从宏观经济角度控制信用规模，调节货币供给量。中央银行应适当掌握货币供给增量，处理币值稳定与经济增长的关系。

（3）中央银行应根据货币流通需要，适时印刷、销毁货币，调拨库款，调剂地区间货币分布、货币面额比例。

（二）银行的银行

银行的银行职能是指中央银行充当商业银行和其他金融机构的最后贷款人。银行的银行这一职能体现了中央银行是特殊金融机构的性质，是中央银行作为金融体系核心的基本条件。中央银行通过这一职能对商业银行和其他金融机构的活动施加影响，以达到调控宏观经济的目的。中央银行作为银行的银行需履行的职责如下：

1.集中商业银行的存款准备金

其必要性在于：

（1）为保障存款人的资金安全，以法律的形式规定商业银行和其他存款机构必须按存款的一定比例向中央银行交存存款准备金，以保证商业银行和其他金融机构具备最低限度的支付能力。

（2）有助于中央银行控制商业银行的信用创造能力，从而控制货币供应量。

（3）强化中央银行的资金实力，存款准备金是中央银行的主要资金来源之一。

（4）为商业银行之间进行非现金清算创造条件。

2.充当银行业的最后贷款人

最后贷款人指商业银行无法进行即期支付而面临倒闭时，中央银行及时向商业银行提供贷款支持以增强商业银行的流动性。

中央银行主要通过两种途径为商业银行充当最后贷款人：

（1）票据再贴现，即商业银行将持有的票据转贴给中央银行以获取资金；

（2）票据再抵押，即商业银行将持有的票据抵押给中央银行获取贷款。

3.创建全国银行间清算业务平台

商业银行按规定在中央银行开立存款账户交存存款准备金，各金融机构之间可利用在中央银行的存款账户进行资金清算，这加快了资金的流转速度，节约了货币流通成本。于是，中央银行成为银行业的清算中心。

4.外汇头寸调节

中央银行根据外汇供求状况进行外汇买卖，调节商业银行外汇头寸，为商业银行提供外汇资金融通便利，并由此监控国际收支状况。

（三）政府的银行

政府的银行职能是指中央银行为政府提供服务，是政府管理国家金融的专门机构。具体体现在：

1.代理国库

国家财政收支一般不另设机构经办具体业务，而是交由中央银行代理，主要包括按国家预算要求代收国库库款、拨付财政支出、向财政部门反映预算收支执行情况等。

2.代理政府债券发行

中央银行代理发行政府债券，办理债券到期还本付息。

3.为政府融通资金

在政府财政收支出现失衡、收不抵支时，中央银行具有为政府融通资金以解决政府临时资金需要的义务。中央银行对政府融资的方式主要有两种：

（1）为弥补财政收支暂时不平衡或财政长期赤字，直接向政府提供贷款。为防止财政赤字过度扩大造成恶性通货膨胀，许多国家明确规定，应尽量避免发行货币来弥补财政赤字。

（2）中央银行直接在一级市场上购买政府债券。

4.为国家持有和经营管理国际储备

国际储备包括外汇、黄金、在国际货币基金组织中的储备头寸、国际货币基金组织分配的尚未动用的特别提款权等。

（1）对储备资金总量进行调控，使之与国内货币发行和国际贸易等所需的支付需要相适应；

（2）对储备资产结构特别是外汇资产结构进行调节；

（3）对储备资产进行经营和管理，负责储备资产的保值增值；

（4）保持国际收支平衡和汇率基本稳定。

5.代表政府参加国际金融活动，进行金融事务的协调与磋商，积极促进国际金融

领域的合作与发展

参与国际金融重大决策，代表本国政府与外国中央银行进行两国金融、贸易事项的谈判、协调与磋商，代表政府签订国际金融协定，管理与本国有关的国际资本流动，办理政府间的金融事务往来及清算，办理外汇收支清算和拨付等国际金融事务。

6.为政府提供经济金融情报和决策建议，向社会公众发布经济金融信息

中央银行处于社会资金运动的核心，能够掌握全国经济金融活动的基本信息，为政府的经济决策提供支持。

（四）职能变化

1.由一般货币发行向国家垄断发行转化

第二次世界大战后，各国对中央银行的认识有所深化，从而强化了对它的控制。这大大加快了中央银行的国有化进程，由此实现了中央银行由一般的发行银行向国家垄断发行即真正的发行银行转化。

2.由代理政府国库款项收支向政府的银行转化

随着中央银行国有化进程的加快，中央银行对国家负责，许多国家的银行法规明确规定了中央银行作为政府代理的身份，从而实现中央银行向政府银行的转化。

3.由集中保管准备金向银行的银行转化

进入20世纪中叶，中央银行不与普通商业银行争利益，行使管理一般银行的职能并成为金融体系的中心机构，这标志着它向银行的银行转化。

4.由货币政策的一般运用向综合配套运用转化

中央银行的货币政策离不开一个国家经济发展的总目标，在具体运用中大大加强并注重其综合功能的发挥，即由过去的一般性运用向综合配套运用转化。

5.各国中央银行的金融合作加强

随着各国商品经济和国际贸易的发展，为保证各国国际收支平衡和经济稳定，各国中央银行共同抵御风险，加强金融监管，彼此之间的合作越来越紧密。

（五）服务职能

1.为政府服务的主要内容

（1）代理国家财政金库，执行国家预算出纳业务，代理政府发行和销售政府债券，并办理还本付息事宜；

（2）作为政府的金融代理人，代办有关金融业务，如经营国家外汇储备、黄金储备等；

（3）根据政府需要，通过贷款或者购买政府债券的方式为政府筹措资金；

（4）代表政府参加有关国际金融活动和为政府充当金融政策顾问。

2.为商业银行和非银行金融机构服务的主要内容

（1）为商业银行金融机构保管准备金；

（2）为商业银行、金融机构相互之间的债务关系办理转账结算和提供清算服务；

（3）当商业银行、金融机构需要资金或者资金周转困难时，对其提供贷款或者信用，以及其他形式的融资服务。

3.为社会公众服务的主要内容

（1）依法发行国家法定货币并维护货币的信誉和货币币值稳定；

（2）通过货币政策、信用政策，影响商业银行、金融机构的行为和活动，使之配合适应国民经济的需要；

（3）搜集、整理和反映有关经济资料以及自身的资产、负债状况，并定期公布，为各有关方面制定政策、计划、措施提供参考；

（4）为维护银行客户存款安全所进行的其他活动等。

（六）监管职能

1.监管职能的对象

（1）对商业银行和其他金融机构的监管；

（2）对金融市场的设置、业务活动和运行机制监管。

2.监管职能的主要内容

（1）制定有关的金融政策、法规，作为金融活动的准则和中央银行进行监管的依据及手段；

（2）依法对各类金融机构的设置统筹规划，审查批准商业银行和其他金融机构的设立、业务范围和其他重要事项；

（3）对商业银行和其他金融机构的业务活动进行监督；

（4）管理信贷、资金、外汇、黄金、证券等金融市场，包括利率、汇率；

（5）监督检查商业银行和其他金融机构的清偿能力，资产负债结构准备金情况；

（6）督促、指导商业银行和其他金融机构依法开展业务活动，稳健经营等。

（七）调控职能

中央银行以国家货币政策制定者和执行者的身份，通过金融手段，对全国的货币、信用活动进行有目的、有目标的调节和控制，进而影响国家宏观经济，促进整个国民经济健康发展，实现其预期的货币政策目标。

三、中央银行的独立性问题

"中央银行的独立性"是指中央银行履行自身职责时法律赋予或实际拥有的权力、决策与行动的自主程度。中央银行的独立性比较集中地反映在中央银行与政府的关系上，这一关系包括两层含义：一是中央银行应对政府保持一定的独立性。二是中央银行对政府的独立性是相对的。《中国人民银行法》以法律形式明确规定了中国人民银行的法律地位，即"中国人民银行是中华人民共和国的中央银行"，"中国人民银行在国务院领导下，制定和实施货币政策，对金融业实施监督管理"。这些规定确立了其具有相对独立性。

（一）目标独立性不强

《银行法》第十二条指出："中国人民银行设立货币政策委员会。货币政策委员会的职责、组成和工作程序，由国务院规定，报全国人民代表大会常务委员会备案。"

（二）决策独立性不强

中国央行实施货币政策的效果与财政部、建设部等部委的经济产业政策密切相关。中国人民银行只享有一般货币政策事项的决定权，对于年度货币供应量、利率及汇率等重大政策事项只有制定权和执行权，但是最终决策权属于国务院。

（三）法律独立性不强

从世界范围来看，凡是把稳定币值作为中央银行首要的或唯一的目标并取得较佳效果的国家，其央行的法律地位都比较高。中央银行具有双重性：一方面是国家机关，依法行使管理金融业的行政职权；另一方面它拥有资本，可以依法经营某种业务。

第四节　中央银行的主要业务

中央银行的主要业务有：货币发行、集中存款准备金、贷款、再贴现、证券、黄金占款和外汇占款、为商业银行和其他金融机构办理资金的划拨清算和资金转移的业务等。

一、支付清算

（一）提供账户服务

在各国中央银行支付清算的实践活动中，中央银行一般作为银行间清算中介人，为银行提供清算账户，通过清算账户的设置和使用来实现银行间转账。

（二）运行与管理支付系统

除了提供账户服务以外，中央银行参与和组织行间清算的另一个重要手段即是运行与管理重要的行间支付清算系统。一个稳定的、有效的、公众信任的支付系统，是社会所不可或缺的。中央银行运行的支付系统通常包括账户体系、通信网络和信息处理系统。

（三）为私营清算系统提供差额清算服务

很多国家存在多种形式的私营清算组织，而一些私营清算系统尚在实施差额清算，为了实现清算参加者间的债权债务抵消，很多清算机构乐于利用中央银行提供的差额清算服务，后者通过账户进行差额头寸的转移划拨，即可完成最终清算。

（四）提供透支便利

中央银行不仅运行管理整个支付系统，还以提供信贷的方式保障支付系统的平稳运行。大额支付系统是中央银行提供信贷的重点，尤其是当大额支付系统所处理的支付指令为不可撤销的终局性支付指令时，中央银行的透支便利更为重要。

二、投放抵押

2014年10月18日，央行通知，将通过常备借贷便利工具（SLF）获得流动性支持，共计金额约2000亿元。此外中金报告预计央行实际投放的流动性可能高于2000亿元，达到3000亿～4000亿元。中金报告，央行投放方式不是此前所传的SLF，而是需银行提供债券质押的PSL。中金认为，此举再次释放了流动性宽松的信号，尤其是在实际M$_2$增长明显低于政策目标的情况下。

三、黄金净买

国际货币基金组织（International Monetary Fund, IMF），其最高权力机构为理事会，由各成员国派正、副理事各一名组成，一般由各国的财政部长或中央银行行长担任，每年9月举行一次会议。

四、跨境贷款

2012年12月4日，韩国方面表示，已与中国就12月晚些时候允许两国银行从现有的货币互换安排借入资金达成协议，以鼓励两国的本币贸易结算。根据韩国财政部和韩国银行（央行）当天联合发布的声明，中韩3600亿元人民币的货币互换额度将以贷款形式获得，以允许两国贸易企业以韩元和人民币结算。中国商务部国际贸易经济合作研究院研究员梅新育认为，此举将直接有利于稳定韩元对人民币汇率，间接有利于稳定韩元对美元汇率，因为人民币对美元的稳定性远高于其他货币。他还认为，此举对韩元特别是人民币的国际化大有裨益。

2012年12月27日，中国央行深圳市中心支行发布公告称，央行已批准深圳前海地区试行开展深圳和香港两地间的跨境人民币贷款业务。在前海注册成立并在前海实际经营或投资的企业可以从香港经营人民币业务的银行借入人民币资金。此举建起了人民币国际化进程中的新里程碑，尽管该项目还处于试行阶段，实施范围也非常有限，但如果加以扩展，则最终将有助于香港离岸人民币市场与中国大陆金融系统的整合。

第十四章　金融市场

第一节　证券市场的基本概述

证券市场是市场经济发展到一定阶段的产物，是为解决资本供求矛盾和流动性而产生的市场。证券市场以证券发行和交易的方式实现了筹资与投资的对接，有效地化解了资本的供求矛盾和资本结构调整的难题。在发达的市场经济中，证券市场是完整的市场体系的重要组成部分，它不仅反映和调节货币资金的运动，而且对整个经济的运行具有重要影响。

一、证券市场的结构

证券市场的结构是指证券市场的构成及其各部分之间的量比关系。

常见的最基本的证券市场结构有以下几种。

（一）层次结构

按证券进入市场的顺序而形成的结构关系，可分为发行市场和交易市场。证券发行市场又称为"一级市场"或"初级市场"，是发行人以筹集资金为目的，按照一定的法律规定和发行程序，向投资者出售新证券所形成的市场。证券交易市场又称为"二级市场"或"次级市场"，是已发行证券通过买卖交易实现流通转让的市场。

发行市场和流通市场相互依存、相互制约，是一个不可分割的整体。发行市场是流通市场的基础和前提。流通市场是证券得以持续扩大发行的必要条件。此外，流通市场的交易价格制约和影响着证券的发行价格，是证券发行时需要考虑的重要因素。

（二）多层次资本市场

体现为区域分布、覆盖公司类型、上市交易制度以及监管要求的多样性。根据所服务和覆盖的上市公司类型，分为全球市场、全国市场、区域市场；根据上市公司规模、监管要求等差异，分为主板市场、二板市场（创业板或高新企业板）等。

（三）品种结构

依有价证券的品种而形成，分为股票市场、债券市场、基金市场、衍生品市场。

（四）交易场所结构

按交易活动是否在固定场所进行，分为有形市场和无形市场。有形市场称为"场内市场"，指有固定场所的证券交易所市场。有形市场的诞生是证券市场走向集中化的重要标志之一。无形市场称为"场外市场"，指没有固定场所的证券交易所市场。场内市场与场外市场之间的截然划分已经不复存在，出现了多层次的证券市场结构。

（五）纵向结构关系

这是一种按证券进入市场的顺序而形成的结构关系。按这种顺序关系划分，证券市场的构成可分为发行市场和交易市场。证券发行市场又称"一级市场"或"初级市场"，是发行人以筹集资金为目的，按照一定的法律规定和发行程序，向投资者出售证券所形成的市场。证券发行市场作为一个抽象的市场，其买卖成交活动并不局限于一个固定的场所。证券发行市场体现了证券由发行主体流向投资者的市场关系。

发行者之间的竞争和投资者之间的竞争，是证券发行市场赖以形成的契机。在证券发行市场上，不仅存在由发行主体向投资者的证券流，而且存在由投资者向发行主体的货币资本流。因此，证券发行市场不仅是发行主体筹措资金的市场，也是给投资者提供投资机会的市场。证券交易市场是已发行的证券通过买卖交易实现流通转让的场所。相对于发行市场而言，证券交易市场又称为"二级市场"或"次级市场"。证券经过发行市场的承销后，即进入流通市场，它体现了新老投资者之间投资退出和投资进入的市场关系。因此，证券流通市场具有两个方面的职能：（1）为证券持有者提供需要现金时按市场价格将证券出卖变现的场所；（2）为新的投资者提供投资机会。证券交易市场又可以分为有形的交易所市场和无形的场外市场。

证券发行市场与交易市场紧密联系，互相依存，互相作用。发行市场是交易市场存在的基础，发行市场的发行条件及发行方式影响着交易市场的价格及流动性。而交易市场又能促进发行市场的发展，为发行市场所发行的证券提供变现的场所，同时交易市场的证券价格及流动性又直接影响发行市场新证券的发行规模和发行条件。

（六）横向结构关系

这是依有价证券的品种而形成的结构关系。这种结构关系的构成主要有股票市场、债券市场、基金市场以及衍生证券市场等子市场，并且各个子市场之间是相互联系的。

股票市场是股票发行和买卖交易的场所。股票市场的发行人为股份有限公司。股份公司在股票市场上筹集的资金是长期稳定的、属于公司自有的资本。股票市场交易的对象是股票，股票的市场价格除了与股份公司的经营状况和盈利水平有关外，还受到其他诸如政治、社会、经济等多方面因素的综合影响。因此，股票价格经常处于波动之中。

债券市场是债券发行和买卖交易的场所。债券的发行人有中央政府、地方政府、政府机构、金融机构、公司和企业。债券市场交易的对象是债券。债券因有固定的票面利率和期限，其市场价格相对股票价格而言比较稳定。基金市场是基金证券发行和流通的市场。封闭式基金在证券交易所挂牌交易，开放式基金是通过投资者向基金管理公司申购和赎回实现流通的。衍生证券市场是以基础证券的存在和发展为前提的，其交易品种主要有金融期货与期权、可转换证券、存托凭证、认股权证等。

二、证券市场的特征

证券市场具有以下三个显著特征：

（1）证券市场是价值直接交换的场所。有价证券是价值的直接代表，其本质上只是价值的一种直接表现形式。虽然证券交易的对象是各种各样的有价证券，但由于它们是价值的直接表现形式，所以证券市场本质上是价值的直接交换场所。

（2）证券市场是财产权利直接交换的场所。证券市场上的交易对象是作为经济权益凭证的股票、债券、投资基金券等有价证券，它们本身仅是一定量财产权利的代表，所以，代表对一定数额财产的所有权或债权以及相关的收益权。证券市场实际上是财产权利的直接交换场所。

（3）证券市场是风险直接交换的场所。有价证券既是一定收益权利的代表，同时也是一定风险的代表。有价证券的交换在转让出一定收益权的同时，也将该有价证券所特有的风险转让出去。所以，从风险的角度分析，证券市场也是风险的直接交换场所。

三、证券市场的分析方法

证券市场的分析方法有如下三种：基本分析法、技术分析法、演化分析法。其中，基本分析法主要应用于投资标的物的价值判断和选择上，技术分析法和演化分析法则主要应用于具体投资操作的时间和空间判断上，作为提高证券投资分析有效性和可靠性的重要补充。

（1）基本分析法：基本分析法是以传统经济学理论为基础，以企业价值作为主要研究对象，通过对决定企业内在价值和影响股票价格的宏观经济形势、行业发展前景、企业经营状况等进行详尽分析，以大概测算上市公司的长期投资价值和安全边际，并与当前的股票价格进行比较，形成相应的投资建议。基本分析认为股价波动不可能被准确预测，只能在有足够安全边际的情况下买入股票并长期持有。

（2）技术分析法：技术分析法是以传统证券学理论为基础，以股票价格作为主要研究对象，以预测股价波动趋势为主要目的，从股价变化的历史图表入手，对股票市场波动规律进行分析的方法总和。技术分析认为市场行为包容消化一切，股价波动可以定量分析和预测，如道氏理论、波浪理论、江恩理论等。

（3）演化分析法：演化分析法是以演化证券学理论为基础，将股市波动的生命运动特性作为主要研究对象，从股市的代谢性、趋利性、适应性、可塑性、应激性、变异性和节律性等方面入手，对市场波动方向与空间进行动态跟踪研究，为股票交易决策提供机会和风险评估的方法总和。演化分析认为股价波动无法准确预测，因此它属于模糊分析范畴，并不试图为股价波动轨迹提供定量描述和预测，而是着重为投资人建立一种科学观察和理解股市波动逻辑的全新的分析框架。

第二节　证券市场构成要素

证券市场的构成要素主要包括证券市场参与者、证券市场交易工具和证券交易场所三个方面。

一、证券市场参与者

（一）证券发行人

证券发行人是指为筹措资金而发行债券、股票等证券的政府及其机构、金融机构、公司和企业。证券发行人是证券发行的主体。证券发行是把证券向投资者销售的行为。证券发行可以由发行人直接办理，这种证券发行称之为"自办发行"或"直接发行"。自办发行是比较特殊的发行行为，也比较少见。20世纪末以来，由于网络技术在发行中的应用，自办发行开始增多。证券发行一般由证券发行人委托证券公司进行，又称承销，或间接发行。按照发行风险的承担、所筹资金的划拨及手续费高低等因素划分，承销方式有包销和代销两种，包销又可分为全额包销和余额包销。

（二）证券投资者

证券投资者是证券市场的资金供给者，也是金融工具的购买者。证券投资者类型甚多，投资的目的也各不相同。证券投资者可分为机构投资者和个人投资者两大类。

1.机构投资者

机构投资者是指相对于中小投资者而言拥有资金、信息、人力等优势，能影响某个证券价格波动的投资者，包括企业、商业银行、非银行金融机构（如养老基金、保险基金、证券投资基金）等。各类机构投资者的资金来源、投资目的、投资方向虽各不相同，但一般都具有投资的资金量大、收集和分析信息的能力强、注重投资的安全性、可通过有效的资产组合以分散投资风险、对市场影响大等特点。

2.个人投资者

个人投资者是指从事证券投资的居民，他们是证券市场最广泛的投资者。个人投资者的主要投资目的是追求盈利，谋求资本的保值和增值，所以十分重视本金的安全和资产的流动性。

（三）证券市场中介机构

证券市场中介机构是指为证券的发行与交易提供服务的各类机构，包括证券公司和其他证券服务机构，通常把两者合称为证券中介机构。中介机构是连接证券投资者与筹资人的桥梁，证券市场功能的发挥，很大程度上取决于证券中介机构的活动。通过它们的经营服务活动，沟通了证券需求者与证券供应者之间的联系，不仅保证了各种证券的发行和交易，还起到维持证券市场秩序的作用。

1.证券公司

证券公司，是指依法设立可经营证券业务的、具有法人资格的金融机构。证券公司的主要业务有承销、经纪、自营、投资咨询、购并、受托资产管理、基金管理等。证券公司一般分为综合类证券公司和经纪类证券公司。

2.证券服务机构

证券服务机构是指依法设立的从事证券服务业务的法人机构，主要包括财务顾问机构、证券投资咨询公司、会计师事务所、资产评估机构、律师事务所、证券信用评级机构等。

（四）自律性组织

自律性组织包括证券交易所和证券行业协会。

1.证券交易所

根据《中华人民共和国证券法》的规定，证券交易所是提供证券集中竞价交易场所的不以营利为目的的法人。其主要职责有：提供交易场所与设施；制定交易规则；监管在该交易所上市的证券以及会员交易行为的合规性、合法性，确保中场的公开、公平和公正。

2.证券业协会

证券业协会是证券行业的自律性组织，是社会团体法人。证券业协会的权力机构为由全体会员组成的会员大会。根据《中华人民共和国证券法》规定，证券公司应当加入证券业协会。证券行业协会应当履行协助证券监督管理机构组织会员执行有关法律，维护会员的合法权益，为会员提供信息服务，制定规则，组织培训和开展业务交流，调解纠纷，就证券业的发展开展研究，监督管理会员行为，以及证券监督管理机构赋予的其他职责。

3. 证券登记结算机构

证券登记结算机构是为证券交易提供集中登记、存管与结算业务，不以营利为目的的法人。按照《证券登记结算管理办法》，证券登记结算机构实行行业自律管理。我国的证券登记结算结构为中国证券登记结算有限责任公司。

（五）证券监管机构

在中国，证券监管机构是指中国证券监督管理委员会及其派出机构。它是国务院直属的证券管理监督机构，依法对证券市场进行集中统一监管。它的主要职责有：负责行业性法规的起草；负责监督有关法律法规的执行；负责保护投资者的合法权益；对全国的证券发行、证券交易、中介机构的行为等依法实施全面监管，维持公平而有秩序的证券市场。

二、交易工具

证券市场活动必须借助一定的工具或手段来实现，这就是证券交易工具，也即证券交易对象。证券交易工具主要包括：政府债券（包括中央政府债券和地方政府债券）、金融债券、公司（企业）债券、股票、基金及金融衍生证券等。

三、证券交易场所

证券交易场所包括场内交易市场和场外交易市场两种形式。场内交易市场是指在证券交易所内进行的证券买卖活动，这是证券交易场所的规范组织形式；场外交易市场是在证券交易所之外进行的证券买卖活动，它包括柜台交易市场（又称店头交易市场）、第三市场、第四市场等形式。

第三节　证券市场的功能

一、证券市场的基本功能

证券市场是指证券发行的买卖的场所，其实质是资金的供给方和资金的需求方通过竞争决定证券价格的场所。证券市场是市场经济发展到一定阶段的产物，是为解决资本供求矛盾和流动而产生的市场。

证券市场有三个最基本的功能。

（一）融通资金

证券市场的融资功能是指证券市场为资金需求者筹集资金的功能。融通资金是证券市场的首要功能，这一功能的另一作用是为资金的供给者提供投资对象。

一般来说，企业融资有两种渠道：

（1）间接融资，即通过银行贷款而获得资金；

（2）直接融资，即发行各种有价证券使社会闲散资金汇集成为长期资本。前者提供的贷款期限较短，适合解决企业流动资金不足的问题，而长期贷款数量有限，条件苛刻，对企业不利，后者却弥补了前者的不足，使社会化大生产和企业大规模经营成为可能。政府也可以发行债券，从而迅速地筹集长期巨额资金，投入国家的生产建设之中或用来弥补当年的财政赤字。

（二）资本定价

证券市场的第二个基本功能就是为资本决定价格。证券是资本的存在形式，所以，证券的价格实际上是证券所代表的资本的价格。

证券的价格是证券市场上证券供求双方共同作用的结果。证券市场的运行形成证券需求者竞争和证券供给者竞争的关系，这种竞争的结果是：能产生高投资回报的资本，市场的需求就大，其相应的证券价格就高；反之，证券的价格就低。因此，证券市场是资本的合理定价机制。

（三）资本配置

证券市场的资本配置功能是指通过证券价格引导资本的流动而实现资本的合理配置的功能。证券投资者对证券的收益十分敏感，而证券收益率在很大程度上决定于企业的经济效益。从长期来看，经济效益高的企业的证券拥有较多的投资者，这种证券在市场上买卖也很活跃。相反，经济效益差的企业的证券投资者越来越少，市场上的交易也不旺盛。所以，社会上部分资金会自动地流向经济效益好的企业，远离效益差的企业。

这样，证券市场就引导资本流向能产生高报酬的企业或行业，从而使资本产生尽可能高的效率，进而实现资源的合理配置。

二、证券市场的派生功能

证券市场除了上述三个最基本的功能，还有三个功能是在这基础上派生出来的，分别为：转换机制、宏观调控、分散风险。

（一）转换机制

企业如果要通过证券市场筹集资金，必须改制成为股份有限公司。股份公司的组织形式是社会化大生产和现代市场经济发展的产物，这种企业组织形式对企业所有权和经营权进行了分离，并且有一系列严格的法律、法规对其进行规范，使企业能够自觉地提高经营管理水平和资金使用效率。

企业成为上市公司之后，会一直处于市场各方面的监督和影响之中，有利于形成"产权清晰，权利明确，政企分开，管理科学"的治理结构，有利于企业经营管理的规范化、科学化和制度化，有利于健全企业的风险控制机制和激励机制。

（二）宏观调控

证券市场是国民经济的晴雨表，它能够灵敏地反映社会政治、经济发展的动向，为经济分析和宏观调控提供依据。证券市场的动向是指市场行情的变化，通常用证券价格指数来表示。如果在一段时间内，国家政治稳定，经济繁荣，整体发展态势良好，证券价格指数就会上升；反之，如果政治动荡，经济衰退，或发展前景难以预测，证券价格指数就会下跌。1999年，美国的道琼斯指数屡创新高，突破万点大关，正是美国经济持续发展，长期保持较低失业率的良好经济态势的反映。

政府可以通过证券市场行情的变化对经济运行状况和发展前景进行分析预测，并且利用证券市场对经济实施宏观调控。政府利用证券市场进行宏观调控的手段主要是运用货币政策的三大工具：法定存款准备金率、再贴现率和公开市场业务。特别是公开市场业务，完全依托证券市场来运作，通过证券的买入卖出调节货币的供给，影响和控制商业银行的经营，进而实现调节和控制整个国民经济运行的目的。

如中央银行大量买进证券，商业性金融机构就可以扩大信用规模，流通中的现金量就会增加，而且证券价格会随之提高，利率水平会相应下降，这些都会起到刺激投资、扩张经济的作用；反之，当中央银行大量卖出证券时，就会对经济产生紧缩效应，可以有效地抑制投资膨胀和经济过热。

（三）分散风险

证券市场不仅为投资者和融资者提供了丰富的投融资渠道，而且还具有分散风险的功能。对于上市公司来说，通过证券市场融资可以将经营风险部分地转移和分散给投资者，公司的股东越多，单个股东承担的风险就越小。另外，企业还可以通过购买一定的证券，保持资产的流动性和提高盈利水平，减少对银行信贷资金的依赖，提高企业对宏观经济波动的抗风险能力。

对于投资者来说，可以通过买卖证券和建立证券投资组合来转移和分散资产风险。投资者往往把资产分散投资于不同的对象，证券作为流动性、收益性都相对较好的资产形式，可以有效地满足投资者的需要，而且投资者还可以选择不同性质、不同期限、不同风险和收益的证券构建证券组合，分散证券投资的风险。

第四节　证券市场的发展概述

一、证券市场形成的基础

证券的产生已有很长的历史，但证券的出现并不标志着证券市场同时产生，只有当证券的发行与转让公开通过市场的时候，证券市场才随之出现。因此，证券市场的形成必须具备一定的社会条件和经济基础。证券市场形成于自由资本主义时期，股份公司的产生和信用制度的深化，是证券市场形成的基础。

（一）证券市场是商品经济和社会化大生产发展的必然产物

随着生产力的进一步发展和商品经济的日益社会化，资本主义从自由竞争阶段过渡到垄断阶段，资本家依靠原有的银行借贷资本已不能满足巨额资金增长的需要。为满足社会化大生产对资本扩张的需求，客观上需要一种新的筹集资金的手段，以适应经济进一步发展的需要。在这种情况下，证券与证券市场就应运而生了。

（二）股份公司的建立为证券市场的形成提供了必要的条件

随着生产力的进一步发展，生产规模的日益扩大，传统的独资经营方式和封建家族企业已经不能满足资本扩张的需要。于是产生了合伙经营的组织，随后又由单纯的合伙经营组织演变成股份制企业——股份公司。股份公司通过发行股票、债券向社会公众募集资金，实现资本的集中，满足扩大再生产对资金急剧增长的需要。因此，股份公司的建立和公司股票、债券的发行，为证券市场的产生和发展提供了坚实的基础。

（三）信用制度的发展促进了证券市场的形成和发展

由于近代信用制度的发展，使得信用机构由单一的中介信用发展为直接信用，即直接对企业进行投资。于是，金融资本逐步渗透到证券市场，成为证券市场的重要支柱。信用工具一般都具有流通变现的要求，股票、债券等有价证券具有较强的变现性，证券市场恰好为有价证券的流通和转让创造了条件。由此可见，信用制度越发展，就越有可能动员更多的社会公众的货币收入转化为货币资本，投入到证券市场中去。证券业的崛起也为近代信用制度的发展开辟了广阔的前景。

二、西方国家证券市场

在西方国家，证券市场经历了形成、发展和完善三个阶段。

（一）证券市场的形成阶段（17世纪初至18世纪末）

回顾资本主义经济社会发展的历史，证券市场的最初萌芽可以追溯到16世纪初资本主义原始积累时期的西欧。当时法国的里昂、比利时的安特卫普已经有了证券交易活动，最早进入证券市场交易的是国家债券。17世纪初，随着资本主义经济的发展，出现了所有权与经营权相分离的生产经营方式，即股份公司形成和发展起来。股份公司的形成使股票、债券开始发行，从而使股票、公司债券等进入了有价证券交易的行列。1602年，在荷兰的阿姆斯特丹成立了世界上第一家股票交易所。1773年，英国的第一家证券交易所在"乔纳森咖啡馆"成立，1802年获得英国政府的正式批准。这家证券交易所即为伦敦证券交易所的前身。该交易所的交易品种最初是政府债券，此后公司债券和矿山、运河股票进入交易所交易。1790年，美国第一家证券交易所——费城证券交易所宣布成立，从事政府债券等有价证券的交易活动。1792年5月17日，24名经纪人在华尔街的一棵梧桐树下聚会，商订了一项名为"梧桐树协定"的协议，约定每日在梧桐树下聚会，从事证券交易，并制定了交易佣金的最低标准及其他交易条款。1817年，这些经纪人共同组成了"纽约证券交易会"，1863年改名为"纽约证券交易所"，这便是著名的纽约证券交易所的前身。在18世纪资本主义产业革命的影响下，包括铁路、运输、矿山、银行等行业中股份公司成为普遍的企业组织形式，其股票以及各类债券都在证券市场上流通，这一切，标志着证券市场已基本形成。

这一时期证券市场的特点是：信用工具很单一，主要是股票、债券两种形式；证券市场规模小，主要采用手工操作；证券市场行情变动较大，投机、欺诈、操纵行为十分普遍；证券市场立法很不完善，证券市场也较为分散。

（二）证券市场的发展阶段（19世纪初至20世纪20年代）

从18世纪70年代开始的工业革命，到19世纪中叶已在各主要的资本主义国家相继完成，工业革命推动了机器制造业的迅速发展，并使股份公司在机器制造业中普遍建立起来。如英国的产业革命在19世纪30年代末40年代初完成。机器大工业取代了传统的工场手工业，机器制造业在工业体系中逐渐取得了优势地位。从19世纪70年代到80年代，股份公司有了极大的发展。1862年英国有165家股份公司，80年代中期，登记的股份公司达1.5万多家，发生在英国的这一过程，无一例外地发生于一切资本主义国家。美国、法国、德国等欧美资本主义国家在产业革命后，股份公司迅速成为企业的主要组织形式。股份公司的建立和发展，使有价证券发行量不断扩大。据统计，世界有价证券发行额1871～1880年为761亿法朗，1881～1890年为645亿法朗，1891～1990年为1004亿法朗，1911～1920年为3000亿法朗，1921～1930年为6000亿法朗。与此同时，有价证券的结构也发生了变化，在有价证券中占有主要地位的已不是政府公债，而是公司股票和企业债券。据统计，1900～1913年发行的有价证券中，政府公债占有价证券发行总额的40%，公司债券和各类股票则占60%。

综观这一时期的证券市场，其主要特点是：

（1）股份公司逐渐成为经济社会中的主要企业组织形式；

（2）有价证券发行量不断扩大，已初具规模；

（3）一些国家开始加强证券管理，引导证券市场规范化运行，如英国在1862年颁布了股份公司条例，德国1892年通过的有限责任公司法，法国1867年的公司法，1894年日本制定的证券交易法等；

（4）证券交易市场得到了发展，如日本东京证券交易市场形成于1878年，苏黎世证券交易所创建于1877年，1891年香港成立了股票经纪协会，1914年更名为香港证券交易所，等等。

（三）证券市场的完善阶段（20世纪30年代以来）

1929~1933年的经济危机是资本主义世界最严重深刻和破坏性最大的一次经济危机。这次危机严重地影响了证券市场，当时世界主要证券市场股价一泻千里，市场崩溃，投资者损失惨重。到1932年7月8日，道琼斯工业股票价格平均数只有41点，仅为1929年最高水平的11%。大危机使各国政府清醒地认识到必须加强对证券市场的管理，于是世界各国政府纷纷制定证券市场法规和设立管理机构，使证券交易市场趋向法制化。如美国1933~1940年期间先后制定了证券交易法、证券法、信托条款法、投资顾问法、投资银行法等。其他国家也都通过加强立法对证券市场的证券发行和证券交易实行全面控制和管理。第二次世界大战结束后，随着资本主义各国经济的恢复和发展以及各国经济的增长，证券市场也迅速恢复和发展。70年代以后，证券市场出现了高度繁荣的局面，证券市场的规模不断扩大，证券交易也日益活跃。这一时期证券市场的运行机制发生了深刻的变化，出现了一些明显的新特点。

1.金融证券化

证券在整个金融市场上所占的比例急剧上升，地位越来越突出。尤其在美国，随着新的金融工具纷纷出现，证券投资活动广泛而卓有成效地进行；在日本，60年代企业的资金主要依靠银行贷款，证券筹资占筹资总额的比重不到20%，而到1978年，发行证券筹资所占比例已上升到44%。同时，居民储蓄结构也出现了证券化倾向，由于保持和增加收益的需要，人们将储蓄从银行存款转向证券投资。

2.证券市场多样化

这主要表现为:各种有价证券的发行种类、数量及其范围不断扩大;交易方式日趋多样化,除了证券现货交易外,还出现了期货交易、期权交易、股票价格指数期货交易、信用交易等多种交易方式。

3.证券投资法人化

第二次世界大战后,证券投资有所变化。除了社会公众个人认购证券外,法人进行证券投资的比重日益上升。尤其是20世纪70年代后随着养老基金、保险基金、投资基金的大规模入市,证券投资者法人化、机构化速度进一步加快,法人投资者从过去主要是金融机构扩大到各个行业。据估计,法人投资占世界各国证券市场的50%左右。

4.证券市场法制化

第二次世界大战后,西方国家更加重视证券市场的法制化管理,不断制定和修订证券法律、法规,不断推进证券市场的规范化运行。同时,还通过各种技术监督和管理活动,严格证券市场法规的执行,证券市场行情趋于稳定,证券市场的投机、操纵、欺诈行为逐渐减少。

5.证券市场网络化

计算机系统从20世纪50年代下半期开始应用于证券市场。1970年初,伦敦证券交易所采用市场价格显示装置。1972年2月,美国建成"全国证券商协会自动报价系统"。1978年,纽约证券交易所创设"市场间交易系统",利用电子通信网络,把波士顿、纽约、费城、辛辛那提等交易所连接沟通,使各交易所每种股票的价格和成交量在荧屏上显示,经纪人和投资者可在任何一个证券市场上直接进行证券买卖。至今,世界上各主要证券市场基本上已实现了电脑化,从而大大提高了证券市场的运行效率。在以计算机为基础的网络技术的推动下,证券市场的网络化迅速发展,这主要体现为网上交易方式的突飞猛进。

与传统交易方式相比,网上交易的优势:

(1)突彼了时空限制,投资者可以随时随地交易;

(2)直观方便,网上不但可以浏览实时交易行情和查阅历史资料(公告、年报、经营信息等),而且还可以进行在线咨询;

（3）成本低，无论是证券公司还是投资者，其成本都可以大大降低。毫无疑问，证券市场的网络化将是证券市场最基本的发展趋势之一。

6.证券市场国际化

现代证券交易越来越趋向于全球性交易。电脑系统装置被运用于证券业务中，世界上主要证券市场的经纪人可以通过设在本国的电子计算机系统与国外的业务机构进行昼夜不断的24小时业务活动联系，世界上各主要的证券交易所都成为国际性证券交易所，它们不仅在本国大量上市外国公司的证券，而且在国外设立分支机构，从事国际性的股票委托交易。

7.金融创新不断深化

在第二次世界大战之前，证券品种一般仅有股票、公司债券和政府公债券，而在"二战"后，西方发达国家的证券融资技术日新月异，证券品种不断创新。浮动利率债券、可转换债券、认股权证、分期债券、复合证券等新的证券品种陆续涌现，特别是在20世纪的后20年，金融创新获得了极大的发展，金融期货与期权交易等衍生品种的迅速发展使证券市场进入了一个全新的阶段。

融资技术和证券种类的创新，增强了证券市场的活力和对投资者的吸引力，加速了证券市场的发展。证券品种和证券交易方式的创新是证券市场生命力的源泉。实际上，从20世纪70年代开始，金融创新就形成了加速发展的态势，并成为金融企业在激烈的竞争中求得生存和发展的关键因素。在世界经济一体化的推动下，随着证券市场物质技术基础的更新和投资需求多元化的进一步发展，21世纪会形成新的证券创新浪潮。

三、我国证券市场形成和发展

我国的证券市场有着很久的发展历史，但是我国证券市场有着独特的特点，即旧中国的证券市场与新中国的证券市场之间没有直接的继承和延续关系，其市场发展情况也有着很大差异。因此，研究我国的证券市场必须对旧中国和新中国的情况分别予以论述。

（一）旧中国的证券市场

旧中国的证券市场有着悠久的历史，其间几经波折，几起几落，大致可分为以下几个阶段。

1. 萌芽阶段（唐代至清代）

我国在没有证券市场和现代银行业以前，有钱庄和票号，这是封建时代证券和证券市场的萌芽形式。

据史料记载，早在一千多年前的唐代，就出现了兼营银、钱业的邸店、质库等；到了宋代，已有了专营银、钱、钞行交易的钱馆、钱铺。明代中叶以后，由于政治上相对安定，商品生产有了较快的发展，特别是江浙一带，出现市镇勃兴、商业繁荣、金融业兴盛的景象，产生了证券市场的早期形态——钱业市场，其操作制度严格，业务内容繁多。从清代开始，随着帝国主义的入侵，大量银元从国外涌进，各地开始使用银元、银两、制钱和铜元等多种货币，于是以银元、银两兑换制钱、铜元成为当时钱庄的主要业务之一。后来，由于各种外国纸币的侵入，市场流通货币进一步增加，货币兑换和买卖业务更加繁忙。这种原始的证券活动开始没有固定的场所，后来随着交易额的扩大，交易场所逐渐固定，形成有形的交易市场。到清代中叶，这种钱业市场在江浙两省各地普遍发展起来。其中上海、杭州、宁波和苏州等地发展很快，逐渐成为全国早期钱业市场的中心。这些市场同当地民族工商业有着极为密切的关系，生命力很强，它们不仅是我国证券市场的最初形态，而且是旧中国金融市场的重要组成部分。

2. 形成阶段（清末至1920年）

旧中国证券市场的形成，同世界上许多国家一样，是以股份企业的成立和政府发行公债为基础的。

鸦片战争以后，中国迅速沦为半殖民地半封建社会。列强与中国签订了一系列不平等条约，取得了许多特权。在这些特权的保护下，外国列强不仅向中国输出商品，而且逐渐增加了对中国的殖民地投资，外商在中国开辟商埠，建立了大量的企业，这些企业大多采用股份公司的形式，并把外国股份集资的方法带入中国，大量发行股票。同时，来华投资的外国人，为了筹集现代大工业所需的巨额资本，迫切要求华商的"合作"，于是，在外商企业中的华商附股活动成为一个显著的现象，从轮船、保险、银行以及纺纱、煤气、电灯等各个行业都离不开中国人的附股。据统计，19世纪华商附股的外国企业资本累计在4000万银两以上。19世纪70年代以后，清政府洋务派兴办了一些官办、官商合办的民用工业。例如，1872年李鸿章、盛宣怀筹办轮船招商总局，后来的中兴煤矿公司、汉冶萍煤铁厂矿公司、大生纱厂等，都采用了募股集资的方法。随着这些股份制企业的出现，在中国出现了股票这种新的投资工具。我国最早发行的债券始于1894年，为了应付甲午战争费用，清政府发行了"息债商款"债券，此后，政府公债大量发行。北洋军阀统治时期，袁世凯为巩固权势，加以连年混战、军阀割据，耗资巨大，政府又多次发行了公债。据统计，在北洋政府统治的16年内，发行各种公债达5.2亿元。随着股票、债券发行的增加，证券交易市场也逐渐发展起来。1869年上海已有买卖外国公司股票的外国商号，当时称为"捐客总会"。1891年外商在上海成立了上海股份公所，1905年，该公所定名为"上海众业公所"，这是外商经营的，也是旧中国最早的一家证券交易所。该交易所的主要交易对象是外国企业股票、公司债券、外国在上海的行政机构发行的债券、中国政府的金币公债以及南洋一带的橡皮股票等。中国自己的证券交易始于辛亥革命前后。1895年至1913年是中国资本主义初步发展时期，民族工商业肇兴，股票发行增多，流通渐广。1913年，上海一些钱商、茶商等兼营证券买卖的大商号成立了"上海股票商业公会"。1914年，北洋政府颁布《证券交易所法》，证券交易开始走上正轨。1918年，经北洋政府批准，成立了"北平证券交易所"，这是全国第一家由中国人创办的证券交易所。1920年，经北洋政府批准，"上海股票商业公会"正式改组为"上海华商证券交易所"；1921年，北洋政府又批准成立了"天津证券物品交易所"。这些证券交易所成立后，业务兴隆，盈利丰厚，使投资于证券交易所者蜂拥而至，在1921年的半年多时间内，仅上海市证券交易所就增加到140～150家。但是，由于这些交易所经营的对象除少数国内债券外，多数经营本交易所的股票，而且又是套用银钱业的临时拆借放款，以期货买卖为主，大量进行股票买空卖空。到1921年秋，由于银根紧缩，许多交易所难以维持，纷纷倒闭，从而发生了历史上有名的"信交风潮"。到了1922年，全国仅剩下十几家证券交易所，证券交易从此转入萧条和衰落。

3. "复苏"与短暂"繁荣"阶段（1937年至1949年）

抗日战争爆发后，随着国民党军队的节节败退，公债交易骤降，公债交易市场日渐萧条。而相反地，股票市场在沉寂了十几年以后，出现了"复苏"的现象。当时，由于日伪当局禁止一切公债、外股、金银、外汇和棉花、棉纱等物资的集中交易和暗中交易，于是，大量游资集中到华股上，使华股交易逐渐兴盛起来，专门经营股票交易的公司猛增，仅上海一地的股票公司、证券贸易行就由十几家猛增到1940年的70多家，天津的证券交易行最多时达到100多家，日伪当局曾查禁股票交易，但未能奏效，从而改为疏导利用。1943年9月，下令上海华商证券交易所复业，专做华股买卖，上市公司先后增至199种。自证券交易所复业后，股票投机频繁，股市动荡不安，股价剧烈波动。抗战胜利后，国民党政府对证券交易先是明令禁止，1945年8月上海华商证券交易所被停业解散，但是，黑市交易并未停止。于是，国民党政府转而筹划建立官方证券市场。1946年5月，国民党政府决定设立上海证券交易所，资本额定为10亿元，由原上海华商证券交易所股东认购6/10的股份，其余由中国、交通、农民三家银行及中央信托局、中央邮政储金汇业局认购。当年9月，该交易所正式开业，分股票、债券两个市场。1948年2月，挽津证券交易所开业，该交易所的股本为10亿元，交易一度十分兴旺，场外交易也十分活跃。1948年，国民党政府宣布实行币制改革，通令全国各交易所暂行停业，使短暂"繁荣"的股市走向衰亡。

(二) 新中国的证券市场

解放初期，通货膨胀，物价上涨，黑市猖獗，投机盛行，为了稳定市场，打击黑市，人民政府决定，在天津、北京等城市成立在人民政府管理下的证券交易所。但是，随着国家财政好转，币值开始稳定，交易量下降，不久，随着"三反"、"五反"运动的开展，证券投机活动受到控制，证券交易所业务逐渐萧条。新中国成立初期的证券市场，不仅时间短暂，更重要的是，它是旧中国的证券交易活动在新中国成立初期被消灭前的一种过渡形式。到1952年，人民政府宣布所有的证券交易所关闭停业；1958年国家停止向外借款；1959年终止了国内政府债券的发行。此后的20多年中，我国不再存在证券市场。

党的十一届三中全会以后，随着我国经济体制改革的深入和商品经济的发展，人民收入水平不断提高，社会闲散资金日益增多，而由于经济建设所需资金的不断扩大，资金不足的问题十分突出，在这种经济背景下，各方面要求建立长期资金市场，恢复和发展证券市场的呼声越来越高，我国的证券市场便在改革中应运而生。

1. 发行市场

我国证券发行市场的恢复与起步是从1981年国家发行国库券开始的。此后，债券发行连年不断，发行数额不断增加，债券种类由国家债券扩展到金融债券、企业债券、国际债券。我国的股票发行始于1984年。1984年9月，北京成立了第一家股份有限公司——天桥百货股份有限公司，并发行了股票。同年11月，由上海电声总厂发起成立的上海飞乐音响股份有限公司向社会公开发行股票。之后，上海延中实业股份有限公司也面向社会发行股票。全国其他一些城市也相继发行股票。在政府的引导下，随着股份制试点企业的增加，我国股票发行规模不断扩大，股票发行涉及境内人民币普通A股、供境内外法人和自然人购买的人民币特种股票B股，还有在境外发行的H股和N股等。

2. 交易市场

我国的证券交易市场始于1986年。1986年8月，沈阳信托投资公司第一次面向社会开办了证券交易业务，之后，沈阳市建设银行信托投资公司和工商银行沈阳证券公司也开办了这项业务。1986年9月，上海市几家专业银行的信托部门及信托投资公司开办了股票"柜台交易"，1988年4月和6月，财政部先后在全国61个大中城市进行转让市场的试点。到1990年，全国证券场外交易市场已基本形成，随场外交易市场的形成，场内交易市场也迅速发展起来。1990年11月26日，国务院授权中国人民银行批准的上海证券交易所宣告成立，并于1990年12月19日正式营业，成为我国第一家证券交易所；1991年4月11日，我国另一家由中国人民银行批准的证券交易所——深圳证券交易所也宣告成立，并于同年7月3日正式营业。两家证券交易所的成立，标志着我国证券市场由分散的场外交易进入了集中的场内交易。

1992年中国证监会的成立，标志着中国证券市场开始逐步纳入全国统一监管框架，全国性市场由此开始发展。中国证券市场在监管部门的推动下，建立了一系列的规章制度，初步形成了证券市场的法规体系。1993年国务院先后颁布了《股票发行与交易管理暂行条例》和《企业债券管理条例》，此后又陆续出台若干法规和行政规章，初步构建了最基本的证券法律法规体系。1993年以后，B股、H股发行出台，债券市场品种呈现多样化，发债规模逐年递增。与此同时，证券中介机构在种类、数量和规模上迅速扩大。1998年，国务院证券委撤销，中国证监会成为中国证券期货市场的监管部门，并在全国设立了派出机构，建立了集中统一的证券期货市场监管框架，证券市场由局部地区试点试验转向全国性市场发展阶段。1999年至2004年是证券市场依法治市和规范发展的过渡阶段。1999年7月《证券法》实施，以法律形式确认了证券市场的地位，奠定了我国证券市场基本的法律框架，使我国证券市场的法制建设进入了一个新的历史阶段。2001年，证券业协会设立代办股份转让系统。这一阶段，证券监管机构制定了包括《证券投资基金法》（2003年）在内的一系列法规和政策措施，推进上市公司治理结构改善，大力培育机构投资者，不断改革完善股票发行和交易制度，促进了证券市场的规范发展和对外开放。2004年至2008年是改革深化发展和规范发展阶段，以券商综合治理和股权分置改革为代表事件。为了贯彻落实国务院相关政策，2004年8月，中国证监会在证券监管系统内全面部署和启动了综合治理工作，包括证券公司综合治理、上市公司股权分置改革、发展机构投资者在内的一系列重大变革由此展开。2004年2月，国务院发布《关于推进资本市场改革开放和稳定发展的若干意见》，明确了证券市场的发展目标、任务和工作要求，是资本市场定位发展的纲领性文件。2004年5月起，深交所在主板市场内设立中小企业板块，是证券市场制度创新的一大举措。

2005年4月，经国务院批准，中国证监会发布了《关于上市公司股权分置改革试点有关问题的通知》，启动股权分置改革试点工作。股权分置改革后A股进入全流通时代，大小股东利益趋于一致。2006年1月，修订后的《证券法》《公司法》正式施行。同月，中关村高科技园区非上市股份制企业开始进入代办转让系统挂牌交易。2006年9月，中国金融期货交易所批准成立，有力地推进了中国金融衍生产品的发展，完善了中国资本市场体系结构。2007年7月，中国证监会下发了《证券公司分类监管工作指引（试行）》和相关通知，这是对证券公司风险监管的新举措。

2009年10月，创业板的推出标志着多层次资本市场体系框架基本建成。进入2010年，证券市场制度创新取得新的突破，2010年3月融资融券、4月股指期货的推出为资本市场提供了双向交易机制，这是中国证券市场金融创新的又一重大举措。2012年8月、2013年2月转融资、转融券业务陆续推出，有效地扩大了融资融券发展所需的资金和证券来源。2013年11月，十八届三中全会召开，全会提出对金融领域的改革，将为证券市场带来新的发展机遇。11月30日，中国证监会发布《关于进一步推进新股发行体制改革的意见》，新一轮新股发行制度改革正式启动。2013年12月，新三板准入条件进一步放开，新三板市场正式扩容至全国。随着多层次资本市场体系的建立和完善，新股发行体制改革的深化，新三板、股指期权等制度创新和产品创新的推进，中国证券市场逐步走向成熟，证券市场为中国经济提供投融资服务等功能将日益凸显。

经过20多年的发展，不论是从上市公司的数量，还是从融资金额、投资者数量等方面，中国资本市场均已具备了相当的规模，其在融资、优化资源配置等方面为中国经济的发展发挥越来越重要的作用。自1990年证券市场形成，截至2013年末，中国沪深两市共有上市公司（A、B股）2489家，总市值达到23.91万亿元，流通市值19.96万亿元。证券市场投资者规模日益壮大，其结构也在不断优化。截至2013年末，沪、深股票投资者开户数达1.75亿户，基金投资账户0.465亿户。证券中介机构和机构投资者数量不断增加，截至2013年末，中国共有证券公司115家，证券投资基金管理公司89家。中国证券市场在优化资源配置、促进企业转制、改善融资结构、加速经济发展等方面发挥着重要作用。

第十五章 货币需求与货币供给

第一节 货币需求

一、货币需求的概念

货币需求量（Monetary Demand）指经济主体（如居民、企业和单位等）在特定利率下能够并愿意以货币形式持有的数量。经济学意义上的需求指的是有效需求，不单纯是一种心理上的欲望，而是一种能力和愿望的统一体。货币需求作为一种经济需求，理当是由货币需求能力和货币需求愿望共同决定的有效需求，这是一种客观需求。而货币需求是指整个利率——货币需求量组合或向下倾斜的需求曲线，货币需求量反映某利率下的需求量，而货币需求则是弹性变化的。

所谓货币需求，在凯恩斯看来，是指人们放弃流动性很差的金融资产而持有不生息货币的需要。货币需求是一种派生需求，派生于人们对商品的需求。货币是固定充当一般等价物的特定商品，具有流通手段、支付手段和贮藏手段等职能，能够满足商品生产和交换的需求，以及以货币形式持有财富的需求等。居民、企业和单位持有的货币是执行流通手段和贮藏手段的。如居民用货币购买商品或者支付服务费用，购买股票和债券，偿还债务，以及以货币形式保存财富等；企业以货币支付生产费用，支付股票、债券的息金，以货币形式持有资本等。人们对货币有需求的原因是货币是最具方便性、灵活性、流动性的资产。人们对货币的偏好叫作货币的流动性偏好，持有货币能满足人们对货币的流动性偏好。

二、货币需求的分类

(一) 主观货币需求与客观货币需求

主观货币需求是指经济主体在主观上希望拥有多少货币，是一种对货币占有的欲望。这里的经济主体可以是个人，也可以是企业、政府等，其为了自身的发展而占有一定货币。货币作为一般等价物具有与一切商品交换的能力，主观货币需求在数量上是无限的，这种需求因不同的人而不同，因此说主观货币需求是一种无效的货币需求。某人梦想有1亿元人民币的资产，但是他真的有吗?没有，这只是一种欲望，是无效的。而客观货币需求是有支付能力的有效需求。在实际工作中，客观货币需求是研究的主要对象，但是不能忽略对主观货币需求的研究，它有助于货币当局制定和实施货币政策。

(二) 名义货币需求和实际货币需求

名义货币需求是指社会各个部门在不考虑币值变动所引起价格变动时的货币需求。即用货币单位来表示的货币数量，如元、马克、英镑等。在实际的经济运行过程中，名义货币需求是由中央银行的货币供给来决定的。而实际货币需求就是扣除价格变动因素的影响后的货币需求，是由商品流通本身所引起的货币需求。实际货币需求等于名义货币需求除以物价水平。在现实经济中，经济的发展有时会超出人们的预料，通货膨胀或通货紧缩并没有销声匿迹，因此，这里不仅要重视名义的货币需求，也要研究实际的货币需求，有时对实际货币需求的研究会更有意义。

(三) 微观货币需求和宏观货币需求

微观货币需求是从微观角度考察的货币需求，是指一个社会经济单位(家庭或个人)在既定的经济条件下所持有的货币量。研究微观货币需求，有助于进一步认识货币的职能，对短期货币需求的分析起到重要作用。宏观货币需求是从宏观角度考察的货币需求，它是以宏观经济发展目标为出发点，分析国民经济运行总体对货币的需求，即考虑一个国家在一定时期内所需的货币总量。研究宏观货币需求，有利于货币政策当局制定货币政策，为一国政府在特定时期内的经济发展做出贡献，同时能在一定程度上平衡社会的总需求与总供给。

三、货币需求的结构

按人们(包括自然人和法人)参与社会经济活动的意识特征和行为规范，货币需求主体可划分为居民个人、企事业单位和政府部门三大集团。

（一）居民个人的货币需求结构

由三部分组成：消费需求、储备需求和投资需求。居民在日常生活中，需要在手中保留一部分货币，作为购买日用消费品、支付劳务服务费用等所用，这就构成了居民个人的消费需求，居民对货币的消费需求随收入水平的提高而上升。居民积币为购买高档耐用消费品，为防备未来难以预知的急需开支等，构成了居民个人的货币储备需求，这种需求取决于收入水平和利率的高低，居民货币收入的节余部分，一般都投资银行定期储蓄存款或有价证券，从而构成了居民个人的货币投资需求，这种需求取决于收入水平的高低和投资收益率的高低。

（二）企事业单位的货币需求结构

由两部分构成：交易需求和投资需求。生产企业补偿生产资料和劳动消耗，商业及服务行业为支付营业费用，文教、科研，卫生等单位为维持正常业务活动，都必须保留一部分货币，从而形成了企事业单位的货币交易需求。企业获取的利润和事业单位的预算外收入，无论是用于扩大自身经营规模，还是购买其他企业或国家的有价证券，均属于投资行为。为实现其投资所需保留的货币，即为企事业单位的货币投资需求。

（三）政府部门的货币需求结构

由三部分构成：交易需求、储备需求和投资需求，政府机关为维持正常的行政管理事务而形成政府部门的货币交易需求，该需求取决于政府收入的高低。政府部门为准备应付如自然灾害等突发性事故，需要储备一部分货币，形成政府部门的货币储备需求，该需求取决于国民收入水平和政府的政策。政府投资是指新建国有企业，扩建国有企业或兴建铁路、公路、桥梁等公共事业的行为，其所需使用的货币，即为政府部门的货币投资需求，该需求取决于政府经济政策。

四、货币需求的影响因素

由于不同国家在经济制度、金融发展水平、文化和社会背景以及所处经济发展阶段的不同，影响货币需求的因素也会有所差别。现阶段影响我国货币需求的因素主要有以下方面。

（一）收入

在市场经济中，各微观经济主体的收入最初都是以货币形式获得的，其支出也都要以货币支付。一般来说，收入提高，说明社会财富增多，支出也会相应扩大，因而需要更多的货币量来满足商品交易。所以，收入与货币需求呈同方向变动关系。近年来，随着人们收入水平的不断上升，以及经济货币程度的提高，货币在经济生活中的作用领域不断扩大，使得我国的货币需求不断增加。

（二）价格

从本质上看，货币需求是在一定价格水平上人们从事经济活动所需要的货币量。在商品和劳务量既定的条件下，价格越高，用于商品和劳务交易的货币需求也必然增多。因此，价格和货币需求，尤其是交易性货币需求之间，是同方向变动关系。在现实生活中，由商品价值或供求关系引起的正常物价变动对货币需求的影响是相对稳定的。而由通货膨胀造成的非正常物价变动对货币需求的影响则极不稳定。新中国成立后我国几次通货膨胀期间都曾不同程度地出现了提款抢购、持币待购的行为，造成了这些时期货币需求的超常增长。可见，价格因素对我国货币需求的影响是很大的。

（三）利率

由于利率的高低决定了人们持币机会成本的大小，利率越高，持币成本越大，人们就不愿持有货币而愿意购买生息资产以获得高额利息收益，因而人们的货币需求会减少；利率越低，持币成本越小，人们则愿意手持货币而减少了购买生息资产的欲望，货币需求就会增加。利率的变动与货币需求量的变动是反向的。例如，1988年全国零售物价指数上升18.5%，而当时一年定期的储蓄利率则仅为年率7.2%，实际利率为负的状况导致了人们大量挤提存款、抢购商品，货币需求急剧上升。当政府很快采取物价指数保值的储蓄办法之后，实际利率上升挤兑抢购的状况很快得到扭转，储蓄余额又开始上升，货币需求回落。

（四）货币流通速度

货币流通速度是指一定时期内货币的转手次数。动态地考察，一定时期的货币总需求就是货币的总流量，而货币总流量是货币平均存量与速度的乘积。在交易的商品与劳务总量不变的情况下，货币速度的加快会减少现实的货币需求量。反之，货币速度的减慢则必然增加现实的货币需求量。因此，货币流通速度与货币总需求呈反向变动关系。改革以来，我国的货币流通速度有减缓的趋势，客观上加大了货币需求量。

（五）金融资产选择

各种金融资产与货币需求之间有替代性。所以各金融资产的收益率、安全性、流动性，以及公众的资产多样化选择，对货币需求量的增减都有作用。

（六）其他因素

如体制变化、对利润与价格的预期变化、财政收支引起的政府货币需求的变化、信用发展状况、金融服务技术与水平，甚至民族特性、生活习惯等都影响我国的货币需求。

五、货币需求理论

（一）交易方程式（费雪方程）

$MV=PQ$

式中：P的值取决于M、V、Q三个变量的相互作用，M是由模型以外的因素决定的；V由于制定因素在短期不变，可视为常数；Q对产出水平常常保持固定的比例，也大体上不变。因此，P值特别取决于M数量的变化。

它认为，流通中的货币数量对物价具有决定性作用，而全社会一定时期一定物价水平下的总交易量与所需要的名义货币量之间也存在着一个比例关系$1/V$。

（二）剑桥方程式

$Md=KPY$

式中：Y是总收入；P是价格水平；K是以货币形式持有的财富占名义总收入的比例；Md是名义货币需求。

这一理论认为货币需求是一种资产选择行为，它与人们的财富或名义收入之间保持一定的比率，并假设整个经济中的货币供求会自动趋于均衡。

（三）凯恩斯的货币需求理论

凯恩斯对货币需求的研究是从对经济主体的需求动机的研究出发的。凯恩斯认为，人们对货币的需求出于三种动机。

（1）交易动机：为从事日常的交易支付，人们必须持有货币。

（2）预防动机：又称谨慎动机，持有货币以应付一些未曾预料的紧急支付。

（3）投机动机：由于未来利息率的不确定，人们为避免资本损失或增加资本收益，及时调整资产结构而持有货币。

在货币需求的三种动机中，由交易动机和谨慎动机而产生的货币需求均与商品和劳务交易有关，故而称为交易性货币需求（L_1）。而由投机动机而产生的货币需求主要用于金融市场的投机，故称为投机性货币需求（L_2）。而货币总需求（L）等于货币的交易需求（L_1）与投机需求（L_2）之和。对于交易性需求，凯恩斯认为它与待交易的商品和劳务有关，若用国民收入（Y）表示这个量，则货币的交易性需求是国民收入的函数，表示为$L_1 = L_1(Y)$。而且，收入越多，交易性需求越多，因此，该函数是收入的递增函数。对于投机性需求，凯恩斯认为它主要与货币市场的利率（i）有关，而且利率越低，投机性货币需求越多，因此，投机性货币需求是利率的递减函数，表示为$L_2 = L_2(i)$。但是，当利率降至一定低点之后，货币需求就会变得无限大，即进入了凯恩斯所谓的"流动性陷阱"。这样，货币需求函数就可写成：

L＝L_1（Y）＋L_2（i）＝L（Y，i）

也就是说，货币的总需求是由收入和利率两个因素决定的。

（四）弗里德曼的货币需求理论

将货币视同各种资产中的一种，通过对影响货币需求七种因素的分析，提出了货币需求函数公式。货币学派强调货币需求与恒久收入和各种非货币性资产的预期回报率等因素之间存在函数关系，货币需求函数具有稳定性的特点。

$$Md / p = f(Y, W, Rm, Rb, Re, gP, u)$$

他认为：Y是实际恒久性收入；W代表非人力财富占个人财富的比率；Rm为货币预期收益率；Rb为固定收益的证券的利率；Re为非固定收益的证券利率；gP预期物价变动率；u为其他的变量函数。

他强调恒久性收入的波动幅度比现期收入小得多，且货币流通速度也相对稳定，所以货币需求也比较稳定。

（五）马克思的货币需求理论

马克思的货币需求理论集中反映在其货币必要量公式中。马克思的货币必要量公式是在总结前人对流通中货币数量广泛研究的基础上，对货币需求理论的简要概括。

马克思的货币必要量公式：M=PQ/V

马克思认为：商品价格取决于商品的价值和黄金的价值，而价值取决于生产过程，所以，商品是带着价格进入流通的；商品价格有多大就需要多少金币来实现它；商品与货币交换后，商品退出流通，黄金却留在流通中，可使其他的商品得以出售，因此，货币流通速度可以当量。由此：

执行流通手段的货币必要量＝商品价格总额×货币流通数量

公式表明：货币的需要量与货币流通速度成反比；与商品数量和商品的价格水平成正比。

第二节　货币供给

货币供给（Money Supply）是指某一国或货币区的银行系统向经济体中投入、创造、扩张（或收缩）货币的金融过程。货币供给指一个国家在某一特定时点上由家庭和厂商持有的政府和银行系统以外的货币总和。

一、货币供给的内容

货币供给的主要内容包括：货币层次的划分；货币创造过程；货币供给的决定因素等。在现代市场经济中，货币流通的范围和形式不断扩大，现金和活期存款普遍认为是货币，定期存款和某些可以随时转化为现金的信用工具（如公债、人寿保险单、信用卡）也被广泛认为具有货币性质。

我国现行对货币层次的划分是：

M_0＝流通中现金

狭义货币（M_1）=M_0＋可开支票进行支付的单位活期存款

广义货币（M_2）=M_1＋居民储蓄存款＋单位定期存款＋单位其他存款＋证券公司客户保证金

另外，还有M_3=M_2+金融债券+商业票据+大额可转让定期存单等。

其中，M_2减M_1是准货币（Quasi-money），M_3是根据金融工具的不断创新而设置的。

M_1反映经济中的现实购买力；M_2不仅反映现实的购买力，还反映潜在的购买力。若M_1增速较快，则消费和终端市场活跃；若M_2增速较快，则投资和中间市场活跃。中央银行和各商业银行可以据此判定货币政策。M_2过高而M_1过低，表明投资过热、需求不旺，有危机风险；M_1过高M_2过低，表明需求强劲、投资不足，有涨价风险。

货币创造（供给）过程是指银行主体通过其货币经营活动而创造出货币的过程，它包括商业银行通过派生存款机制向流通供给货币的过程和中央银行通过调节基础货币量而影响货币供给的过程。

决定货币供给的因素包括中央银行增加货币发行，中央银行调节商业银行的可运用资金量，商业银行派生资金能力以及经济发展状况，企业和居民的货币需求状况等因素。货币供给还可划分为以货币单位来表示的名义货币供给和以流通中货币所能购买的商品和服务表示的实际货币供给两种形式。

在典型的、发达的市场经济条件下，货币供给的控制机制是由对两个环节的调控所构成：对基础货币的调控和对乘数的调控。如果说货币当局对于基础货币还有一定的直接调控可能，至于对乘数的调控则没有可能直接操纵。

二、货币供给的过程

（一）中央银行供给基础货币的途径

（1）变动其储备资产，在外汇市场买卖外汇或贵金属；

（2）变动对政府的债权，进行公开市场操作，买卖政府债券；

（3）变动对商业银行的债权，对商业银行办理再贴现业务或发放再贷款。

（二）商业银行创造存款记账货币

由于货币供应量包括通货与存款货币，货币供给的过程也分解为通货供给和存款货币供给两个环节。

1.通货供给

通常包括三个步骤：（1）由一国货币当局下属的印制部门（隶属于中央银行或隶属于财政部）印刷和铸造通货；（2）商业银行因其业务经营活动而需要通货进行支付时，便按规定程序通知中央银行，由中央银行运出通货，并相应贷给商业银行账户；（3）商业银行通过存款兑现方式对客户进行支付，将通货注入流通，供给到非银行部门手中。

特点：（1）通货虽然由中央银行供给，但中央银行并不直接把通货送到非银行部门手中，而是以商业银行为中介，借助于存款兑现途径间接将通货送到非银行部门手中。（2）由于通货供给在程序上是经由商业银行的客户兑现存款的途径实现的，因此通货的供给数量完全取决于非银行部门的通货持有意愿。非银行部门有权随时将所持存款兑现为通货，商业银行有义务随时满足非银行部门的存款兑现需求。如果非银行部门的通货持有意愿得不到满足，商业银行就会因其不能履行保证清偿的法定义务，而被迫停业或破产。

上述通货供给是就扩张过程而言的，从收缩过程说明通货供给，程序正好相反。

2.存款货币供给

商业银行的存款负债有多种类型，其中究竟哪些属于存款货币，而应当归入货币供应量之中尚无定论。但公认活期存款属于存款货币。

在不兑现信用货币制度下，商业银行的活期存款与通货一样，充当完全的流通手段和支付手段，存款者可据以签发支票进行购买、支付和清偿债务。因此，客户在得到商业银行的贷款和投资以后，一般并不立即提现，而是把所得到的款项作为活期存款存入同自己有业务往来的商业银行之中，以便随时据以签发支票。这样，商业银行在对客户放款和投资时，就可以直接贷入客户的活期存款。所以，商业银行一旦获得相应的准备金，就可以通过账户的分录使自己的资产（放款与投资）和负债（活期存款）同时增加。从整个商业银行体系看，即使每家商业银行只能贷出它所收受的存款的一部分，全部商业银行也能把它们的贷款与投资扩大为其所收受的存款的许多倍。换言之，从整个商业银行体系看，一旦中央银行供给的基础货币被注入商业银行内，为某一商业银行收受为活期存款，在扣除相应的存款准备金之后，就会在各家商业银行之间辗转使用，从而最终被放大为多倍的活期存款。

三、货币供给问题

货币供给问题，历来受到各国中央银行和货币管理当局的高度重视，也是各国经济学家一直关注的重大课题。其原因皆在于货币供给是否适当会直接影响各国经济发展的状况，货币供给过多容易引起通货膨胀，货币供给不足又容易引起通货紧缩。无论是通货膨胀还是通货紧缩都不利于经济的可持续增长。在追求经济可持续增长和建设和谐社会的时期，讨论货币供给的适度增长问题，有更加重要的现实意义。

长期以来，人们在讨论货币供给问题时，大多关注其结果，无论是凯恩斯学派的"相机抉择"主张，还是现代货币学派的"单一法则"主张；无论是货币供给"外生论"，还是货币供给"内生论"，都非常重视控制货币供给的结果，以保持货币供给的适度性。弗里德曼、施瓦兹、卡甘、布伦纳、梅尔兹等货币供给理论的名家重点研究了影响货币供给结果的因素，他们在选择影响货币供给因素方面取得了重要的成果，这为后来的货币供供给研究提供了重要的依据和指引。乔顿发展了弗里德曼等人的研究成果，提出了著名的乔顿模型，该模型集中反映了各个主要因素对货币供给的重要影响，问世以来，一直被奉为了解和研究货币供给的主要工具。随着货币与经济的关系日益复杂，也随着对货币供给问题研究的深入，人们需要更多地了解各个因素对货币供给影响的过程。后凯恩斯学派的学者大力主张货币"内生论"，认为货币供给是经济运行的一个应变量，不是货币管理当局能够任意改变的。英国当年的《拉德克利夫报告》以及格利、肖、莫尔等人都对货币供给内生性问题进行了研究。

关于货币供给究竟是内生的还是外生的争论目前已有比较明确的看法，就一个经济体的运转起点而言，需要货币管理当局或政府投入一定的货币，发挥货币的第一推动力作用，而在现存的信用货币体制下，一旦经济运转起来，大量的内生性需求必然导致大量的内生性货币供给。这种货币供给过程，究竟如何发生和发展的，是一个值得关注和研究的重大课题，尤其是在我国经济体制发生重大变化的时期，研究这一问题不仅具有现实意义，还具有重要的理论建设意义。

第三节　货币供求与产品供求

一、马克思的供求理论

虽然马克思没有建立系统的供给和需求理论，但涉及供求理论的多方面。

（一）供求关系是商品经济的基本关系

商品经济的许多范畴都可以统一到供求关系之中。如研究商品关系的那些基本范畴：生产与消费、价值与使用价值、商品与货币等相互对立的概念。一旦把它们与市场相联系，实际表示的就是供给与需求的关系。在研究商品和价值的一般关系时不涉及市场，因而不以供求关系表示。马克思指出，在市场上，"互相对立的只是两个范畴：买者和卖者，需求和供给"。"在商品的供求关系上再现了下列关系：1.使用价值和交换价值的关系，商品和货币的关系，买者和卖者的关系；2.生产者和消费者的关系，尽管二者可以由第三者即商人来代表。"

（二）供给和需求只是一个问题的两个方面

供给和需求都由生产产生。处于对立地位的供给和需求彼此很难分清。从不同的角度说，供给就是需求，需求就是供给。属于增加供给的生产活动同时增加了对生产资料的需求，和由于增加对劳动的需求而增加对消费资料的需求；换言之，生产中的生产需求也可以说是供给。马克思在谈到供给和需求的含义时说，"要给需求和供给这两个概念下一般的定义，真正的困难在于，它们好像只是同义反复"，"并认为供给和需求都决定于生产""供给和需求是由生产本身决定的"，深刻阐述了供给和需求的辩证关系。供给与需求的这种辩证关系对于政府进行经济的"宏观调控"很有指导意义。

（三）供给和需求由生产决定

供给和需求二者虽然都由生产决定，但二者在量上没有必然的联系，二者真正的联系是"社会必要劳动时间"。"总劳动中社会用来生产这种物品的部分，也就是这种物品的生产在总生产中所占的数量。另一方面，社会要求用这种物品来满足需要的规模之间没有任何必然的联系，而只有偶然的联系。"这说明：供给和需求同由生产决定，但供给和需求不必然任何时候在量上都相等。理论上假设的供求均衡只是在不均衡的波动中才存在，存在于平均数中。由于在市场上"供给"是为了价值，提供的也是价值，而"需求"是使用价值。价值是抽象劳动，供给的商品中虽然花费了"劳动"，但产品不为社会所需要，供给成为"无效供给"。另外，从人的自然属性来说，需求具有无限性。但只有有相应货币购买力的需求才是能实现的"有效需求"。市场上只承认有效供给和有效需求。供求的这种"偶然联系"表明供给和需求都是一种社会行为，反映一种社会关系；它实质上表示的是商品经济条件下，劳动者之间存在交换劳动的关系。这种相互交换劳动的关系就是社会必要劳动时间。

（四）供求关系不决定价值，但决定价格的波动

供求关系虽然是商品经济的基本关系之一，但它对商品经济的本质关系——价值关系，却没有决定作用。它只作用于价值的表现形式——价格。价格随供求关系上下波动，但价格与供求是互动关系，供求的不平衡在"互动"作用下有自动消除不平衡的趋势。说"趋势"是指供求的不平衡的消除不是瞬间的事，有时可能波动得很强烈，完全靠自身调节会给经济运行造成损害，需要借助外力调节。但由于不平衡有自动恢复的趋势，外力调节不能违背供求自动均衡的基本原理。这个原理就是供求和价格的"互动"，达到均衡的最终调节力量均来自"价值"：价值运动是市场运动，包括供求运动的真正动力。

（五）供求关系的社会性和阶级性

供求关系的社会性是生产关系社会性质的表现。生产的方式决定了供给的方式和供给的结构，这个结构又直接规定着需求的结构。"供求还以不同的阶级和阶层的存在为前提，这些阶级和阶层在自己中间分配社会总收入。把它当作收入来消费，因此形成那种由收入形成的需求；另一方面，为了理解那种由生产者自身互相形成的供求，就需要弄清资本主义生产过程的全貌。"具体地说，需求的量取决于市场上用于购买的货币量。而这个货币量最终是由一定的分配关系决定的。一定的分配关系又取决于一定的社会性质和消费者的阶级地位。在资本主义私有制经济关系中占人口绝大多数的劳动者能用于购买消费资料的货币始终只是"劳动力价值"，表现在分配上只占社会总产品的相对较小份额。所以，这种"需求关系"表现出生产与消费的对立关系。这才是凯恩斯所谓"有效需求不足"的真正原因。

二、新古典的供求理论

新古典学派在古典经济学庸俗供求论基础上发展了供求理论。不但把供求理论发展成为"均衡价值论"，还把供求关系数量化、数学化，使之成为西方经济学"万能"的分析工具。所以有人讥讽道"你甚至于可以使鹦鹉成为一个博学的经济学者——它所必须学的就是'供给'与'需求'这两个名词"。

（一）需求理论

西方经济学把"需求"摆在首位，该理论认为，决定需求的因素主要有五个：第一，市场价格；第二，平均收入水平；第三，市场规模；第四，该商品的替代品的情

况，包括数量、品种多少和价格；第五，消费者的选择偏好。一般假定除价格外的其他因素在一定时期和地方是相对稳定不变的。所以需求被简化成商品数量与价格的函数关系，即需求量随价格的变动而变动。正常商品(非吉芬商品)的需求量与价格呈反比例变化。将一定价格下消费者愿意购买量对应的数据绘制的表叫作"需求表"。

将表上数字绘在坐标图上得到"需求曲线"。用横坐标表示需求量，纵坐标表示市场价格；由于需求量与市场价格成反比。所以"需求曲线"是一条由左上向右下倾斜(负斜率)的曲线。

需求曲线向右下方倾斜的原因是由"边际效用递减"律决定的，最先购买的一单位商品效用大。所以消费者愿意出较高的价格，以后每增加一单位，其"边际效用"是"递减"的；当数量很大时其边际效用非常小，消费者只愿意用非常低的价格购买。当个别消费者同时消费几种商品时，在可支配收入的约束下，他在几种商品中按照"边际效用递减"原理进行选择。当消费每种商品的最后一单位商品的效用相等时，消费者总效用最大。消费者的这种总效用最大化行为构成"消费者均衡"。

（二）供给理论

决定供给的因素也有好几种：第一，市场价格。第二，生产成本。生产者之所以供给商品是为了赚取利润。利润是收益与成本的差额。在价格一定时，成本越低，利润率越高，生产者愿意供给的商品量也越大；反之则越小。第三，生产要素的价格。它与生产者愿供给的商品量呈反向变化。第四，其他商品价格的变化。其他商品价格高会促使生产者转产其他，其他商品价格低会促使其他向本领域转产。此外，自然灾害、战争等突发事件往往使供给减少。

与需求类似，一般假设其他因素相对不变，只有市场价格随供给变动。正常商品价格与供给量成正比，价格越高供给量越大，价格越低供给量越少。将一定价格下生产者愿意供给的商品量列成表，称为"供给表"。

同样，将供给表上数字绘制在坐标图上可得"供给曲线"。由于供给量与市场价格呈正比，所以它是一条从左下向右上方倾斜(正斜率)的曲线。个别生产者的生产行为在可投入资本量的约束下，按"利润总量最大化"原则决定投资规模的大小。由于受限于"边际收益递减"规律，生产者选择在边际收益等于边际成本点停止。这就是所谓的"生产者均衡"。

（三）市场均衡

同时分析需求和供给情况，将需求曲线和供给曲线置于同一坐标系内，两条曲线的交点就是市场均衡点，均衡点对应的价格就是市场均衡价格。换言之，均衡价格由需求曲线和供给曲线相交共同决定。均衡价格对应的产量是均衡产量，即需求等于供给的产量。如果生产在非均衡点进行，则价格会高于或低于均衡价格。

第十六章　货币政策理论

第一节　货币政策的基本范畴

一、货币政策的定义

狭义货币政策，是指中央银行为实现既定的经济目标（稳定物价，促进经济增长，实现充分就业和平衡国际收支）运用各种工具调节货币供应量和利率，进而影响宏观经济的方针和措施的总和。广义货币政策，是指政府、中央银行和其他有关部门所有有关货币方面的规定和采取的影响金融变量的一切措施（包括金融体制改革，也就是规则的改变等）。

二、货币政策的作用

货币政策(Monetary Policy)是通过政府对国家的货币、信贷及银行体制的管理来实施的。

货币政策的性质（中央银行控制货币供应，以及货币、产出和通货膨胀三者之间联系的方式）是宏观经济学中最吸引人、最重要、最富争议的领域。一国政府拥有多种政策工具，可用来实现其宏观经济目标。其中主要包括：

（一）由政府支出和税收所组成的财政政策。

财政政策的主要用途是通过影响国民储蓄以及对工作和储蓄的激励，从而影响长期经济增长。

（二）货币政策由中央银行执行，它影响货币供给

通过中央银行调节货币供应量，影响利息率以及经济中的信贷供应程度来间接影

响总需求，以达到总需求与总供给趋于理想的均衡的一系列措施。货币政策分为扩张性的和紧缩性的两种。

扩张性的货币政策是通过提高货币供应增长速度来刺激总需求，在这种政策下，取得信贷更为容易，利息率会降低。因此，当总需求与经济的生产能力相比很低时，使用扩张性的货币政策最合适。

紧缩性的货币政策是通过削减货币供应的增长率来降低总需求水平，在这种政策下，取得信贷较为困难，利息率也随之提高。因此，在通货膨胀较严重时，采用紧缩性的货币政策较合适。

货币政策调节的对象是货币供应量，即全社会总的购买力，具体表现形式为：流通中的现金和个人、企事业单位在银行的存款。流通中的现金与消费物价水平变动密切相关，是最活跃的货币，一直是中央银行关注和调节的重要目标。

货币政策工具是指中央银行为调控货币政策中介目标而采取的政策手段。

货币政策是涉及经济全局的宏观政策，与财政政策、投资政策、分配政策和外资政策等关系十分密切，必须实施综合配套措施才能保持币值稳定。

第二节　货币政策最终目标理论

一、货币政策的最终目标

货币政策的最终目标，是指中央银行组织和调节货币流通的出发点和归宿，它反映了社会经济对货币政策的客观要求。

货币政策的最终目标一般有四个：稳定物价、充分就业、促进经济增长和平衡国际收支。

（一）稳定物价

稳定物价目标是中央银行货币政策的首要目标，而物价稳定的实质是币值的稳定。所谓币值，原指单位货币的含金量，在现代信用货币流通条件下，衡量币值稳定与否，已经不再根据单位货币的含金量；而是根据单位货币的购买力，即在一定条件下单位货币购买商品的能力。它通常以一揽子商品的物价指数，或综合物价指数来表示。目前各国政府和经济学家通常采用综合物价指数来衡量币值是否稳定。物价指数上升，表示货币贬值；物价指数下降，则表示货币升值。稳定物价是一个相对概念，就是要控制通货膨胀，使一般物价水平在短期内不发生剧烈的波动。衡量物价稳定与否，从各国的情况看，通常使用的指标有三个：一是GNP（国民生产总值）平均指数，它以构成国民生产总值的最终产品和劳务为对象，反映最终产品和劳务的价格变化情况。二是消费物价指数，它以消费者日常生活支出为对象，能较准确地反映消费物价水平的变化情况。三是批发物价指数，它以批发交易为对象，能较准确地反映大宗批发交易的物价变动情况。需要注意的是，除了通货膨胀外，还有一些属于正常范围内的因素，如季节性因素、消费者偏好的改变、经济与工业结构的改变等，也会引起物价的变化。总之，在动态的经济社会里，要将物价冻结在一个绝对的水平上是不可能的，问题在于能否把物价控制在经济增长所允许的限度内。这个限度的确定，各个国家不尽相同，主要取决于各国经济发展情况。另外，传统习惯也有很大的影响，有人认为，物价水平最好是不增不减，或者只能允许在1％的幅度内波动，这就是物价稳定；也有人认为，物价水平不增不减是不可能的，只要我们能把物价的上涨幅度控制在1％～2％就算稳定了；还有人认为，物价每年上涨幅度在3％左右就可以称之为物价稳定。

（二）充分就业

所谓充分就业目标，就是要保持一个较高的、稳定的水平。在充分就业的情况下，凡是有能力并自愿参加工作者，都能在较合理的条件下找到适当的工作。充分就业，是针对所有可利用资源的利用程度而言的。但要测定各种经济资源的利用程度是非常困难的，一般以劳动力的就业程度为基准，即以失业率指标来衡量劳动力的就业程度。所谓失业率，是指社会的失业人数与愿意就业的劳动力之比，失业率的大小，也就代表了社会的充分就业程度。失业，理论上讲，表示了生产资源的一种浪费，失业率越高，对社会经济增长越是不利，因此，各国都力图把失业率降到最低的水平，以实现其经济增长的目标。造成失业的原因主要有：

1. 总需求不足

由于社会总供给大于总需求，使经济社会的各种经济资源（包括劳动力资源）无法得到正常与充分的利用。主要表现为：（1）周期性的失业。这是在经济周期中的经济危机与萧条阶段，由于需求不足所造成的失业。（2）持续的普遍性的失业。这是真正的失业，它是由一个长期的经济周期或一系列的周期所导致的劳动力需求长期不足的失业。

2. 总需求分布不平衡

由于总需求在整个经济中分布不均衡，造成某些行业职业或地区缺乏需求。它是劳动的不流动性造成的结果。主要有：其一，摩擦性的失业。当一个国家某个地区的某一类职业的工人找不到工作，而在另一些地区却又缺乏这种类型的工人时，就产生了摩擦性失业。其二，结构性的失业。在劳动力需求条件与供给条件的长期变化中，由于劳动的不流动性，致使劳动力供给与需求的种类不相符合。在某些崛起行业中可能出现劳动力不足，而在一些生产不景气的行业中又会出现劳动力过剩。此外，采用新技术也会引起劳动力需求的改变。

3. 季节性的失业

有些行业的工作季节性很强，而各种季节性工作所需要的技术工作又不能相互替代，季节性失业可以设法减少，但无法完全避免。

4. 正常的或过渡性的失业

在动态的经济社会中，平时总有一些人要变换他们的工作，或者换一个职业，或者换一个雇主，有的可能调到其他地区工作，当某项合同到期时也会出现劳动力剩余。这些情况中，在未找到另一个工作之前，常常会有短暂的失业。

西方经济学认为，除需求不足造成的失业外，其他种种原因造成的失业是不可避免的现象。从经济效率的角度看，保持一定的失业水平是适当的，充分就业目标不意味着失业率等于零，美国多数学者认为4%的失业率即为充分就业，而一些较为保守的学者则认为应将失业率压低到2%～3%以下。

（三）经济增长

所谓经济增长就是指国民生产总值的增长必须保持合理的、较高的速度。目前各国衡量经济增长的指标一般采用人均实际国民生产总值的年增长率，即用人均名义国民生产总值年增长率剔除物价上涨率后的人均实际国民生产总值年增长率来衡量。政府一般对计划期的实际GNP增长幅度定出指标，用百分比表示，中央银行即以此作为货币政策的目标。

当然，经济的合理增长需要多种因素的配合，最重要的是要增加各种经济资源，如人力、财力、物力，并且要求各种经济资源实现最佳配置。中央银行作为国民经济中的货币主管部门，直接影响其中的财力部分，对资本的供给与配置产生巨大作用。因此，中央银行以经济增长为目标，指的是中央银行在接受既定目标的前提下，通过其所能操纵的工具对资源的运用加以组合和协调。一般地说，中央银行可以用增加货币供给或降低实际利率水平的办法来促进投资增加；或者通过控制通货膨胀率，以消除其所产生的不确定性和预期效应对投资的影响。

虽然目前世界上大多数国家的中央银行普遍将经济增长列为货币政策目标之一，但由于它在各国货币政策目标中所处的地位不同，其重要程度不尽相同，就一国而言，在各个历史时期也并不一样。从美国来看，高度重视经济增长是在20世纪30～50年代，因为当时美国面临第二次世界大战之后的生产严重下降，以及随后出现的50年代初的经济衰退。而自70年代以来，尤其是1981年里根担任总统之后，货币政策目标则以反通货膨胀为重点。日本在第二次世界大战后也同样提出了发展经济的目标，但那是基于战后的生产极度衰退而言，实际上，在经济增长与稳定物价这两个目标的重点选择上，日本始终以稳定物价为主。联邦德国由于吸取两次世界大战之后爆发恶性通货膨胀的惨痛教训，因而虽把经济增长也列入政策目标之一，但在实际执行中宁愿以牺牲经济增长来换取马克的稳定。不过也有例外，如韩国的货币政策目标曾一度是以经济增长为主，稳定物价被置于次要位置。

（四）平衡国际收支

根据国际货币基金组织的定义，国际收支是某一时期一国对外经济往来的统计表，它表明：

（1）某一经济体同世界其他地方之间在商品、劳务和收入方面的交易；

（2）该经济体的货币性黄金，特别提款权以及对世界其他地方的债权、债务的所有权等的变化；

（3）从会计意义上讲，为平衡不能相互抵销的上述交易和变化的任何账目所需的无偿转让和对应的项目。

就国际收支平衡表上经济交易的性质而言,主要可分为两种:一种是自主性交易,或叫事前交易,它是出于经济上的目的、政治上的考虑以及道义上的动机而自动进行的经济交易,如贸易、援助、赠予、汇兑等。另一种是调节性交易,或叫事后交易,它是为弥补自主性交易的差额而进行的,如获得国际金融机构的短期资金融通、动用本国黄金储备、外汇储备以弥补差额等。若一国国际收支中的自主性交易收支自动相等,说明该国国际收支平衡;若自主性交易收入大于支出,称之为顺差;若自主性交易支出大于收入,则称之为逆差。

判断一国的国际收支平衡与否,就是看自主性交易平衡与否,是否需要调节性交易来弥补。如果不需要调节性交易来弥补,则称之为国际收支平衡;反之,则称之为国际收支失衡。

所谓平衡国际收支目标,简言之,就是采取各种措施纠正国际收支差额,使其趋于平衡。因为一国国际收支出现失衡,无论是顺差还是逆差,都会对本国经济造成不利影响,长时期的巨额逆差会使本国外汇储备急剧下降,并承受沉重的债务和利息负担;而长时期的巨额顺差,又会造成本国资源使用上的浪费,使一部分外汇闲置,特别是如果因大量购进外汇而增发本国货币,则可能引起或加剧国内通货膨胀。当然,相比之下,逆差的危害更甚,因此各国调节国际收支失衡一般着力于减少以致消除逆差。

从各国平衡国际收支目标的建立来看,一般都与该国国际收支出现问题有关。美国开始并未将平衡国际收支列入政策目标,直到60年代初,美国国际收支出现长期逆差。从1969~1971年的三年期间,国际收支逆差累计达到400亿美元,黄金储备大量流失,这时平衡国际收支才成为货币政策的第四个目标。日本的情况与美国类似。50年代以后,日本对外贸易和国际收支经常出现逆差,严重影响国内经济的发展,因此才将平衡国际收支列为政策目标。1965年以前,日本银行在国际收支方面主要解决逆差问题,此后日本国际收支呈现出完全顺差的趋势。当时日本因致力于国内物价稳定而忽视了对顺差的关注,结果导致顺差的进一步扩大,并由此引发了1971年12月的日元升值,之后,日本银行转而解决国际收支顺差长期化问题。英国的情况有所不同,因其国内资源比较缺乏,对外经济在整个国民经济中占有较大的比重,所以国际收支状况对国内经济发展影响很大,特别是国际收支失衡会使国内经济和货币流通产生较大的波动，因此战后英国一直把国际收支平衡列为货币政策的重要目标。

二、货币政策最终目标间的关系

货币政策的最终目标一般有四个，但要同时实现，则是非常困难的事。在具体实施中，以某项货币政策工具来实现某一货币政策目标，经常会干扰其他货币政策目标的实现，因此，除了研究货币政策目标的一致性之外，还必须研究货币政策目标之间的矛盾性及缓解其矛盾的措施。

（一）稳定物价与充分就业

事实证明，稳定物价与充分就业这两个目标之间经常发生冲突。若要降低失业率，增加就业人数，就必须增加货币工资。若货币工资增加过少，对充分就业目标就无明显促进作用；若货币工资增加过多，致使其上涨率超过劳动生产率的增长，这种成本推进型通货膨胀，必然造成物价与就业两项目标的冲突。如西方国家在70年代以前推行的扩张政策，不仅无助于实现充分就业和刺激经济增长，反而造成"滞胀"局面。

物价稳定与充分就业之间的矛盾关系可用菲利普斯曲线来说明。

1958年，英国经济学家菲利普斯（A.W.phillips）根据英国1861～1957年失业率和货币工资变动率的经验统计资料，勾画出一条用于表示失业率和货币工资变动率之间交替关系的曲线。这条曲线表明，当失业率较低时，货币工资增长率较高；反之，当失业率较高时，货币工资增长率较低。由于货币工资增长与通货膨胀之间的联系，这条曲线又被西方经济学家用来表示失业率与通货膨胀率此消彼长、相互交替的关系。

这条曲线表明，失业率与物价变动率之间存在一种非此即彼的相互替换关系。也就是说，多一点失业，物价上涨率就低；相反地，少一点失业，物价上涨率就高。因此，失业率和物价上涨率之间只可能有以下几种选择：

（1）失业率较高的物价稳定；

（2）通货膨胀率较高的充分就业；

（3）在物价上涨率和失业率的两极之间实行组合，即所谓的相机抉择，根据具体的社会经济条件作出正确的组合。

（二）稳定物价与经济增长

稳定物价与促进经济增长之间是否存在矛盾，理论界对此看法不一，主要有以下几种观点。

1. 物价稳定才能维持经济增长

这种观点认为，只有物价稳定，才能维持经济的长期增长势头。一般而言，劳动力增加，资本形成并增加，加上技术进步等因素促进生产的发展和产量的增加，随之而来的是货币总支出的增加。由于生产率是随时间的进程而不断发展的，货币工资和实际工资也是随生产率而增加的。只要物价稳定，整个经济就能正常运转，维持其长期增长的势头。这实际上是供给决定论的古典学派经济思想在现代经济中的反映。

2. 轻微物价上涨刺激经济增长

这种观点认为，只有轻微的物价上涨，才能维持经济的长期稳定与发展。因为，通货膨胀是经济的刺激剂。这是凯恩斯学派的观点，凯恩斯学派认为，在充分就业没有达到之前增加货币供应，增加社会总需求主要是促进生产发展和经济增长，而物价上涨比较缓慢。并认定资本主义经济只能在非充分就业的均衡中运行，因此轻微的物价上涨会促进整个经济的发展。美国的凯恩斯学者也认为：价格的上涨，通常可以带来高度的就业，在轻微的通货膨胀之中，工业之轮开始得到良好的润滑油，产量接近于最高水平，私人投资活跃，就业机会增多。

3. 经济增长能使物价稳定

这种观点则认为，随着经济的增长，价格应趋于下降，或趋于稳定。因为，经济的增长主要取决于劳动生产率的提高和新生产要素的投入，在劳动生产率提高的前提下，生产的增长，一方面意味着产品的增加，另一方面则意味着单位产品生产成本的降低。所以，稳定物价目标与经济增长目标并不矛盾。这种观点实际上是马克思在100多年以前，分析金本位制度下资本主义经济的情况时所论述的。

就现代社会而言，经济的增长总是伴随物价的上涨。这在上述分析物价上涨的原因时，就予以说明，近100年的经济史也说明了这一点。有人曾做过这样的分析，即把世界上许多国家近100年中经济增长时期的物价资料进行了分析，发现除经济危机和衰退外，凡是经济正常增长时期，物价水平都呈上升趋势，特别是第二次世界大战以后，情况更是如此。没有哪一个国家在经济增长时期，物价水平不是呈上涨趋势的。就我国而言，几十年的社会主义经济建设的现实也说明了这一点。70年代资本主义经济进入滞胀阶段以后，有的国家甚至在经济衰退或停滞阶段，物价水平也呈现上涨的趋势。

从西方货币政策实践的结果来看，要使稳定物价与经济增长齐头并进并不容易。主要原因在于，政府往往较多地考虑经济发展，刻意追求经济增长的高速度。例如，采用扩张信用和增加投资的办法，其结果必然造成货币发行量增加和物价上涨，使物价稳定与经济增长之间出现矛盾。

（三）经济增长与平衡国际收支

在一个开放型的经济中，国家为了促进本国经济发展，会遇到两个问题：

（1）经济增长引起进口增加，随着国内经济的增长，国民收入增加及支付能力的增加，通常会增加对进口商品的需要。如果该国的出口贸易不能随进口贸易的增加而相应增加，必然会使贸易收支状况变坏。

（2）引进外资可能形成资本项目逆差。要促进国内经济增长，就要增加投资，提高投资率。在国内储蓄不足的情况下，必须借助外资，引进外国的先进技术，以此促进本国经济。这种外资的流入，必然带来国际收支中资本项目的差额。尽管这种外资的流入可以在一定程度上弥补贸易逆差造成的国际收支失衡，但并不一定就能确保经济增长与国际收支平衡的齐头并进。其原因在于：

①任何一个国家，在特定的社会经济环境中，能够引进技术、设备、管理方法等，一方面，取决于一国的吸收、掌握和创新能力；另一方面，还取决于国产商品的出口竞争能力和外汇还款能力。所以，在一定条件下，一国所能引进和利用的外资是有限的。如果把外资的引进完全置于平衡贸易收支上，那么外资对经济的增长就不能发挥应有的作用。此外，如果只是追求利用外资促进经济增长，而忽视国内资金的配置能力和外汇还款能力，那么必然会导致国际收支状况的严重恶化，最终会使经济失衡，不可能维持长久的经济增长。

②在其他因素引起的国际收支失衡或国内经济衰退的条件下，用于矫正这种失衡经济形态的货币政策，通常是在平衡国际收支和促进经济增长两个目标之间做合理的选择。国际收支出现逆差，通常要压缩国内的总需求，随着总需求的下降，国际收支逆差可能被消除，但同时会带来经济的衰退。而国内经济衰退，通常采用扩张性的货币政策。随着货币供应量的增加，社会总需求增加，可能刺激经济的增长，但也可能由于输入的增加以及通货膨胀而导致国际收支失衡。

（四）充分就业与经济增长

一般而言，经济增长能够创造更多的就业机会，但在某些情况下两者也会出现不一致。例如，以内涵型扩大再生产所实现的高经济增长，不可能实现高就业。再如，片面强调高就业，硬性分配劳动力到企业单位就业，造成人浮于事，效益下降，产出减少，导致经济增长速度放慢，等等。

第三节　货币政策工具

货币政策的运用分为紧缩性货币政策和扩张性货币政策。总的来说，紧缩性货币政策就是通过减少货币供应量达到紧缩经济的作用，扩张性货币政策是通过增加货币供应量达到扩张经济的作用。

货币政策工具，是指中央银行为实现货币政策目标所运用的策略手段。中央银行的政策工具有主要的一般性政策工具、选择性货币政策工具和补充性货币政策工具等。

一、一般性政策工具

（一）法定存款准备金率政策(Reserve Requirement Ratio)

法定存款准备金率是指存款货币银行按法律规定存放在中央银行的存款与其吸收存款的比率。

法定存款准备金率政策的真实效用体现在它对存款货币银行的信用扩张能力、对货币乘数的调节。由于存款货币银行的信用扩张能力与中央银行投放的基础货币存在乘数关系，而乘数的大小与法定存款准备金率呈反比，因此，若中央银行采取紧缩政策，中央银行提高法定存款准备金率，则限制了存款货币银行的信用扩张能力，降低了货币乘数，最终起到收缩货币供应量和信贷量的效果，反之亦然。

但是，法定存款准备金率政策存在三个缺陷：

（1）当中央银行调整法定存款准备金率时，存款货币银行可以变动其在中央银行的超额存款准备金，从反方向抵销法定存款准备金率政策的作用；

（2）法定存款准备金率对货币乘数的影响很大，作用力度很强，往往被当作一剂"猛药"；

（3）调整法定存款准备金率对货币供应量和信贷量的影响要通过存款货币银行的辗转存、贷，逐级递推而实现，成效较慢、时滞较长。因此，法定存款准备金政策往往是作为货币政策的一种自动稳定机制，而不将其当作适时调整的经常性政策工具来使用。

（二）再贴现政策(Rediscount Rate)

再贴现政策是指存款货币银行持客户贴现的商业票据向中央银行请求贴现，以取得中央银行的信用支持。就广义而言，再贴现政策并不单纯指中央银行的再贴现业务，也包括中央银行向存款货币银行提供的其他放款业务。

再贴现政策的基本内容是中央银行根据政策需要调整再贴现率（包括中央银行掌握的其他基准利率，如其对存款货币银行的贷款利率等），当中央银行提高再贴现率时，存款货币银行借入资金的成本上升，基础货币得到收缩，反之亦然。与法定存款准备金率工具相比，再贴现工具的弹性相对要大一些、作用力度相对要缓和一些。但是，再贴现政策的主动权却操纵在存款货币银行手中，因为向中央银行请求贴现票据以取得信用支持，仅是存款货币银行融通资金的途径之一，存款货币银行还有其他的诸如出售证卷、发行存单等融资方式。因此，中央银行的再贴现政策是否能够获得预期效果，还取决于存款货币银行是否采取主动配合的态度。

（三）公开市场业务(Open Market Operation)

中央银行公开买卖债券等的业务活动即为中央银行的公开市场业务。中央银行在公开市场开展证券交易活动，其目的在于调控基础货币，进而影响货币供应量和市场利率。公开市场业务是比较灵活的金融调控工具。

二、选择性货币政策工具

传统的三大货币政策都属于对货币总量的调节，以影响整个宏观经济。在这些一般性政策工具外，还可以有选择地对某些特殊领域的信用加以调节和影响。其中包括消费者信用控制、证券市场信用控制、优惠利率、预缴进口保证金等。

消费者信用控制是指中央银行对不动产以外的各种耐用消费品的销售融资予以控

制。主要内容包括：规定分期付款购买耐用消费品的首付最低金额、还款最长期限、使用的耐用消费品种类等。

证券市场信用控制是中央银行对有关证卷交易的各种贷款进行限制，目的在于限制过度投机。比如可以规定一定比例的证券保证金，并随时根据证券市场状况进行调整。

三、补充性货币政策工具

（1）直接信用控制是指中央银行以行政命令或其他方式，从质和量两个方面，直接对金融机构尤其是存款货币银行的信用活动进行控制。其手段包括利率最高和最低限制、信用配额、流动比率和直接干预等。其中，规定存贷款最高和最低利率限制，是最常使用的直接信用管制工具。

（2）间接信用指导是指中央银行通过道义劝告、窗口指导等办法间接影响存款货币银行的信用创造。

道义劝告是指中央银行利用其声望和地位，对存款货币银行及其他金融机构经常发出通告或指示，或与各金融机构负责人面谈，劝告其遵守政府政策并自动采取贯彻政策的相应措施。

窗口指导是指中央银行根据产业行情、物价趋势和金融市场动向等经济运行中出现的新情况和新问题，对存款货币银行提出信贷的增减建议。若存款货币银行不接受，中央银行将采取必要的措施，如可以减少其贷款的额度，甚至采取停止提供信用等制裁措施。窗口指导虽然没有法律约束力，但影响力往往比较大。

间接信用指导的优点是较为灵活，但是要起作用，必须是中央银行在金融体系中有较高的地位，并拥有控制信用的足够的法律权利和手段。

第四节　货币政策的中间目标与操作目标的选择

中央银行在实施货币政策中所运用的政策工具无法直接作用于最终目标，此间需要有一些中间环节来完成政策传导的任务。因此，中央银行在其工具和最终目标之间，插进了两组金融变量，一组叫作中间目标，另一组叫作操作目标。

货币政策的中间目标和操作目标又称营运目标。它们是一些较短期的、数量化的金融指标，作为政策工具与最终目标之间的中介或桥梁，其特点是中央银行容易对它进行控制，但它与最终目标的因果关系不大稳定。

中间目标是距离政策工具较远但接近于最终目标的金融变量，其特点是中央银行不容易对它进行控制，但它与最终目标的因果关系比较稳定。建立货币政策的中间目标和操作目标，总的来说，是为了及时测定和控制货币政策的实施程度，使之向着正确的方向发展，以保证货币政策最终目标的实现。

货币政策中间目标是连接货币政策最终目标与政策工具操作的中间环节，也是实施货币政策的关键步骤。中间目标必须具备三个特点。

1. 可测性

可测性指中央银行能够迅速获得中间目标相关指标变化状况和准确的数据资料，并能够对这些数据进行有效分析和做出相应判断。显然，如果没有中间目标，中央银行直接去收集和判断最终目标数据如价格上涨率和经济增长率是十分困难的，短期内如一周或一旬是不可能获得这些数据的。

2. 可控性

可控性指中央银行通过各种货币政策工具的运用，能对中间目标变量进行有效地控制，能在较短时间内（如1～3个月）控制中间目标变量的变动状况及其变动趋势。

3. 相关性

相关性指中央银行所选择的中间目标，必须与货币政策最终目标有密切的相关性，中央银行运用货币政策工具对中间目标进行调控，能够促使货币政策最终目标的实现。

一、中间目标

作为中间目标的金融指标主要有：长期利率、货币供应量和贷款量。

（一）长期利率

西方传统的货币政策均以利率为中间目标。利率能够作为中央银行货币政策的中间目标，是因为：

（1）利率不但能够反映货币与信用的供给状态，而且能够表现供给与需求的相对变化。利率水平趋高被认为是银根紧缩，利率水平趋低则被认为是银根松弛。

（2）利率属于中央银行影响可及的范围，中央银行能够运用政策工具设法提高或降低利率。

（3）利率资料易于获得并能够经常汇集。

（二）货币供应量

以弗里德曼为代表的现代货币数量论者认为宜以货币供应量或其变动率为主要中间目标，其主要理由是：

（1）货币供应量的变动能直接影响经济活动。

（2）货币供应量及其增减变动能够为中央银行所直接控制。

（3）与货币政策联系最为直接。货币供应量增加，表示货币政策松弛，反之则表示货币政策紧缩。

（4）货币供应量作为指标不易将政策性效果与非政策性效果相混淆，因而具有准确性的优点。

但以货币供应量为指标也有几个问题需要考虑：

（1）中央银行对货币供应量的控制能力。货币供应量的变动主要取决于基础货币的改变，但还要受其他种种非政策性因素的影响，如现金漏损率、商业银行超额准备比率、定期存款比率等，非中央银行所能完全控制。

（2）货币供应量传导的时滞问题。中央银行通过变动准备金以期达到一定的货币量变动率，但此间却存在较长的时滞。

（3）货币供应量与最终目标的关系。对此有些学者尚持怀疑态度，但从衡量的结果来看，货币供应量仍不失为一个性能较为良好的指标。

（三）贷款量

以贷款量作为中间目标，其优点是：

（1）与最终目标有密切相关性。流通中现金与存款货币均由贷款引起，中央银行控制了贷款规模，也就控制了货币供应量。

（2）准确性较强，作为内生变数，贷款规模与需求有正值相关；作为政策变数，贷款规模与需求也是正值相关。

（3）数据容易获得，因而也具有可测性。

二、操作目标

各国中央银行通常采用的操作目标主要有：短期利率、商业银行的存款准备金、基础货币等。

（一）短期利率

短期利率通常指市场利率，即能够反映市场资金供求状况、变动灵活的利率。它是影响社会的货币需求与货币供给、银行信贷总量的一个重要指标，也是中央银行用于控制货币供应量、调节市场货币供求、实现货币政策目标的一个重要的政策性指标。作为操作目标，中央银行通常只能选用其中一种利率。

过去美国联储主要采用国库券利率、银行同业拆借利率。英国的情况较特殊，英格兰银行的长、短期利率均以一组利率为标准，其用作操作目标的短期利率有：隔夜拆借利率、三个月期的银行拆借利率、三个月期的国库券利率；用作中间目标的长期利率有：五年公债利率、十年公债利率、二十年公债利率。

（二）商业银行的存款准备金

中央银行以准备金作为货币政策的操作目标，其主要原因是，无论中央银行运用何种政策工具，都会先行改变商业银行的准备金，然后对中间目标和最终目标产生影响。

因此可以说变动准备金是货币政策传导的必经之路，由于商业银行准备金越少，银行贷款与投资的能力就越大，从而派生存款和货币供应量也就越多。因此，银行准备金减少被认为是货币市场银根放松，准备金增多则意味着市场银根紧缩。

但准备金在准确性方面的缺点有如利率。作为内生变量，准备金与需求负相关。

借贷需求上升，银行体系便减少准备金以扩张信贷；反之，则增加准备金而缩减信贷。作为政策变量，准备金与需求正相关。中央银行要抑制需求，一定会设法减少商业银行的准备金。因而准备金作为金融指标也有误导中央银行的缺点。

（三）基础货币

基础货币是中央银行经常使用的一个操作指标，也常被称为"强力货币"或"高能货币"。从基础货币的计量范围来看，它是商业银行准备金和流通中通货的总和，包括商业银行在中央银行的存款、银行库存现金、向中央银行借款、社会公众持有的现金等。通货与准备金之间的转换不改变基础货币总量，基础货币的变化来自那些提高或降低基础货币的因素。

中央银行有时还运用"已调整基础货币"这一指标，或者称为扩张的基础货币，它是针对法定准备金的变化调整后的基础货币。单凭基础货币总量的变化还无法说明和衡量货币政策，必须对基础货币的内部构成加以考虑。因为：

（1）在基础货币总量不变的条件下，如果法定准备率下降，银行法定准备减少而超额准备增加，这时的货币政策仍呈扩张性；

（2）若存款从准备比率高的存款机构转到准备比率较低的存款机构，即使中央银行没有降低准备比率，但平均准备比率也会有某种程度的降低，这就必须对基础货币进行调整。

多数学者公认基础货币是较理想的操作目标。因为基础货币是中央银行的负债，中央银行对已发行的现金和它持有的存款准备金都掌握着相当及时的信息，因此中央银行对基础货币是能够直接控制的。基础货币比银行准备金更为有利，因为它考虑到社会公众的通货持有量，而准备金却忽略了这一重要因素。

第五节　货币政策的传导机制

一、货币政策传导机制理论

货币政策传导机制是指中央银行运用货币政策工具影响中间目标，进而最终实现既定政策目标的传导途径与作用机理。

（一）货币政策传导机制的理论

尽管货币政策传导机制理论在不断发展，各种学派对货币政策的传导机制有不同看法，但归纳起来货币政策影响经济变量主要是通过以下四种途径。

1.利率传递途径

利率传导理论是最早被提出的货币政策传导理论，但从早期休谟的短期分析、费雪的过渡期理论、魏克赛尔的累积过程理论中所涉及的利率传导理论均未得到关注。直到凯恩斯的《通论》问世及IS-LM模型的建立才正式引起学术界对利率传导机制的研究。利率传导机制的基本途径可表示为：货币供应量M上升，实际利率水平i下降，投资I上升，总产出Y上升。

2.信用传递途径

威廉斯提出的贷款人信用可能性学说是最早有关货币政策信用传导途径的理论，伯南克则在此理论基础上进一步提出了银行借贷渠道和资产负债渠道两种理论，并得出货币政策传递过程中即使利率没发生变化也会通过信用途径来影响国民经济总量。信用传导机制的基本途径可表示为：货币供应量M上升，贷款供给L上升，投资I上升，总产出Y随之上升。

3.非货币资产价格传递途径

托宾的Q理论与莫迪利亚尼的生命周期理论则提出了货币政策的非货币资产价格传递途径。资产价格传导理论强调资产相对价格与真实经济之间的关系，其基本途径可表示为：货币供应量M上升，实际利率i下降，资产（股票）价格P上升，投资I上升，总产出Y也随之上升。

4.汇率传递途径

汇率是开放经济中一个极为敏感的宏观经济变量，因此它也引起了众多学者的研究，而关于货币政策的汇率传导机制的理论主要有购买力平价理论、利率平价理论和蒙代尔—弗莱明模型等。货币政策的汇率传导机制的基本途径可表示为：货币供应量M上升，实际利率i下降，汇率E下降，净出口NX上升，总产出Y上升。

（二）中国货币政策传导机制的发展

中国货币传导机制的发展经历了从1953～1997年底以直接控制为主的货币控制方式，到1998年至今以间接控制为主的货币控制方式两个阶段。

1.以直接控制为主的货币控制方式

从1953年中国建立计划经济体制以来，到1997年底中国实行的是以直接控制为主的货币控制方式。在这一阶段，政府对信贷进行直接控制，并在不同时期为了适应当时的经济环境和金融体制的要求，直接控制的程度和方式存在不同。具体可以分为三个时期，即"统存统贷"时期（1953～1978年）、"差额包干"时期（1979～1984年）和"双向调控"时期（1985～1997年）。在1984年中央银行体制建立之前，从严格意义上来说，中国没有相对独立的货币政策。

2.以间接控制为主的货币控制方式

1998年，中国取消了对信贷规模的限制，货币市场和资本市场得到了发展，并且运用了利货币资产价格多种渠道转变。目前国内许多学者对货币政策传导机制进行了研究，基本对货币政策通过多种渠道进行传导没有存在异议，但对在货币政策传导过程中货币渠道重要还是信用渠道重要的问题存在着争议。对这方面的研究，国内多以实证研究进行分析。

（三）货币政策传导机制的途径

货币政策传导途径一般有三个基本环节，其顺序是：从中央银行到商业银行等金融机构和金融市场。中央银行的货币政策工具操作，首先影响的是商业银行等金融机构的准备金、融资成本、信用能力和行为，以及金融市场上货币供给与需求的状况；从商业银行等金融机构和金融市场到企业、居民等非金融部门的各类经济行为主体。商业银行等金融机构根据中央银行的政策操作调整自己的行为，从而对各类经济行为主体的消费、储蓄、投资等经济活动产生影响；从非金融部门经济行为主体到社会各经济变量，包括总支出量、总产出量、物价、就业等。

（四）货币政策传导机制的关键

金融市场在整个货币的传导过程中发挥着极其重要的作用。（1）中央银行主要通过市场实施货币政策工具，商业银行等金融机构通过市场了解中央银行货币政策的调控意向；（2）企业、居民等非金融部门经济行为主体通过市场利率的变化，接受金融机构对资金供应的调节进而影响投资与消费行为；（3）社会各经济变量的变化也通过市场反馈信息，影响中央银行、各金融机构的行为。

（五）货币政策传导机制的问题

（1）随着西方国家以利率取代货币供应量作为货币政策中间目标，利率传导作用越来越明显，成为货币政策传导的主渠道。

（2）金融市场的日益健全、间接融资比重的不断下降和直接融资成本的不断降低，使银行信贷对整个金融市场的反映越来越不全面，银行信贷的传导作用越来越小。

（3）随着资本市场的快速发展，资产价格、财富效应的传导作用越来越重要，资产价格开始纳入西方国家的货币政策监控指标之中。

（4）预期和信心的传导作用引起了一些国家货币政策当局的重视。

（5）新经济和股市财富效应的增强，使利率与股市的关系复杂化，货币政策的利率传导渠道面临新的问题和挑战。

二、成熟市场经济下的汇率传导机制

对货币政策汇率传导机制的经典分析是在封闭经济条件下IS-LM模型的基础上发展起来的蒙代尔—弗莱明模型。我们下面以扩张性货币政策为例，分别就固定汇率制度下和浮动汇率制度下的汇率传导做简要分析。根据蒙代尔—弗莱明模型，在固定汇率制度下，无论资本是否完全自由流动，中央银行的货币政策都无效。在资本不完全流动情况下，央行实行扩张性货币政策导致货币供应量上升，促使利率下降出现国际收支逆差以致产生本币贬值倾向，为维持固定汇率央行入市干预售出外汇买入本币使外汇储备下降，从而使货币供应量下降，利率随之而上升，导致投资下降，最终使国民收入下降。由于汇率固定不变，意味着这一调整过程将会持续到国民收入恢复原来水平时为止。所以，在固定汇率制度下，当资金不完全流动时，扩张性货币政策短期内会引起利率下降、收入增加，但长期效应却只体现为外汇储备减少，基础货币的内部结构发生变化，而对国民收入等实际经济变量没有影响。而在资本完全流动的情况下，央行实行扩张性货币政策使货币供应量上升，导致利率下降，资金迅速流出产生资本项目收支逆差使得本币迅速贬值。为维持固定汇率，央行售出外汇购买本币调低外汇储备从而使基础货币上涨，扩张性货币政策效应抵消。这说明在固定汇率制度下，当资本完全流动时，扩张性货币政策即使在短期内也无法对经济产生影响，货币政策无效。在浮动汇率制下，货币政策传导机制主要表现在汇率的变动通过净出口对国民收入产生影响。首先，在资本不完全流动情况下，央行实行扩张性的货币政策促使货币供应量上升，而利率却下降，使得经常项目及资本项目逆差，本币贬值，净出口上升从而提高了国民收入，此后利率、汇率及国民收入这三者会不断调整，最终达到一个均衡点，较实行扩张性货币政策初期，在这点上经济体的利率下降、本币贬值、国民收入提高。因此，在资本不完全流动和浮动汇率情况下，经济体受到货币扩张冲击后会通过汇率机制和利率机制最终对国民收入产生影响。而在资本完全流动的情况下，假设该经济体的利率与国外保持一致则扩张性货币政策使得本币贬值、净出口上升、国民收入提高，最终通过汇率及国民收入的不断调整使经济达到均衡。因此，在资本完全流动的情况下，货币供应量的变动会通过汇率机制对国民收入产生影响。　按照上面的分析，浮动汇率制度下的汇率传导机制的逻辑是简单明了的：货币供给量扩张，将导致国内市场上的利率下降，并相应地导致本币贬值，出口和产出相应地增长，反之亦然。这样一个渠道存在的前提条件是浮动汇率制度。如果在固定汇率制度下，货币政策将会失效，货币政策的汇率传导机制也无从谈起。

第十七章　通货膨胀与通货紧缩

第一节　通货膨胀的含义与度量

一、通货膨胀的含义

经济学界对于通货膨胀的解释并不完全一致，通常经济学家认可的概念是：在信用货币制度下，流通中的货币数量超过经济实际需要而引起的货币贬值和物价水平全面而持续地上涨。通俗地讲，就是纸币的发行量超过流通中所需要的数量，从而引起纸币贬值，物价上涨，我们把这种现象称之为通货膨胀。

定义中的物价上涨不是指一种或几种商品的物价上升，也不是物价水平一时的上升，一般指物价水平在一定时期内持续普遍的上升过程，或者是说货币价值在一定时期内持续的下降过程。

可见，通货膨胀不是指这种或那种商品及劳务的价格上涨，而是物价总水平的上升。

物价总水平或一般物价水平是指所有商品和劳务交易价格总额的加权平均数。这个加权平均数，就是价格指数。

衡量通货膨胀率的价格指数一般有三种：消费价格指数、生产者价格指数、国内生产总值价格折算指数。简单地说，当政府发行过多货币时，则物价上升。

二、通货膨胀的内容

（一）起因

纸币是国家或地区强制发行并使用的，在货币流通的条件下，如果纸币的发行量超过了流通中实际需要的数量，多余的部分继续在流通中流转，就会造成通货膨胀。

造成通货膨胀的直接原因是国家货币发行量的增加。政府通常为了弥补财政赤字，或刺激经济增长（如2008年四万亿刺激计划），或平衡汇率（如中国的输入型通货膨胀）等原因增发货币。

通胀可能会造成社会财富转移到富人阶层，但一般情况下的通货膨胀都是国家为了有效影响宏观经济运行而采取措施无法避免的后果。许多经济学家认为，温和良性的通货膨胀有利于经济的发展。

通货膨胀是个复杂的经济现象，其成因也多种多样。

1. 直接原因

不论何种类型的通货膨胀，其直接原因只有一个，即货币供应过多。用过多的货币供应量与既定的商品和劳务量相对应，必然导致货币贬值、物价上涨，出现通货膨胀。

2. 深层原因

（1）需求拉动。即由于经济运行中总需求过度增加，超过了既定价格水平下商品和劳务等方面的供给而引发通货膨胀。需求拉动的通货膨胀是指总需求过度增长所引起的通货膨胀，即"太多的货币追逐太少的货物"，按照凯恩斯的解释，如果总需求上升到大于总供给的地步，过度的需求能引起物价水平的普遍上升。在我国，财政赤字、信用膨胀、投资需求膨胀和消费需求膨胀常常会导致我国需求拉动型通货膨胀的出现。我国1979年至1980年的通货膨胀的成因即是由财政赤字而导致的需求拉动。

所以，任何总需求增加的因素都可以是造成需求拉动的通货膨胀的具体原因。

（2）成本推动。成本或供给方面的原因形成的通货膨胀，即成本推进的通货膨胀，又称为供给型通货膨胀，是由厂商生产成本增加而引起的一般价格总水平的上涨。造成成本向上移动的原因大致有：工资过度上涨；利润过度增加；进口商品价格上涨。

①工资推进的通货膨胀。工资推动通货膨胀是工资过度上涨所造成的成本增加而推动价格总水平上涨。工资是生产成本的主要部分，工资上涨使生产成本增长，在既定的价格水平下，厂商愿意并且能够供给的数量减少，从而使总供给曲线向左上方移动。在完全竞争的劳动市场上，工资率完全由劳动的供求均衡所决定，但是在现实经

济中，劳动市场往往是不完全的，强大的工会组织的存在可以使工资过度增加，如果工资增加超过了劳动生产率的提高，则提高工资就会导致成本增加，从而导致一般价格总水平上涨，而且这种通胀一旦开始，还会引起"工资——物价螺旋式上升"，工资物价互相推动，形成严重的通货膨胀。工资的上升往往从个别部分开始，最后引起其他部分攀比。

②利润推进的通货膨胀。利润推进的通货膨胀是指厂商为谋求更大的利润导致的一般价格总水平的上涨，与工资推进的通货膨胀一样，具有市场支配力的垄断和寡头厂商也可以通过提高产品的价格而获得更高的利润，与完全竞争市场相比，不完全竞争市场上的厂商可以减少生产数量而提高价格，以便获得更多的利润，为此，厂商都试图成为垄断者，结果导致价格总水平上涨。

③进口成本推进的通货膨胀。造成成本推进的通货膨胀的一个重要原因是进口商品的价格上升，如果一个国家生产所需要的原材料主要依赖进口，那么，进口商品的价格上升就会造成成本推进的通货膨胀，其形成的过程与工资推进的通货膨胀是一样的。

（3）结构失调。即由于一国的部门结构、产业结构等国民经济结构失调而引发通货膨胀。我国由于存在较为严重的经济结构失调问题，因而结构失调型通货膨胀在我国也时有发生。

（4）供给不足。即在社会总需求不变的情况下，社会总供给相对不足而引发通货膨胀。"文化大革命"期间我国发生的隐蔽型通货膨胀很大一部分原因即是社会生产力遭到严重破坏，商品供给严重匮乏。

（5）预期不当。即在持续通货膨胀情况下，由于人们对通货膨胀预期不当（对未来通货膨胀的走势过于悲观）而引起更严重的通货膨胀。

（6）体制因素。由于体制不完善而引发通货膨胀。

以上是通货膨胀的几种主要成因。应该注意的是，对于某一次具体的通货膨胀，其成因往往不是单一的，而是多种原因综合在一起导致的，因此需要综合全面地分析。

在实际中，造成通货膨胀的原因并不是单一的，由各种原因同时推进的价格水平上涨，就是供求混合推进的通货膨胀。在计算中，需要经济学家给出一个合理的、多种参数的模型来解释。比如假设通货膨胀是由需求拉动开始的，即过度的需求增加导致价格总水平上涨，价格总水平的上涨又成为工资上涨的理由，工资上涨又形成成本推进的通货膨胀。

（二）预期和惯性

在实际中，一旦形成通货膨胀，便会持续一段时期，这种现象被称为通货膨胀惯性，对通货膨胀惯性的一种解释是人们会对通货膨胀做出的相应预期。

预期是人们对未来经济变量作出一种估计，预期往往会根据过去的通货膨胀的经验和对未来经济形势的判断，做出对未来通货膨胀走势的判断和估计，从而形成对通货膨胀的预期。预期对人们经济行为有重要的影响，人们对通货膨胀的预期会导致通货膨胀具有惯性。

三、通货膨胀的表现形式

一般来说，通货膨胀必然引起物价上涨，但不能说凡是物价上涨都是通货膨胀。影响物价上涨的因素是多方面的。作家三蛊说：通货膨胀书写价格历史，供求关系描绘价格波段。

（1）纸币的发行量必须以流通中所需要的数量为限度，如果纸币发行过多，引起纸币贬值，物价就会上涨。

（2）商品价格与商品价值成正比，商品价值量增加，商品的价格就会上涨。

（3）价格受供求关系影响，商品供不应求时，价格就会上涨。

（4）政策性调整，理顺价格关系会引起上涨。

（5）商品流通不畅，市场管理不善，乱收费、乱罚款，也会引起商品价格的上涨。可见，只有在物价上涨是因纸币发行过多而引起的情况下，才是通货膨胀。

第二节 通货膨胀的类型

一、温和的或爬行的通货膨胀

这是一种使通货膨胀率基本保持在2%～3%，并且始终比较稳定的一种通货膨胀。一些经济学家认为，如果每年的物价上涨率在2.5%以下，不能认为是发生了通货膨胀。当物价上涨率达到2.5%时，叫作不知不觉的通货膨胀。

温和的通货膨胀，即将物价上涨控制在1%～2%，至多5%以内，则能像润滑油一样刺激经济的发展，这就是所谓的"润滑油政策"。一些经济学家认为，在经济发展过程中，温和的通货膨胀可以刺激经济的增长。因为提高物价可以使厂商多得一点利润，以刺激厂商投资的积极性。同时，温和的通货膨胀不会引起社会太大的动乱。

二、疾驰的或飞奔的通货膨胀

疾驰的或飞奔的通货膨胀亦称为奔腾的通货膨胀、急剧的通货膨胀，它是一种不稳定的、迅速恶化的、加速的通货膨胀。在这种通货膨胀发生时，通货膨胀率较高（一般达到两位数以上），所以此时，人们对货币的信心产生动摇，经济社会产生动荡，因此这是一种较危险的通货膨胀。

三、恶性的或脱缰的通货膨胀

恶性的或脱缰的通货膨胀也称为极度的通货膨胀、超速的通货膨胀。这种通货膨胀一旦发生，通货膨胀率非常高（一般达到三位数以上），而且完全失去控制，其结果导致社会物价持续飞速上涨，货币大幅度贬值，人们对货币彻底失去信心。这时整个社会金融体系处于一片混乱之中，正常的社会经济关系遭到破坏，最后容易导致社会崩溃，政府垮台。这种通货膨胀在经济发展史上是很少见的，通常发生于战争或社会大动乱之后。目前公认的恶性通货膨胀在世界范围内只出现过三次。第一次发生在1923年的德国，当时第一次世界大战刚结束，德国的物价在一个月内上涨了2500%，一个马克的价值下降到仅及战前价值的一万亿分之一。第二次发生在1946年的匈牙利，第二次世界大战结束后，匈牙利的一个便哥价值只相当于战前的828×1027分之一。第三次发生在中国，从1937年6月到1949年5月，伪法币的发行量增加了1445亿倍，同期物价指数上涨了36807亿倍。

四、隐蔽的通货膨胀

隐蔽的通货膨胀又称为受抑制的（抑制型的）通货膨胀。这种通货膨胀是指社会经济中存在通货膨胀的压力或潜在的价格上升危机，但由于政府实施了严格的价格管制政策，使通货膨胀并没有真正发生。但是，一旦政府解除或放松价格管制措施，经济社会就会发生通货膨胀，所以这种通货膨胀并不是不存在，而是一种隐蔽的通货膨胀。

五、需求拉动型通货膨胀

需求拉动型通货膨胀是指由于总需求的增长而引起的商品平均价格的普遍上涨现象。

六、成本推进型通货膨胀

成本推进型通货膨胀是指因商品和劳务的生产者主动提高价格而引起的商品平均价格普遍上涨现象。

七、结构性通货膨胀

结构性通货膨胀是指物价上涨是在总需求并不过多的情况下，而对某些部门的产品需求过多，造成部分产品的价格上涨现象。在通货膨胀期间，需求、成本以及结构这三种因素同时起作用。

第三节 通货膨胀的影响

通货膨胀的影响是指货币流通中出现的这样一种情况：投入流通中的货币，主要是纸币发行量过多，大大超过流通实际需要的数量，以致引起货币贬值。通货膨胀对居民收入和居民消费的影响有：

（1）实际收入水平下降；

（2）价格上涨的收入效应和替代效应导致福利减少；

（3）通货膨胀的收入分配效应：具体表现为低收入者（拥有较少禀赋者）福利受损，高收入者（拥有较多禀赋者）却可以获益；以工资和租金、利息为收入者，在通货膨胀中会遭受损害；而以利润为主要收入者，却可能获利。

一、再分配效应

在现实经济中，产出和价格水平是一起变动的，通货膨胀常常伴随有扩大的实际产出，只有在较少的一些场合中，通货膨胀的发生伴随实际产出的收缩。为了独立地考察价格变动对收入分配的影响，假定实际收入是固定的，然后研究通货膨胀是如何影响分得收入的所有者实际得到收入的大小。

（1）通货膨胀不利于依靠固定的货币收入维持生活的人。对于固定收入阶层来说，其收入是固定的货币数额，落后于上升的物价水平。其实际收入因通货膨胀而减少，他们接受每一元收入的购买力随价格的上升而下降。而且，由于他们的货币收入没有变化，因而他们的生活水平必然相应地降低。

（2）那些靠变动收入维持生活的人，则会从通货膨胀中得益，这些人的货币收入会走在价格水平和生活费用上涨之前。

（3）通货膨胀对储蓄者不利。随着价格的实际上涨，存款的实际价格或购买力就会降低，那些口袋中有闲置货币和存款在银行的人将受到严重的打击。同样，像养老金、保险金以及其他有价值的财产证券等，它们本来是作为防患于未然和蓄资养老的，在通货膨胀中，其实际价值也会下降。

二、通货膨胀的缺点

通货膨胀是资产阶级或统治阶级加强对基层劳动人民剥削和掠夺的重要手段。通货膨胀首先给工人和农民带来深重的灾难。它使得物价不断上涨，货币购买力不断下降，由此引起工人实际工资急剧下降，生活日益贫困。而农民等小生产者则因为物价上涨过程中，工农业产品"剪刀差"的扩大，不得不以高价购买资本主义工业生产的生活资料，低价出卖自己的农产品和手工产品，因而更加贫困。通货膨胀也严重影响一般公职人员和知识分子的生活，因为他们的薪金也不能按物价上涨的程度而相应增长。

但是，通货膨胀却给垄断资产阶级带来极大利益。他们不仅会通过政府订货和价格补贴等，把资产阶级国家用滥发纸币从劳动人民那里掠夺来的大部分收入转入自己所有，而且可以利用实际工资下降，或者用贬值的货币偿还债务，以及利用物价飞涨乘机进行囤积居奇等，获得巨额的利润。

三、通货膨胀的因素

在有通货膨胀的情况下，必将对社会经济生活产生影响。

如果社会的通货膨胀率是稳定的，人们可以完全预期，那么通货膨胀率对社会经济生活的影响很小。因为在这种可预期的通货膨胀之下，各种名义变量（如名义工资、名义利息率等）都可以根据通货膨胀率进行调整，从而使实际变量（如实际工资、实际利息率等）不变。这时通货膨胀对社会经济生活的唯一影响，是人们将减少他们所持有的现金量。但是，在通货膨胀率不能完全预期的情况下，通货膨胀将会影响社会收入分配及经济活动。因为这时人们无法准确地根据通货膨胀率来调整各种名义变量，以及他们应采取的经济行为。

（1）在债务人与债权人之间，通货膨胀将有利于债务人而不利于债权人。在通常情况下，借贷的债务契约都是根据签约时的通货膨胀率来确定名义利息率，所以当发生了未预期的通货膨胀之后，债务契约无法更改，从而就使实际利息率下降，债务人受益，而债权人受损。其结果是对贷款，特别是长期贷款带来不利的影响，使债权人不愿意发放贷款。贷款的减少会影响投资，最后使投资减少。

（2）在雇主与工人之间，通货膨胀将有利于雇主而不利于工人。这是因为，在不可预期的通货膨胀之下，工资增长率不能迅速地根据通货膨胀率来调整，从而即使在名义工资不变或略有增长的情况下，实际工资却下降。实际工资下降会使利润增加。利润的增加有利于刺激投资，这正是一些经济学家主张以温和的通货膨胀来刺激经济发展的理由。

（3）在政府与公众之间，通货膨胀将有利于政府而不利于公众。由于在不可预期的通货膨胀之下，名义工资总会有所增加（尽管并不一定能保持原有的实际工资水平），随着名义工资的提高，达到纳税起征点的人增加了，有许多人进入了更高的纳税等级，这样就使政府的税收增加。但公众纳税数额增加，实际收入却减少了。政府从这种通货膨胀中所得到的税收称为"通货膨胀税"。一些经济学家认为，这实际上是政府对公众的掠夺。这种通货膨胀税的存在，既不利于储蓄的增加，也影响了私人与企业投资的积极性。

（4）学者观点。现代经济学家不同意以完全负面的"痛苦"一词来形容上述通货膨胀时期的负面冲击。实际上，有许多经济学家人认为公众对温和通货膨胀的成见是来自其相互影响：群众只记得在高通货膨胀时期相关的经济困难状况。以现代经济学家的观点来说，温和的通货膨胀是比较不重要的经济问题，可由对抗滞胀（Stagflation）[可能由货币主义（Monetarist）所刺激]来做部分中止。

第四节　通货膨胀的治理

由于通货膨胀，尤其是恶性的通货膨胀所带来的破坏性影响极大，因而各国政府都非常重视通货膨胀的治理。下面就应对严重的通货膨胀提出几点对策。

一、采取适当的货币政策，控制货币供应量

通常控制通货膨胀最常用的手段就是控制货币量，使流通中的货币量与货币的实际需求量相平衡，确保币值的稳定。控制好货币的供给量要采取正确合理的货币政策，包括控制信贷发放规模，提高银行存款准备金，加大中央银行票据的发行以及公开市场业务等。

在紧缩货币的同时，要尽量减少紧缩政策所带来的消极影响。首先，货币紧缩会增大企业融资难度，加大企业融资贷款成本，企业的生产会受到影响。其次，紧缩政策会减少个人消费，个人有可能将更多的资金存入银行。最后，紧缩政策下还会吸引大量的热钱进入，热钱的进入又会加大通胀的压力，使货币政策失效。

二、着力进行经济发展模式转变，改变经济增长对投资的过度依赖

目前，中国的经济增长的三驾马车——消费、投资、出口比例并不协调。国内消费偏低，增长过度依靠出口和投资。这会使国内的原材料价格不断上涨和出现大量的闲余资金，引发新一轮的通货膨胀。

所以解决通货膨胀的一个关键点就是要协调好投资、消费、出口三驾马车的比例。在中国就是要改变经济增长过度依靠投资和出口的现状，减少过度重复性投资建设和低附加值产品的出口。加大引导国内消费，确保消费在经济增长的贡献比例有所提高，还要配套做好控制物价和改善民生的工作。

三、合理引导利用外资，减少外汇占款，加快人民币国际化步伐

由于目前中国是对资本项目严格管制的，中国拥有大量的外汇储备，相对应地就会向市场投放大量的人民币。

（1）必须遏制外汇储备过快增长的局面，否则国内的人民币流动量必然继续大量，而我们的外汇储备主要是美元也处于贬值中，过多的外汇储备必然让我们处于被动，骑虎难下。减少外汇储备首先就要引导企业对外投资。既减少了外汇占款，企业又扩大了规模和影响力。

（2）还要合理吸引利用外资，中国已经摆脱了外汇储备不足的局面，国内的投资也开始活跃。现在不需要再如此大力吸引外资，过多外资投入也会增加中国的货币投放量。今后要有选择地吸引利用外资，主要应放在吸引先进技术和管理方法上。

（3）加快人民币的国际化步伐。当人民币成为国际货币时，外汇占款的问题就不存在了，国际社会对人民币的需求量也势必增大，而国内货币量发行过大的问题就会缓解。

四、增加商品的有效供给，调整经济结构

通货膨胀的部分原因是商品的有效供给不足，所以控制通货膨胀还必须增加商品的供给。增加供给的主要手段是引进生产技术，降低成本，提高生产效率。

无论是哪种产品的物价过多上涨，增大这种产品的生产量，增加产品或其替代产品的市场供给量，都会抑制该产品的价格上涨。所以，目前我们政府在这方面需要做的就是淘汰落后产能，加大帮助企业对短缺产品的生产技术的提高，减少不合理收费以及加快产品的流通。

第五节 通货紧缩

一、基本含义

对于通货紧缩的含义，与通货膨胀一样，在国内外还没有统一的认识，从争论的情况来看，大体可以归纳为以下三种。

（一）通货紧缩是经济衰退的货币表现

通货紧缩必须具备三个基本特征：

（1）物价的普遍持续下降；（2）货币供给量的连续下降；（3）有效需求不足，经济全面衰退。这种观点被称为"三要素论"。

（二）通货紧缩是一种货币现象，表现为价格的持续下跌和货币供给量的连续下降，即所谓的"双要素论"。

（三），通货紧缩就是物价的全面持续下降，被称为"单要素论"。

从上面的介绍可以看出，尽管对通货紧缩的定义仍有争论，但对于物价的全面持续下降这一点却是共同的。

一般来说，单要素论的观点对于判断通货紧缩发生及其治理更为科学。这是因为，通货紧缩作为通货膨胀的反现象，理应反映物价的变动态势，价格的全面、持续下降，表明单位货币所反映的商品价值在增加，是货币供给量相对不足的结果，货币供给不足可能只是通货紧缩的原因之一，因此，双要素论的货币供给下降的界定，将会缩小通货紧缩的范围；而三要素论中的经济衰退，一般是通货紧缩发展到一定程度的结果，因此，用经济衰退的出现来判断通货紧缩就太晚了。根据单要素论的观点，判断通货紧缩的标准只能是物价的全面持续下降，其他现象可以作为寻找成因，判断紧缩程度等的依据，但作为通货紧缩的构成要素是不妥当的。

二、具体类型

通货紧缩类型的划分，对于全面准确地把握通货紧缩的性质、机理，针对不同情况寻找不同的治理对策具有重要意义。按照不同的标准，通货紧缩可以划分为不同的类型。

（一）相对通货紧缩和绝对通货紧缩

相对通货紧缩是指物价水平在零值以上，在适合一国经济发展和充分就业的物价水平区间以下，这种状态下，物价水平虽然还是正增长，但已经低于该国正常经济发展和充分就业所需要的物价水平，通货处于相对不足的状态。这种情形已经开始损害经济的正常发展，虽然是轻微的，但如果不加重视，可能导致量变到质变，对经济发展的损害会加重。绝对通货紧缩是指物价水平在零值以下，即物价出现负增长，这种状态说明一国通货处于绝对不足状态。这种状态的出现，极易造成经济衰退和萧条。根据对经济的影响程度，又可以分为轻度通货紧缩、中度通货紧缩和严重通货紧缩。而这三者的划分标准主要是物价绝对下降的幅度和持续的时间长度。一般来说，物价出现负增长，但幅度不大（比如5%），时间不超过两年的称为轻度通货紧缩；物价下降幅度较大（比如在5%~10%），时间超过两年的称为中度通货紧缩；物价下降幅度超过两位数，持续时间超过两年甚至更长的情况称为严重通货紧缩，20世纪30年代世界性的经济大萧条所对应的通货紧缩，就属此类。

（二）需求不足型通货紧缩和供给过剩型通货紧缩

需求不足型通货紧缩，是指由于总需求不足，使正常的供给显得相对过剩而出现的通货紧缩。由于引起总需求不足的原因可能是消费需求不足，投资需求不足，也可能是国外需求减少或者几种因素共同造成的不足，因此，依据造成需求不足的主要原因，可以把需求不足型的通货紧缩细分为消费抑制型通货紧缩、投资抑制型通货紧缩和国外需求减少型通货紧缩。供给过剩型通货紧缩，是指由于技术进步和生产效率的提高，在一定时期产品数量的绝对过剩而引起的通货紧缩。这种产品的绝对过剩只可能发生在经济发展的某一阶段，如一些传统的生产、生活用品（如钢铁、落后的家电等），在市场机制调节不太灵敏，产业结构调整严重滞后的情况下，可能会出现绝对的过剩。这种状态从某个角度来看，它并不是一个坏事，因为它说明人类在进步，是前进过程中的现象。但这种通货紧缩如果严重的话，则说明该国市场机制存在较大缺陷，同样会对经济的正常发展产生不利影响。

（三）显性通货紧缩和隐性通货紧缩

界定通货紧缩，在一般情况下可以而且能够用物价水平的变动来衡量，因为通货紧缩与通货膨胀一样是一种货币现象。但是如果采取非市场的手段，硬性维持价格的稳定，就会出现实际产生了通货紧缩，但价格可能并没有降低的状况，而这种类型的通货紧缩就是隐性通货紧缩。隐性通货紧缩的存在为我们的判断带来了困难，但并不影响我们以物价水平的变化作为通货紧缩的标准，就像隐性通货膨胀的存在，不影响我们以物价水平作为通货膨胀是否发生的判断标准一样。

三、产生原因

尽管不同国家在不同时期发生通货紧缩的具体原因各不相同，但从国内外经济学家对通货紧缩的理论分析中，仍可概括出引发通货紧缩的一般原因。

（一）紧缩性的货币财政政策

如果一国采取紧缩性的货币财政政策，降低货币供应量，削减公共开支，减少转移支付，就会使商品市场和货币市场出现失衡，出现"过多的商品追求过少的货币"，从而引发政策紧缩性的通货紧缩。

（二）经济周期的变化

当经济到达繁荣的高峰阶段，会因生产能力大量过剩，商品供过于求，出现物价的持续下降，引发周期性的通货紧缩。

（三）投资和消费的有效需求不足

当人们预期实际利率进一步下降，经济形势继续不佳时，投资和消费需求都会减少，而总需求的减少会使物价下跌，形成需求拉下型的通货紧缩。

（四）新技术的采用和劳动生产率的提高

由于技术进步以及新技术在生产上的广泛应用，会大幅度地提高劳动生产率，降低生产成本，导致商品价格的下降，从而出现成本压低性的通货紧缩。

（五）金融体系效率的降低

如果在经济过热时，银行信贷盲目扩张，造成大量坏账，形成大量不良资产，金融机构自然会"惜贷"和"慎贷"，加上企业和居民不良预期形成的不想贷、不愿贷行为，必然导致信贷萎缩，同样减少社会总需求，导致通货紧缩。

（六）体制和制度因素

体制变化（企业体制、保障体制等）一般会打乱人们的稳定预期，如果人们预期将来收入会减少，支出将增加，那么人们就会"少花钱，多储蓄"，引起有效需求不足，物价下降，从而出现体制变化性的通货紧缩。

（七）汇率制度的缺陷

如果一国实行钉住强币的联系汇率制度，本国货币又被高估，那么，会导致出口下降，国内商品过剩，企业经营困难，社会需求减少，则物价就会持续下跌，从而形成外部冲击性的通货紧缩。

我国存在严重的通货紧缩，其形成原因是复杂的，既有深远的全球经济形势背景，又受到我国内部因素的多重影响，既有客观原因，也有主观原因。对形成我国通货紧缩局面的主要原因，存在不同看法。

有的学者认为，导致我国通货紧缩的主要原因不在国内，而是由国际通货紧缩的大背景决定的，亚洲金融危机不仅使世界经济增长率大幅度下降，而且使生产能力大量过剩，需求减少，导致国际商品价格大幅度下降；同时，东南亚一些国家和地区为摆脱危机，大幅度贬值本国货币，向世界市场低价出口其商品，大大增加了我国商品出口的竞争压力，而商品出口已成为我国总需求的重要组成部分，出口受阻必然影响我国的需求，因而出现了通货紧缩。更多的学者认为，外部冲击只是一个诱因，导致我国通货紧缩的主要原因只能在国内寻找，而且要从总量、结构和体制等角度去寻找。我国正处于制度变迁和转型时期，由于原来的稳定预期被打破，居民的消费行为变得更为保守，都在推迟消费需求，而现实消费需求的不足则会使商品变得过剩；我国多年来盲目投资，重复建设，形成了极不合理的产业结构和生产结构，而低水平生产能力的大量过剩，必然造成众多产品供大于求，引起物价下降，出现通货紧缩；面对通货紧缩局面的慢慢形成，由于缺乏经验，货币政策调整的滞后，加剧了通货紧缩的形成。

四、影响危害

长期以来，通货紧缩的危害往往被人们轻视，并认为它远远小于通货膨胀对经济的威胁。然而，通货紧缩的历史教训和全球性通货紧缩的严峻现实迫使人们认识到，通货紧缩与通货膨胀一样，会对经济发展造成严重危害。

（一）加速经济衰退

通货紧缩导致的经济衰退表现在三方面：一是物价的持续、普遍下跌使企业产品价格下跌，企业利润减少甚至亏损，这将严重打击生产者的积极性，使生产者减少生产甚至停产，结果社会的经济增长受到抑制。二是物价的持续、普遍下跌使实际利率升高，这将有利于债权人而损害债务人的利益。而社会上的债务人大多是生产者和投资者，债务负担的加重无疑会影响他们的生产与投资活动，从而对经济增长造成负面影响。三是物价下跌引起的企业利润减少和生产积极性降低，将使失业率上升，实际就业率低于充分就业率，实际经济增长低于自然增长。

（二）导致社会财富缩水

通货紧缩发生时，全社会总物价水平下降，企业的产品价格自然也跟着下降，企业的利润随之减少。企业盈利能力的下降使企业资产的市场价格也相应降低。而且，产品价格水平的下降使单个企业的产品难以卖出，企业为了维持生产周转不得不增加负债，负债率的提高进一步使企业资产的价格下降，企业资产价格的下降意味着企业净值的下降和财富的减少。在通货紧缩的条件下，供给的相对过剩必然会使众多劳动者失业，此时劳动力市场供过于求的状况将使工人的工资降低，个人财富减少。即使工资不降低，失业人数的增多也使社会居民总体的收入减少，导致社会财富缩水。

（三）分配负面效应凸显

通货紧缩的分配效应可以分两个方面来考察，即社会财富在债务人和债权人之间的分配以及社会财富在政府与企业、居民之间的分配。从总体来看，经济中的债务人一般为企业，而债权人一般为居民。因此，社会财富在债务人与债权人之间的分配也就是在居民和企业之间的分配。

企业在通货紧缩的情况下，由于产品价格的降低，使企业利润减少，而实际利率升高，使作为债务人的企业的收入又进一步向债权人转移，这又加重了企业的困难。为维持生计，企业只有选择筹集更多的债务来进行周转，这样企业的债务总量势必增加，其债务负担更加沉重，由此企业在财富再分配的过程中将处于更加恶劣的地位。如此循环往复，这种财富的分配效应不断得到加强。

（四）可能引发银行危机

与通货膨胀相反，通货紧缩有利于债权人而有损于债务人。通货紧缩使货币越来越昂贵。这实际上加重了借款人的债务负担，使借款人无力偿还贷款，从而导致银行形成大量不良资产，甚至使银行倒闭，金融体系崩溃。因此，许多经济学家指出："货币升值是引起一个国家所有经济问题的共同原因"。

欧盟统计局2015年1月7日公布的数据显示，欧元区2014年12月通胀率初值为负0.2%，为2009年10月以来首次跌入负值，市场对欧元区面临通货紧缩风险的担忧加剧。新年伊始，不断下跌的国际原油价格令全球经济通货紧缩风险陡增，日本和欧洲央行或加码量化宽松抵抗通货紧缩。

五、利弊

一般来说，适度的通货紧缩，通过加剧市场竞争，有助于调整经济结构和挤去经济中的"泡沫"，也会促进企业加强技术投入和技术创新，改进产品和服务质量，对经济发展有积极作用的一面。

但过度的通货紧缩，会导致物价总水平长时间、大范围下降，市场银根趋紧，货币流通速度减慢，市场销售不振，影响企业生产和投资的积极性，强化居民"买涨不买落"心理，左右企业的"惜投"和居民的"惜购"，大量的资金闲置，限制社会需求的有效增长，最终导致经济增长乏力，经济增长率下降，对经济的长远发展和人民群众的长远利益不利。由此来看，通货紧缩对经济发展有不利的一面。为此，我们必须通过加大政府投资的力度，刺激国内需求，抑制价格下滑，保持物价的基本稳定。

与通货膨胀相反，通货紧缩意味着消费者购买力增加，但持续下去会导致债务负担加重，企业投资收益下降，消费者消极消费，国家经济可能陷入价格下降与经济衰退相互影响、恶性循环的严峻局面。通缩的危害表现在：物价下降了，却在暗中让个人和企业的负债增加了，因为持有资产实际价值缩水了，而对银行的抵押贷款却没有减少。比如人们按揭购房，通缩可能使购房人拥有房产的价值，远远低于他们所承担的债务。

六、治理办法

由于通货紧缩形成的原因比较复杂，并非由单一的某个方面的原因引起，而是由多种因素共同作用形成的混合性通货紧缩，因此治理的难度甚至比通货膨胀还要大，必须根据不同国家不同时期的具体情况进行认真研究，才能找到有针对性的治理措施。下面以我国存在的通货紧缩为例，提出治理通货紧缩的一般措施，包括两个方面。

（一）实行扩张性的财政政策和货币政策

要治理通货紧缩，必须实行积极的财政政策，增加政府公共支出，调整政府收支结构。对具有极大增长潜力的高新技术产业，实行税收优惠，尽可能地减少对企业的亏损补贴以及各种形式的价格补贴，利用财政贴息的方式启动民间投资，大力发展民营经济，引导其资金投向社会急需发展的基础设施领域，在继续增加国家机关和企事业单位以及退休人员工资的基础上，更要把增加农民和中低收入者的收入水平当作一件大事来抓。总之，实行积极的财政政策，就是要在加大支出力度的基础上，优化财政收支结构，既要刺激消费和投资需求，又要增加有效供给。

通货紧缩既然是一种货币现象，那么治理通货紧缩，也就必须采取扩张性的货币政策，增加货币供给，以满足社会对货币的需求。增加货币供给的方式不外乎从基础货币和货币乘数两个方面着手。作为中央银行可以充分利用自己掌握的货币政策工具，影响和引导商业银行及社会公众的预期和行为。在通货紧缩时期，一般要降低中央银行的再贴现率和法定存款准备金率，从社会主体手中买进政府债券，同时采用一切可能的方法，鼓励商业银行扩张信用，从而增加货币供给。具体操作要根据造成货币供给不足的原因，灵活掌握。

财政政策与货币政策的配合运用，是治理通货紧缩和通货膨胀的主要政策措施，但由于货币政策具有滞后性的特点，而且在通货紧缩时期，利率弹性较小，因此财政政策的效果一般比货币政策更直接有效。

（二）加大改革，充分发挥市场机制

市场经济是在全社会范围内由市场配置资源的经济，市场经济不是万能的，但实践证明它是最优的，政府对"市场缺陷"的矫正，必须限制在一定的范围，受到约束，否则，对经济的破坏作用是巨大的。反思我国通货紧缩局面的形成，无不跟政府主导型发展战略有关，像国有企业大量亏损，失业现象严重，重复建设造成经济结构的扭曲，短缺与无效供给的并存以及政府部门的腐败，效率低下等都与政府对市场的不信任、对市场的过度干预紧密相连。因此，要想尽快走出通货紧缩的困境，必须加大改革力度，充分发挥市场机制的作用，积极推进国有企业的转制工作，甩掉国有企业的沉重包袱，建立现代企业制度，增强国有企业的活力，使其真正发挥促进经济发展的关键作用，完善市场经济所需要的科技、教育、住房、卫生、医疗、社会保障制度。

七、鉴别方法

（一）货币均衡

货币均衡是指货币供给与货币需求之间的一种对比关系，是货币供求的一种理想状态，是在运动变化中达成的一个动态过程。它与商品、服务的总供求紧密联系在一起，货币供求在一定程度上反映了国民经济的均衡状态。货币均衡与信贷平衡是两个既有区别又有联系的概念。

（二）货币失衡

无论是货币供给大于需求，还是货币需求大于供给，都可通过社会的市场利率表现出来，货币的供求在一定程度上决定利率，而利率的变动也可在一定程度上反映货币的供求状况。除利率之外，货币失衡还会通过社会总供求的不平衡表现出来，其典型形式就是价格水平的波动。通货膨胀与通货紧缩实际上是货币供求失衡的两种表现形式。

（三）通货膨胀

通货膨胀是由于流通中货币过多，造成货币贬值、物价总水平采取不同形式持续上涨的经济现象。判断通货膨胀的发生与程度可以根据需要选择不同的物价指数进行。按照不同的标准，通货膨胀可以分为许多类型，不同类型的通货膨胀形成的原因也各不相同，由此形成了需求拉动、成本推动、供求混合、结构影响的通货膨胀理论。通货膨胀不仅影响人们的日常生活，而且影响社会经济的各个方面，这种影响的大小，一方面取决于通货膨胀的严重程度，另一方面还取决于人们对它的预期。由于人们对通货膨胀的成因有着不同的看法，所以治理通货膨胀的对策也各不相同。

（四）通货紧缩

通货紧缩是与通货膨胀相对应的一个概念，虽然在定义上仍有争论，但对于物价的全面持续下降这一点却是共同的。判断通货紧缩的程度也同样要利用各种不同的物价指数。关于通货紧缩的起因、发展与加深，不同国家在不同时期是不同的，不同的经济学家也有不同的认识，由此形成了不同的通货紧缩理论。我国存在的通货紧缩，其形成、发展有着较为特殊的复杂原因，既有深远的国际经济背景，又受到我国内部因素的多重影响，治理的难度也较大，其措施不外乎实行扩张性的财政、货币政策和深化改革。

第十八章　金融监管

第一节　金融监管概述

一、金融监管的含义与目标

（一）金融监管的含义

金融监管是金融监督和金融管理的总称。综观世界各国，凡是实行市场经济体制的国家，无不客观地存在政府对金融体系的监管。

从词义上讲，金融监督是指金融主管当局对金融机构实施的全面性、经常性的检查和督促，并以此促进金融机构依法稳健地经营和发展。金融管理是指金融主管当局依法对金融机构及其经营活动实施的领导、组织、协调和控制等一系列的活动。

金融监管有狭义和广义之分。狭义的金融监管是指中央银行或其他金融监管当局依据国家法律规定对整个金融业（包括金融机构和金融业务）实施的监督管理。广义的金融监管在上述含义之外，还包括了金融机构的内部控制和稽核、同业自律性组织的监管、社会中介组织的监管等内容。

（二）金融监管的目标

（1）维持金融业健康运行的秩序，最大限度地减少银行业的风险，保障存款人和投资者的利益，促进银行业和经济的健康发展。

（2）确保公平而有效地发放贷款的需要，由此避免资金的乱拨乱划，防止欺诈活动或者不恰当的风险转嫁。

（3）金融监管还可以在一定程度上避免贷款发放过度集中于某一行业。

（4）银行倒闭不仅需要付出巨大代价，而且会波及国民经济的其他领域。金融监管可以确保金融服务达到一定水平从而提高社会福利。

（5）中央银行通过货币储备和资产分配来向国民经济的其他领域传递货币政策。金融监管可以保证实现银行在执行货币政策时的传导机制。

（6）金融监管可以提供交易账户，向金融市场传递违约风险信息。

二、金融监管的对象与内容

（一）金融监管的主要对象

金融监管的传统对象是国内银行业和非银行金融机构，但随着金融工具的不断创新，金融监管的对象逐步扩大到那些业务性质与银行类似的准金融机构，如集体投资机构、贷款协会、银行附属公司或银行持股公司所开展的准银行业务等，甚至包括对金边债券市场业务有关的出票人、经纪人的监管等。

目前，一国的整个金融体系都可视为金融监管的对象。

（二）金融监管的主要内容

金融监管的主要内容包括：对金融机构设立的监管；对金融机构资产负债业务的监管；对金融市场的监管，如市场准入、市场融资、市场利率、市场规则等；对会计结算的监管；对外汇外债的监管；对黄金生产、进口、加工、销售活动的监管；对证券业的监管；对保险业的监管；对信托业的监管；对投资黄金、典当、融资租赁等活动的监管。

其中，对商业银行的监管是重点。主要内容包括市场准入与机构合并、银行业务范围、风险控制、流动性管理、资本充足率、存款保护以及危机处理等方面。

三、金融监管的原则

所谓金融监管原则，即在政府金融监管机构以及金融机构内部监管机构的金融监管活动中，始终应当遵循的价值追求和最低行为准则。金融监管应坚持以下基本原则。

（一）依法原则

依法监管原则又称合法性原则，是指金融监管必须依据法律、法规进行。监管的主体、监管的职责权限、监管措施等均由金融监管法和相关行政法律、法规规定，监管活动均应依法进行。

（二）公开、公正原则

监管活动应最大限度地提高透明度。同时，监管当局应公正执法、平等对待所有金融市场参与者，做到实体公正和程序公正。

（三）效率原则

效率原则是指金融监管应当提高金融体系的整体效率，不得压制金融创新与金融竞争。同时，金融监管当局合理配置和利用监管资源以降低成本，减少社会支出，从而节约社会公共资源。

（四）独立性原则

银行业监督管理机构及其从事监督管理工作的人员依法履行监督管理职责，受法律保护，地方政府、各级政府部门、社会团体和个人不得干涉。

（五）协调性原则

监管主体之间职责分明、分工合理、相互配合。这样可以节约监管成本，提高监管的效率。

第二节　金融监管体制

一、金融监管的方式

（一）公告监管

公告监管是指政府对金融业的经营不作直接监督，只规定各金融企业必须依照政府规定的格式及内容定期将营业结果呈报政府的主管机关并予以公告，至于金融业的组织形式、金融企业的规范、金融资金的运用，都由金融企业自我管理，政府不对其多加干预。

公告监管的内容包括：公告财务报表、最低资本金与保证金规定、偿付能力标准规定。在公告监管下金融企业经营的好坏由其自身及一般大众自行判断，这种将政府和大众结合起来的监管方式，有利于金融机构在较为宽松的市场环境中自由发展。

但是，由于信息不对称，公众很难评判金融企业经营的优劣，对金融企业的不正当经营也无能为力。因此公告监管是金融监管中最宽松的监管方式。

（二）规范监管

规范监管又称准则监管，是指国家对金融业的经营制定一定的准则，要求其遵守的一种监管方式。在规范监管下，政府对金融企业经营的若干重大事项，如金融企业最低资本金、资产负债表的审核、资本金的运用，违反法律的处罚等，都有明确的规范，但对金融企业的业务经营、财务管理、人事等方面不加干预。

这种监管方式强调金融企业经营形式上的合法性，比公告监管方式具有较大的可操作性，但由于未触及金融企业经营的实体，仅依据一些基本准则，难以起到严格有效的监管作用。

（三）实体监管

实体监管是指国家订立完善的金融监督管理规则，金融监管机构根据法律赋予的权力，对金融市场，尤其是金融企业进行全方位、全过程有效的监督和管理。

实体监管过程分为三个阶段：

第一阶段是金融业设立时的监管，即金融许可证监管；第二阶段是金融业经营期间的监管，这是实体监管的核心；第三阶段是金融企业破产和清算的监管。

实体监管是国家在立法的基础上通过行政手段对金融企业进行强有力的管理，比公告监管和规范监管更为严格、具体和有效。

二、金融监管的结构

根据G30的报告，现有的金融监管结构可以归纳为四种模式：

（1）机构模式。这种模式是通过法定单位对机构进行监管，大部分国家包括美国在内都采用这种模式。

（2）功能模式。这种模式对个体机构的功能进行监管，很多国家都或多或少采用了这种模式，但没有一个国家单纯采用该模式。

（3）整合模式。这种模式是由超级监管者执行，像日本和英国就采取此种模式。

（4）双峰模式。双峰这种模式将审慎监管者和行为监管者区分开来，前者主要依靠信息披露和市场行为，其典型代表是澳大利亚和荷兰。

需要注意的是无论何种模式都没有能够有效地阻止金融危机的发生。单纯的机构模式肯定不能适应金融业发展的变化，但其他几种模式也同样存在自身的缺陷。因此，此次全球金融监管改革已经并非是向何种模式靠拢的问题，而是改革现有结构的问题。无论是采用机构模式的美国还是采用整合模式的英国，都对本国的金融监管结构进行了改革，弥补监管漏洞，提高监管效率。其中，最为重要的调整都是应对系统性风险，设立专门的机构或者赋予某个机构监管系统重要性公司超级权力，维护金融稳定。

三、金融监管的手段

金融监管的手段即金融监管主体为实现金融监管目标而采用的各种方式、方法和措施。从世界各国的金融监管实践来看，金融监管主体主要是通过法律手段、行政手段和经济手段对金融活动实施监管。

（一）法律手段

各国金融监管机构和风格虽然有所不同，但在依法管理这一点上是相同的。金融机构必须接受国家金融管理当局的监管，金融监管必须依法进行。这是金融监管的基本点。只有保证金融监管的权威性、严肃性、强制性和一贯性，才能保证其有效性。要做到这一点，金融法规的完善和依法监管是必不可少的。

（二）金融稽核

金融稽核是指中央银行或金融监管当局根据国家规定的职责对金融业务活动进行的监督和检查。它是以管辖行在稽核机构派出人员以超脱的公正的客观地位，对辖属行、处、所等，运用专门的方法，就其真实性、合法性、正确性、完整性做出评价和建议，向派出机构及有关单位提出报告。它属于经济监督体系中的一个重要组成部分，与纪检、监察、审计工作有着密切的联系。金融稽核的主要内容包括业务经营的合法性、资本金的充足性、资产质量、负债的清偿能力、盈利情况、经营管理状况等。

（三）"四结合"监管方法

1.现场稽核与非现场稽核相结合

现场稽核是指监管当局安排人员到被稽核的单位，非现场稽核是指被稽核单位按照规定日期将各种报表报送监管当局，稽核部门按照一定程序和标准凭以进行稽核分析。

2.定期检查与随机抽查相结合

定期检查是指按照事先确定的日期进行稽核检查，随机抽查是根据情况随时进行，不预先通知被稽核单位。

3.全面监管与重点监管相结合

全面监管是指对金融机构从申请设立、日常经营到市场退出的所有活动都进行全方位的监管。重点监管是指在全面监管的基础上，抓住关键问题或重要环节进行特别监管。

4.外部监管与内部自律相结合

外部监管既包括官方监管，也包括社会性监督。社会性监督主要有审计、律师事务所和信用评级机构等。内部自律主要包括金融机构内部的自我控制机制和行业公会的同业互律等。

四、金融监管的重要性

综合世界各国金融领域广泛存在的金融监管，我们认为，金融监管具有以下深层次的原因和意义。

（一）金融市场失灵和缺陷

金融市场失灵主要是指金融市场对资源配置的无效。主要针对金融市场配置资源所导致的垄断或者寡头垄断，规模不经济及外部性等问题。金融监管试图以一种有效方式来纠正金融市场失灵，但实际上关于金融监管的讨论，更多地集中在监管的效果而不是必要性方面。

（二）道德风险

道德风险是指由于制度性或其他的变化所引发的金融部门行为变化，以及由此产生的有害作用。在市场经济体制下，存款人（个人或集体）必然会评价商业性金融机构的安全性。但在受监管的金融体系中，个人和企业通常认为政府会确保金融机构安全，或至少在发生违约时偿还存款，因而在存款时并不考虑银行的道德风险。一般而言，金融监管是为了降低金融市场的成本，维持正常合理的金融秩序，提升公众对金融的信心。因此，监管是一种公共物品，由政府公共部门提供的旨在提高公众金融信心的监管，是对金融市场缺陷的有效和必要补充。

（三）现代货币制度演变

从实物商品、贵金属形态到信用形态，一方面使金融市场交易与资源配置效率提高，另一方面产生了现代纸币制度和部分储备金制度，两种重要的金融制度创新。

（四）信用创造

金融机构产品或服务创新其实质是一种信用创造，这一方面可以节省货币，降低机会成本；另一方面也使商业性结构面临更大的支付风险。金融系统是"多米诺"骨牌效应典型的经济系统之一。任何对金融机构无力兑现的怀疑都会引起连锁反应，骤然出现的挤兑狂潮会在很短时间内使金融机构陷入支付危机，这又会导致公众金融信心的丧失，最终导致整个金融体系的崩溃。金融的全球化发展将使一国国内金融危机对整个世界金融市场的作用表现得更为直接迅速。

第三节　金融监管的国际化与金融监管的国际协调

一、金融监管的国际化

随着银行业的国际化，各国金融市场间的相互依赖性不断增强，各种风险开始在国家之间、市场之间相互转移扩散，这使越来越多的国家意识到加强各国监管当局之间的联系与合作的必要性和迫切性，并开始采取各种积极措施来寻求监管方式和技术的一致性。巴塞尔委员会是世界上最具影响力的国际性银行监管合作组织，它在这一领域中扮演着十分重要的角色。该委员会的宗旨不是协调各国的法律和惯例，而是谋求建立不同法规框架之间的联系，以确保所有的银行都能在某些广泛的原则下受到监督。

（一）巴塞尔协议

巴塞尔协议是巴塞尔委员会近年来颁布的一系列国际统一银行监管的重要文件的合称。主要包括《巴塞尔协议》《修订后的巴塞尔协议》《巴塞尔报告》和《巴塞尔建议》等重要文件。

《巴塞尔协议》(《关于银行海外机构的监管原则》)发表于1975年,其主要内容是划分母国和东道国监管当局对银行海外机构的监管责任。《修订后的巴塞尔协议》发表于1983年5月,进一步明确了监督责任的划分原则。《巴塞尔报告》是为了统一对国际性银行资本充足性的监管标准,抑制跨国银行之间的不公平竞争而于 1988 年正式通过的,即《关于统一国际银行资本测量和资本标准的报告》。该文件中有关银行一般资本构成和资本充足性的测量方法与原则得到了工业化国家和新兴市场国家的认可,是目前在世界范围内影响面最广的一项国际性银行监管原则和标准。《巴塞尔建议》是1992年6月发表的《关于监督国际性银行业集团及其跨国分支机构的最低标准的建议》的简称。

(二)有效银行监管的核心原则

巴塞尔协议对推进金融监管的国际合作发挥了重要的作用。但进入20世纪90年代以后,由于国际银行业的经营环境发生了较大变化,银行业若仅达到《巴塞尔报告》规定的资本充足率要求已远不足以充分防范金融风险。有鉴于此,1997年9月巴塞尔委员会颁布了《有效银行监管的核心原则》(以下简称《核心原则》),在继续保持设定银行最低限度的资本要求的同时,更加注重多角度、全方位的系统性监管。这是一套能涵盖监管领域的各主要方面、适应于所有国家的、旨在维护全球银行体系安全稳定的基本监管原则。主要内容有:监管制度和基础设施、新建银行的审批、需要特批的各项具体业务、银行的监管手段、审慎监管原则的制定与实施、银行的报告规定、问题银行的处理、存款保险、对海外机构的监管、对外资机构的监管和反洗钱,等等。以下分四点加以阐述。

1.关于有效银行监管的前提条件

监管部门在履行监管职能时要具备必要的法律权力和独立性,即监管者必须有权向银行索取信息并进行现场稽查,以便对银行的经营状况做出评价;必须有权采取适当的监管措施(包括在必要时吊销银行的经营执照)。否则,无论银行监管系统设计得多么合理,也不能称之为有效。监管者必须有能力在不受外界压力或影响的情况下开展工作。应当在法律上保护监管者,明确其在执行公务时对采取监管行动所产生的后果可以不承担个人责任。银行监管的重要使命还要求监管机构必须拥有一批训练有素且忠于职守的监管人员,必须有充足的财力保证监管工作正常运转。

要实施有效银行监管还应具备完善的公共金融基础设施，即应有一整套法律体系、综合完善的会计准则、独立有效的外部审计系统、有效的银行监管、安全高效的支付和清算系统。否则，金融体系的稳健性将受到威胁。

2.关于新银行的审批程序和结构控制

银行的性质和业务活动必须有明确的界定，银行监管应当建立在对存款机构的审批体系上。监管当局应当拥有识别监管对象及控制银行系统市场准入的手段。审批程序至少应包括：银行的所有权结构，董事和管理层的资格，经营规划和内部控制，预期财务状况等。涉及跨国银行时还必须事先征得母国监管当局的同意。审批机构必须有权拒绝批准不具备条件的申请者进入银行业。

监管当局应当对银行业务活动范围有控制能力，必须有权对银行向其他方面转让大量股份或控制权、开展重大收购与投资等活动进行审查，以防止因结构变化给银行带来过度风险或不利于实施有效监管。

3.关于持续性监管的标准和手段

（1）要明确风险监管的标准和要求。监管当局必须通过规定最低标准，从资本充足性、贷款损失准备金、资产集中、流动性、风险管理和内部控制等方面对银行进行审慎监管。监管当局必须对银行提出反映其风险程度的最低资本要求，并根据各种资本吸收损失的能力确定资本构成，对活跃的国际性银行，资本要求不应低于巴塞尔资本协议的规定。应建立对银行贷款、投资以及贷款和投资组合管理政策、程序的独立评估制度。必须要求银行建立完善的资产质量考核与贷款损失准备金提取制度。为了防止关联贷款出现问题，监管当局必须要求银行在向关联企业和个人提供贷款时持严格审慎态度，并进行有效监控。银行必须按照监管当局的要求建立全面的风险管理程序，对各种风险进行有效监控，并保持充分的风险准备金。银行还必须建立与其业务性质及规模相适应的内控机制和内部稽核制度，内部稽核部门要有充分的独立性，必须能够直接向高级管理层或董事会负责，而不受经营管理部门的牵制和影响。

（2）要健全对银行进行持续监管的手段。银行必须具有并向监管当局提供全面真实的会计记录。监管部门应当具备对监管对象实施现场稽核和非现场稽核的有效手段，能够在统一并表的基础上收集、审查和分析银行数据及报告，并能通过现场稽查或外部审计师提供的银行有关信息进行审核。此外，监管当局还应与银行管理层保持定期联系，深入了解商业银行机构的运作情况。

4. 关于对有问题银行的处理和存款保护

监管当局对有问题的不同银行采取行动的强度应当根据问题的性质和严重程度而有所区别。必须有能力限制此类银行的当前业务并停止批准其新的业务或收购活动，还应该有能力通过限制或暂停支付红利、禁止资产的转让及出售等手段来保持银行的净资产值。监管当局有权撤换银行的管理层或董事，必要时可将某些人永远逐出银行业。在一些极端情况下，监管当局应有能力对有问题银行进行接管。当所有努力都失败后，为了维护整个金融体系的完整和稳定，监管当局必须有能力断然关闭有问题的机构。

当银行倒闭时，存款保护为银行的债权人提供了一个安全网，同时也抑制了某一家银行出现的问题对同一市场中其他较健全银行的影响，从而降低风险在整个银行体系蔓延或发生连锁反应的可能性。不过，存款保护也会在一定程度上怂恿某些银行的轻率行为，并可能冲淡存款人的风险意识。因此，监管当局应当与政府部门合作，努力促成存款保护制度的建立并运作。

可以看出，《核心原则》的特点是：对银行业进行全方位风险监控；强调建立银行监管的有效系统；注重建立银行自身的风险防范约束机制；提出对银行业持续监管的手段；等等。从它的内容和特点来看，国际性金融机构与各国金融监管机构在对银行业全方位监管方面已经趋同化。特别需要指出的是，尽管《核心原则》与巴塞尔委员会的其他文件一样也没有"法律约束力"，但从以往经验看（如巴塞尔资本充足性标准），随着《核心原则》的广泛推行，它会成为一个衡量各国银行监管水平的国际公认标准。如果一国的银行监管与《核心原则》的差距较大，必然会影响该国金融监管当局的国际信誉，降低世界金融市场对该国金融机构的信心，使该国金融业在国际竞争和业务发展中处于十分被动和不利的地位。

二、金融监管的国际协调与合作

金融监管的国际协调与合作是指国际经济组织、金融组织与各国，以及各国之间在金融政策、金融规制等方面采取共同步骤和措施，通过相互的协调与合作，达到协同干预、管理与调节金融运行，并提高其运行效益的目的。进行金融监管国际协调与合作的主体是主要的国际性经济组织、金融组织，它们共同或联合对经济、金融活动进行干预、管理与调节是协调与合作的最基本特征。

（一）金融监管的国际协调与合作的形式

受经济发展的不平衡、国家间不同的政治制度和法律制度等因素的影响，各国的金融制度、监管体系与政策措施各具特色，所以，金融监管的国际协调与合作的形式也是多样化的，以适应不同的监管方式。具体来说，金融监管的国际协调与合作主要有以下几种形式。

（1）从协调与合作的地域范围来看，金融监管的国际协调与合作可分为：全球性的国际协调与合作和区域性的国际协调与合作。前者是指不同主体在世界范围内进行的协调与合作，既包括那些全球化的经济组织所进行的国际协调与合作，如国际货币基金组织和世界贸易组织所策划与安排的多边经济、金融政策的协调与合作；也包括由主要国际及地区经济组织进行的对全球经济有重大影响的协调，如西方七国集团首脑会议和经济合作与发展组织的国际协调与合作。后者是指不同的主体在区域范围内进行的多边协调与合作，如欧盟为了全体成员国的利益而在经济、金融等方面进行的协调与合作。

（2）从协调与合作的具体内容来看，金融监管的国际协调与合作可分为综合性质的国际协调与合作和专门化的国际协调与合作。前者涉及银行、投资、保险及金融创新等金融领域的各个方面的内容，如在信息交换、政策融合、危机防范、紧急拯救等方面的协调与合作。IMF和WTO等机构组织在这种形式的协调与合作方面具有强大的影响力，尤其是WTO，它在国际金融、国际贸易与国际投资等方面的作用日益增强。后者是指在某一金融领域内的协调与合作，目前主要是银行、证券、投资等领域的协调与合作，如国际证券事务监察委员会组织(IOSCO)(简称国际证监会组织)和国际证券交易所联合会(FIBV)。

（3）从协调与合作的途径来看，金融监管国际协调与合作可分为协议、规则性国际协调与合作和制度性的国际协调与合作。前者指有关国际协调与合作的主体通过制定颁布各国应遵守的若干协议、准则，从而达到协调与合作的目的。IMF协定、《巴塞尔协议》、巴塞尔银行监管委员会和国际证券协会联合颁布的对金融衍生产品风险监管的有关规定等都是典型例子。后者则侧重于通过建立协调国际经济、金融事务的金融制度或体制来实现国际间的协调与合作。在这种指导思想下诞生了布雷顿森林体系、巴塞尔银行监管委员会、欧洲货币联盟，等等。

（4）从协调与合作的频率来看，金融监管国际协调与合作可分为经常性的国际协调与合作和临时性的国际协调与合作。前者是指对某一领域存在的问题经常、不间断地进行协调，如IMF对成员国的国际收支等方面出现的问题进行的协调及成员国之间为协调汇率而进行的合作。后者只是在某一领域内出现突发性问题时才临时进行的，如金融危机发生后，有关国家或地区采取共同措施进行补救。

（5）从协调与合作的主体来看，金融监管国际协调与合作可分为：①机构协调与合作，是指由特定的经济、金融组织和某些重要的金融机构出面安排和组织的国际政策协调。前者如IMF，BIS和WTO等牵头组织的多边经济、金融政策协调；后者如多家著名银行制定公布的《卧虎斯堡反洗钱原则指针》。②政府协调与合作，是指有关国家政府经常性或临时性召开的国际经济、金融会议进行的协调与合作，如西方七国财政部长会议、西方七国首脑会议等。

金融监管国际协调与合作还可根据程度不同，分为绝对的国际协调与合作和相对的国际协调与合作；根据态度不同，又可分为被动性协调与合作和主动性协调与合作。

（二）金融监管的国际协调与合作的实践

其实金融监管国际协调与合作在20世纪30年代就已开始了，但是，由于20世纪30年代以前，经济学崇尚自由主义与自由放任的经济政策，因此，这一时期并没有明确的经济、金融协调与合作理论，甚至连一般的金融监管理论也很少。直到20世纪30年代大危机后，凯恩斯主义崛起，各国才开始对金融监管理论进行深入研究。虽然金融监管得到加强，但是金融监管国际协调与合作仍未得到相应的发展，大多只具有临时性质。这是金融监管国际协调与合作的第一阶段。"二战"后至1973年，是金融监管国际协调与合作的第二阶段。"二战"后，为了迅速重振各国经济，整顿金融秩序，国际社会建立了新的国际货币体系——布雷顿森林体系和一系列国际经济金融组织，如IMF、世界银行集团、经济合作与发展组织、关税与贸易总协定等，这标志着各国经济、金融开始走向国际协调与合作。但是，这一时期的金融监管国际协调与合作机制并不健全，其作用的范围也有限，更重要的是，由于该时期的协调与合作的规则主要制定者是发达国家，所以，发展中国家无法在该框架下获得相应的利益。机构性协调与合作是这一时期最为典型的特点。1973年布雷顿森林体系瓦解后，金融监管国际协调与合作迎来了大发展的时代，这也是金融监管国际协调与合作的第三阶段。金融监管国际协调与合作在汇率监督与调整、银行业跨国经营、证券市场交易等方面实现了实质性的突破。金融监管国际协调与合作对国际汇率的稳定发挥了至关重要的作用，如2000年欧元的大幅贬值就是在各国的联合干预下得到了有效控制。在银行方面，金融监管国际协调与合作的成果主要是成立巴塞尔银行监管委员会，以及制定实施了一系列相应的协议和规则；在证券市场交易和管理方面，金融监管国际协调与合作的重要成果则是于1983年建立了国际证券事务监察委员会组织（IOSCO），它是目前世界上唯一的一个多边证券监管组织，在抑制和惩治证券业欺诈活动的国际合作中发挥了重要作用，尤其是在制定双边和多边监管合作协议、信息交换、对证券衍生品的监管等方面，国际证监会组织更有着无法取代的地位。第三阶段的金融监管国际协调与合作与之前相比，显得相对成熟，其渠道和手段也较之前丰富、灵活，监管协调与合作的内容不再局限于原先的主要汇率监督与汇率制定安排，已经扩展到了银行业、证券市场等领域。

金融监管国际协调与合作在维护金融业在全球范围内的稳定与发展方面发挥了重要作用，主要表现在：对世界性的利率、汇率和股价变动有稳定作用；有利于防范或缓和货币和债务危机；有助于抑制全球性通货膨胀；促进国际银行业稳健发展；维护了新兴国际证券市场的公平性与稳定性；有助于调节国际经济失衡。当然，由于各国对协调时机、方式掌握不一致，协调机制自身不够完善，金融监管国际协调与合作也存在一些缺陷与不足，如有时做法过于急功近利，协调与合作的作用有限等。但是，毋庸置疑，随着各国对加强金融监管国际协调与合作的认识不断提升，金融监管国际协调与合作必然会进一步发展。金融监管国际化和国际合作要求有统一的监管标准和方法，但在世界各国金融体系和金融机构发展程度差异甚大的情况下，各国金融监管的制度环境和初始条件不同，这必将与日益统一的金融监管产生矛盾。因此，金融监管理论的发展必须对此有所反映，并且在金融国际监管的实践中，各国应本着求同存异的原则，在各国之间积极进行信息交流，加强国际间的协调与合作，建立国际救助机制，制止危机的传递。

第十九章　国际金融

第一节　外汇与汇率

一、外汇的定义与特征

外汇具有静态和动态两层含义。外汇的动态含义是指将一国的货币兑换成另一国的货币，借以清偿国际间债务债权关系的专门性货币经营活动，它是国际间汇兑（Foreign Exchange）的简称。外汇的静态含义则是指以外国货币表示的，用于国际间结算的支付手段和信用工具。这种支付手段包括以外币表示的信用工具和有价证券，如银行存款、商业汇票、银行汇票、银行支票、外国政府库券及其长短期证券等。

人们通常所说的外汇，一般都是就其静态意义而言的。因为在国际汇兑中一国的货币并非可以兑换任何他国的货币，只能兑换成各国都能接受的某种支付手段和信用工具，如外国货币、外币有价证券、外币支付凭证等。因此，国际货币基金组织（IMF）规定：外汇是货币行政当局以银行存款、财政部证券、长短期政府证券等形式所持有的国际收支逆差时可以使用的债权。所以，外汇具有以下三个特性：第一，可支付性，必须以外币表示的资产；第二，可兑换性；第三，可获得性，必须是在国外能够得到偿付的货币债权。

二、外汇的分类

（一）普遍分类

1.按受限程度分为自由兑换外汇、有限自由兑换外汇和记账外汇。

（1）自由兑换外汇，是指在国际结算中用的最多、在国际金融市场上可以自由买卖、在国际金融中可以用于偿清债权债务，并可以自由兑换其他国家货币的外汇。如美元、港元、加拿大元等。

（2）有限自由兑换外汇，是指未经货币发行国批准，不能自由兑换成其他货币或对第三国进行支付的外汇。国际货币基金组织规定凡对国际性经常往来的付款和资金转移有一定限制的货币均属于有限自由兑换货币。世界上有一大半的国家货币属于有限自由兑换货币，包括人民币。

（3）记账外汇，又称清算外汇或双边外汇，是指记账在双方指定银行账户上的外汇，不能兑换成其他货币，也不能对第三国进行支付。

2.按来源用途分为贸易外汇、非贸易外汇和金融外汇

（1）贸易外汇，也称实物贸易外汇，是指来源于或用于进出口贸易的外汇，即由于国际间的商品流通所形成的一种国际支付手段。

（2）非贸易外汇，是指贸易外汇以外的一切外汇，即一切非来源于或用于进出口贸易的外汇，如劳务外汇、侨汇和捐赠外汇等。

（3）金融外汇，与贸易外汇、非贸易外汇不同，其是属于一种金融资产外汇，如银行同业间买卖的外汇，既非来源于有形贸易或无形贸易，也非用于有形贸易，而是为了各种货币头寸的管理和控制。

（二）中国分类

1.按照管制

（1）现汇，中国《外汇管理暂行条例》所称的四种外汇均属现汇，是可以立即作为国际结算的支付手段；（2）购汇，国家批准的可以使用的外汇指标。如果想把指标换成现汇，必须按照国家外汇管理局公布的汇率牌价，用人民币在指标限额内向指定银行买进现汇，专业说法叫购汇，必须按规定用途使用购汇功能。

2.按照性质

（1）贸易外汇，来源于出口和支付进口的货款以及与进出口贸易有关的从属费用，如运费、保险费、样品、宣传、推销费用等所用的外汇；（2）非贸易外汇，进出口贸易以外收支的外汇，如侨汇、旅游、港口、民航、保险、银行、对外承包工程等外汇收入和支出。

（三）其他分类

（1）留成外汇。为鼓励企业创汇的积极性，企业收入的外汇在卖给国家后，根据国家规定将一定比例的外汇（指额度）返回创汇单位及其主管部门或所在地使用；

（2）调剂外汇。通过外汇调剂中心相互调剂使用的外汇；

（3）自由外汇。经国家批准保留的靠企业本身积累的外汇；

（4）营运外汇。经过外汇管理局批准的可以用收入抵支出的外汇；

（5）周转外汇额度和一次使用的外汇额度。一次使用外汇额度指在规定期限内没有使用完，到期必须上缴的外汇额度，而周转外汇额度在使用一次后还可继续使用。

（6）居民外汇和非居民外汇。境内的机关、部队、团体、企事业单位以及住在境内的中国人、外国侨民和无国籍人所收入的外汇属于居民外汇，暂时在某国或某地区居住者所持有的外汇为非居民外汇。

三、外汇的作用

外汇是国际经济交往的必然产物，同时它又在国际贸易中起着媒介作用，推动着国际经贸关系的进一步发展，而且外汇在国际政治往来、科学文化交流等领域中也起着非常重要的纽带作用。

（1）外汇作为国际结算的计价手段和支付工具，转移国际间的购买力，使国与国之间的货币流通成为可能，方便了国际结算。国际间各种形式的经济交往形成了国际间的债权债务关系，国际间债权债务的清算需要一定的支付手段。以贵金属货币充当国际支付手段时，国际间经济交往要靠相互运送大量贵金属来进行，这给国际经济交往带来许多麻烦和不便，妨碍了国际经济交往的扩大和发展。以外汇作为国际支付手段和支付工具进行国际清偿，不仅节省了运送贵金属的费用，而且缩短了支付时间，大大方便了国际支付。

（2）外汇的出现促进了国际贸易的发展。利用外汇进行国际结算，具有安全、便利的特点，因此加速了国际贸易的发展进程，扩大了国际贸易范围。

（3）外汇可调节资金在国际间的流动，调节国际间资金供求的不平衡，加速世界经济一体化的进程。各种外汇票据在国际贸易中的运用使国际间的资金融通范围扩大，同时随着各国开放程度不断加强，剩余资本借助外汇实现了全球范围的流动，因此外汇加快了资本流动的速度，扩大了资本流动的规模，促进了世界经济一体化进程的加快。同时，世界各国经济发展的不平衡，导致了资金余缺状况不同，存在调节资金余缺的客观需要。一般而言，发达国家存在资金过剩，而发展中国家则资金短缺，外汇可以加速资金在国际间流动，有助于国际投资和资本转移，使国际资本供求关系得到调节。

（4）外汇可以充当国际储备手段。一国需要一定的国际储备，以应付各种国际支付的需要。在黄金充当国际支付手段时期，各国的国际储备主要是黄金。随着黄金的非货币化，外汇作为国际支付手段，在国际结算中被广泛采用，因此外汇成为各国一项十分重要的储备资产。若一国存在国际收支逆差，就可以动用外汇储备来弥补；若一国的外汇储备多，则代表该国国际清偿能力强。外汇在国际支付中的重要作用，决定它是重要的国际储备手段；外汇在充当国际储备手段时，不像黄金那样必须存放在金库中，成为一种不能带来收益的暂时闲置资产。它广泛地以银行存款和以安全性好、流动性强的有价证券为存在形式，给持有国带来收益。

四、汇率的作用及影响

汇率亦称"外汇行市或汇价"。一国货币兑换另一国货币的比率，是以一种货币表示另一种货币的价格。由于世界各国货币的名称不同，币值不一，所以一国货币对其他国家的货币要规定一个兑换率，即汇率。

汇率是国际贸易中最重要的调节杠杆。因为一个国家生产的商品都是按本国货币来计算成本的，要到国际市场上竞争，其商品成本一定会与汇率相关。汇率的高低也就直接影响该商品在国际市场上的成本和价格，直接影响商品的国际竞争力。

（一）进出口

一般来说，本币汇率降低，即本币对外的比值贬低，能起到促进出口、抑制进口的作用；若本币汇率上升，即本币对外的比值上升，则有利于进口，不利于出口。

（二）物价

从进口消费品和原材料来看，汇率的下降要引起进口商品在国内的价格上涨。至于它对物价总指数影响的程度则取决于进口商品和原材料在国民生产总值中所占的比重。反之，其他条件不变，进口品的价格有可能降低，至于它对物价总指数影响的程度则取决于进口商品和原材料在国民生产总值中所占的比重。

（三）资本流动

短期资本流动常常受到汇率的较大影响。当存在本币对外贬值的趋势下，本国投资者和外国投资者就不愿意持有以本币计值的各种金融资产，并会将其转兑成外汇，发生资本外流现象。同时，由于纷纷转兑外汇，加剧外汇供不应求，会促使本币汇率进一步下跌。反之，当存在本币对外升值的趋势下，本国投资者和外国投资者就力求持有的以本币计值的各种金融资产，并引发资本内流。同时，由于外汇纷纷转兑本币，外汇供过于求，会促使本币汇率进一步上升。

五、汇率的标价方法

确定两种不同货币之间的比价，先要确定用哪个国家的货币作为标准。由于确定的标准不同，于是便产生了几种不同的外汇汇率标价方法。

（一）直接标价法

直接标价法，又叫应付标价法，是以一定单位（1、100、1000、10000）的外国货币为标准来计算应付多少单位本国货币。就相当于计算购买一定单位外币所应付多少本币，所以称为应付标价法。在国际外汇市场上，包括中国在内的世界上绝大多数国家目前都采用直接标价法。如日元兑美元汇率为119.05，即1美元兑119.05日元。

在直接标价法下，若一定单位的外币折合的本币数额多于前期，则说明外币币值上升或本币币值下跌，叫作外汇汇率上升；反之，如果用比原来较少的本币即能兑换到同一数额的外币，这说明外币币值下跌或本币币值上升，叫作外汇汇率下跌，即外币的价值与汇率的涨跌成正比。直接标价法与商品的买卖常识相似，例如，美元的直接标价法就是把美元外汇作为买卖的商品，以美元为1单位，且单位是不变的，而作为货币一方的人民币，是变化的。一般商品的买卖也是这样，500元买进一件衣服，550元把它卖出去，赚了50元，商品没变，而货币却增加了。

（二）间接标价法

间接标价法又称应收标价法。它是以一定单位（如1个单位）的本国货币为标准，来计算应收若干单位的外汇货币。在国际外汇市场上，欧元、英镑、澳大利亚元等均为间接标价法。如欧元兑美元汇率为0.9705，即1欧元兑0.9705美元。在间接标价法中，本国货币的数额保持不变，外国货币的数额随着本国货币币值的变化而变化。如果一定数额的本币能兑换的外币数额比前期少，这表明外币币值上升，本币币值下降，即外汇汇率上升；反之，如果一定数额的本币能兑换的外币数额比前期多，则说明外币币值下降、本币币值上升，即外汇汇率下跌，即外汇的价值和汇率的升跌成反比。因此，间接标价法与直接标价法相反。

直接标价法和间接标价法所表示的汇率涨跌的含义正好相反，所以在引用某种货币的汇率和说明其汇率高低涨跌时，必须明确采用哪种标价方法，以免混淆。

（三）美元标价法

美元标价法又称纽约标价法，是指在纽约国际金融市场上，除对英镑用直接标价法外，对其他外国货币用间接标价法的标价方法。美元标价法由美国在1978年9月1日制定并执行，国际金融市场上通行的标价法。

在金本位制下，汇率决定的基础是铸币平价(Mint Par)。在纸币流通条件下，其决定基础是纸币所代表的实际价值。

六、影响汇率波动的因素

（一）经济因素

1. 国际收支状况

当一国的国际收支出现顺差时，就会增加该国的外汇供给和国外对该国货币汇率的需求，进而引起外汇的汇率下降或顺差国货币汇率的上升；反之，当一国国际收支出现逆差时，就会增加该国的外汇需求和本国货币的供给，进而导致外汇汇率的上升或逆差国货币汇率的下跌。

在国际收支这一影响因素中，经常性收支尤其是贸易收支，对外汇汇率起决定性作用。

2. 通货膨胀程度

通货膨胀是影响汇率变动的一个长期、主要而又有规律性的因素。

通货膨胀可以通过以下三个方面对汇率产生影响：

（1）商品、劳务贸易。一国发生通货膨胀，该国出口商品、劳务的国内成本就会提高，进而必然影响其国际价格，削弱了该国商品和劳务在国际市场的竞争力，影响出口外汇收入。同时，在汇率不变的情况下，该国的进口成本会相对下降，且能够按已上涨的国内物价出售，由此便使进口利润增加，进而会刺激进口，外汇支出增加。这样，该国的商品、劳务收支会恶化，由此也扩大了外汇市场供求的缺口，推动外币汇率上升和本币汇率下降。

（2）国际资本流动。一国发生通货膨胀，必然使该国的实际利率降低，投资者为追求较高的利率，就会把资本移向海外，这样，又会导致资本项目收支恶化。资本的过多外流，导致外汇市场外汇供不应求，外汇汇率上升，本币汇率下跌。

（3）人们的心理预期。一国通货膨胀不断加重，会影响人们对该国货币汇率走势的心理预期，继而产生有汇惜售、待价而沽与无汇抢购的现象，其结果会刺激外汇汇率的上升，本币汇率的下跌。

3. 利率水平

一国利率水平的高低，是反映借贷资本供求状况的主要标志。即看汇率的预期变动，只有当外国利率加汇率的预期变动率之和大于本国利率时，把资本移往国外才有利可图。一国利率水平相对提高，会吸引外国资本流入该国，从而增加对该国货币的需求，该国货币汇率就趋于上浮。反之，一国的利率水平相对降低，会直接引起国内短期资本流出，从而减少对该国货币的需求，该国货币汇率就下浮。但是，利率的变化对国际资本流动影响的程度多大，还要看是否满足利率平价理论。利率政策之所以会影响汇率，还必须看一国通货膨胀的程度。

4. 经济增长率差异

在其他条件不变的情况下，一国经济增长率相对较高，其国民收入增加相对也会较快，这样会使该国增加对外国商品劳务的需求，结果会使该国对外汇的需求相对于其可得到的外汇供给来说趋于增加，该国货币汇率下跌。

但要注意两种特殊情况：

（1）对于出口导向型国家，经济增长主要是由出口增加推动的，经济较快增长伴随出口的高速增长，此时出口增加往往超过进口增加，这样会出现汇率不跌反而上升的现象。

（2）如果国内外投资者把该国较高的经济增长率视作经济前景看好、资本收益率提高的反映，则会导致外国对本国投资的增加，如果流入的资本能够抵销经常项目的赤字，该国的货币汇率亦可能不跌反升。

5. 财政收支状况

当一国出现财政赤字后，其弥补方式不当，汇率就会出现波动。

一国政府弥补财政赤字的方式有四种：

（1）提高税率，增加财政收入；（2）减少政府开支；（3）发行国债；（4）增发货币。

6. 外汇储备的多寡

一般情况下，一国外汇储备充足，该国货币汇率往往会趋于上升；外汇储备不足或太少，该国货币汇率往往会下跌。

（二）非经济因素

1. 政治局势

如果一国出现政府经常更迭，国内叛乱、战争，与他国的外交关系恶化以及遇到严重的自然灾害，而这些事件和灾害又未能得到有效控制的话，就会导致国内经济萎缩或瘫痪，导致投资者信心下降而引发资本外逃，其结果会导致各国汇率下跌。

2. 市场信息

在外汇市场上，一个谣传或一则小道消息也会掀起轩然大波。尤其是某些市场不太成熟的国家，外汇市场就是"消息市"，外汇市场汇率就在这些真假难辩的信息中动荡变化。

3. 心理预期因素

按照阿夫达里昂的汇兑心理学，一国货币之所以有人要，是因为它有价值，而其价值大小就是人们对其边际效用所作的主观评价。主观评价与心理预期实际上是同一个问题。心理预期对货币汇率的影响极大，甚至已成为外汇市场汇率变动的一个关键因素，只要人们对某种货币的心理预期一变化，转瞬之间就可能会诱发大规模的资金运动。影响外汇市场交易者心理预期变化的因素很多，主要有一国的经济增长率、国际收支、利率、财政政策及政治局势等。

4. 市场投机

投机者以逐利为主的投机行为，必然会影响汇率的稳定。通常外汇市场投机行为包括两部分：一是稳定性投机，二是非稳定性投机。

5. 中央银行干预

在开放的市场经济下，中央银行介入外汇市场直接进行货币买卖，对汇率的影响是最直接的，其效果也是极明显的。通常中央银行干预外汇市场的措施有四种：

（1）直接在市场上买卖外汇；（2）调整国内财政、货币等政策；（3）在国际范围公开发表导向性言论以影响市场心理；（4）与国际金融组织和有关国家配合和联合，进行直接和间接干预。

第二节　国际收支

国际收支分为狭义的国际收支和广义的国际收支。狭义的国际收支指一国在一定时期（常为1年）内对外收入和支出的总额。广义的国际收支不仅包括外汇收支，还包括一定时期的经济交易。

国际货币基金组织对国际收支的定义为：国际收支是一种统计报表，系统的记载了在一定时期内经济主体与世界其他地方的交易。大部分交易在居民与非居民之间进行。

（1）国际收支是一个流量概念。

（2）所反映的内容是经济交易，包括：商品和劳务的买卖、物物交换、金融资产之间的交换、无偿的单向商品和劳务的转移、无偿的单向金融资产的转移。

（3）记载的经济交易是居民与非居民之间发生的。

一、国际收支的调节政策

各国政府可以选择的国际收支调节手段包括财政政策、货币政策、汇率政策、直接管制和其他奖出限入措施等。这些政策措施不仅会改变国际收支，而且会给国民经济带来其他影响。各国政府根据本国的国情采取不同措施对国际收支进行调节。

（一）财政政策

当一国出现国际收支顺差时，政府可以通过扩张性财政政策促使国际收支平衡。首先，减税或增加政府支出通过税收乘数或政府支出乘数成倍地提高国民收入，由于边际进口倾向的存在，导致进口相应增加。其次，需求带动的收入增长通常伴随物价水平上升，后者具有刺激进口抑制出口的作用。此外，在收入和物价上升的过程中利率有可能上升，后者会刺激资本流入。一般说来，扩张性财政政策对贸易收支的影响超过它对资本项目收支的影响，因此它有助于一国在国际收支顺差的情况下恢复国际收支平衡。

（二）货币政策

宏观货币政策指一国政府和金融当局通过调整货币供应量实现对国民经济需求管理的政策。在发达资本主义国家，政府一般通过改变再贴现率、改变法定准备率和进行公开市场业务来调整货币供应量。由于货币供应量变动可以改变利率、物价和国民收入，所以货币政策成为国际收支调节的手段。

（三）汇率政策

汇率政策指一国通过调整本币汇率来调节国际收支的政策。当一国发生国际收支逆差时，政府实行货币贬值（Devaluation）可以增强出口商品的国际竞争力并削弱进口商品的竞争力，从而改善该国的贸易收支。当一国长期存在国际收支顺差时，政府可以通过货币升值（Revaluation）来促使国际收支平衡。为了保证国际间汇率相对稳定，国际货币基金组织曾规定各会员国只有在国际收支出现基本不平衡时才能够调整汇率。

（四）直接管制政策

直接管制政策指政府直接干预对外经济往来实现国际收支调节的政策措施。上述国际收支调节政策都有较明显的间接性，更多地依靠市场机制来发挥调节作用。直接管制可分为外汇管制、财政管制和贸易管制。

（五）国际收支调节政策的国际协调

各国政府调节国际收支都以本国利益为出发点，它们采取的调节措施都可能对别国经济产生不利影响，并使其他国家采取相应的报复措施。为了维护世界经济的正常秩序，战后各国政府加强了对国际收支调节政策的国际协调。

1.通过各种国际经济协定确定国际收支调节的一般原则

关税及贸易总协定规定了非歧视原则、关税保护和关税减让原则、取消数量限制原则、禁止倾销和限制出口贴补原则、磋商调解原则等。国际货币基金协定规定了多边结算原则、消除外汇管制和制止竞争性货币贬值原则等。这些原则以贸易和金融自由化为核心，通过限制各国采取损人利己的调节政策来缓和各国之间的矛盾。

2.建立国际经济组织或通过国际协定向逆差国家提供资金融通，以缓解国际清偿力不足的问题

国际货币基金组织向会员国发放多种贷款用于解决暂时性国际收支困难，并创设特别提款权用于补充会员国的国际储备资产。借款总安排和互换货币协定要求有关国家承诺提供一笔资金，由逆差国在一定条件下动用，以缓和国际收支逆差问题和稳定汇率。

3.建立区域性经济一体化集团，以促进区域内经济一体化和国际收支调节

当前世界经济中的区域性经济一体化集团主要有优惠贸易安排、自由贸易区、关税同盟、共同市场和经济共同体等类型。其中最为成功的是欧盟。它已经实现了商品和要素国际流动的自由化，制定了共同农业政策，统一了货币。

4.建立原料输出国组织，以改善原料输出国的国际收支状况

不等价交换是许多发展中国家出现长期国际收支逆差的重要原因。为了反抗原料消费国垄断集团对原料价格的操纵，以发展中国家为主的原料出口国建立了许多原料输出国组织，如阿拉伯石油输出国组织、铜矿业出口政府联合委员会、可可生产者联盟等。特别是石油输出国组织通过限产提价等斗争手段，显著地提高了石油价格，对扭转石油输出国的国际收支状况起到了极大的作用。

5.通过各种国际会议协调多种经济政策，以提高经济政策特别是国际收支调节政策的效力

各国的经济政策可以相互影响，有可能使其作用相互抵消。各国领导人通过国际会议进行政策协调，可以提高政策的效力。例如，西方七国首脑定期举行最高级会议，对财政、货币、汇率等多种政策进行协调，在一定程度上缓解了它们之间的矛盾，提高了国际收支调节措施的效力。

二、国际收支不平衡的经济影响

（一）持续的、大规模的国际收支逆差对一国经济的影响

（1）不利于对外经济交往。存在国际收支持续逆差的国家会增加对外汇的需求，而外汇的供给不足会促使外汇汇率上升，本币贬值，本币的国际地位降低，可能导致短期资本外逃，从而给本国的对外经济交往带来不利影响。

（2）如果一国长期处于逆差状态，不仅会严重消耗一国的储备资产，影响其金融实力，而且还会使该国的偿债能力降低，如果陷入债务困境不能自拔，又会进一步

影响本国的经济和金融实力，并失去在国际间的信誉。如20世纪80年初期爆发的国际债务危机，在很大程度上就是因为债务国出现长期国际收支逆差，不具备足够的偿债能力所致。

（二）持续的、大规模的国际收支顺差也会给一国经济带来不利的影响

（1）持续性顺差会使一国所持有的外国货币资金增加，或者在国际金融市场上发生抢购本国货币的情况，这就必然产生对本国货币需求量的增加，由于市场法则的作用，本国货币对外国货币的汇价就会上涨，不利于本国商品的出口，对本国经济的增长产生不良影响。

（2）持续性顺差会导致一国通货膨胀压力加大。因为如果国际贸易出现顺差，那么就意味着国内大量商品被用于出口，可能导致国内市场商品供应短缺，带来通货膨胀的压力。另外，出口公司将会出售大量外汇兑换本币收购出口产品从而增加了国内市场货币投放量，带来通货膨胀压力。如果资本项目出现顺差，大量的资本流入，该国政府就必须投放本国货币来购买这些外汇，从而也会增加该国的货币流通量，带来通货膨胀压力。

（3）一国国际收支持续顺差容易引起国际摩擦，不利于国际经济关系的发展，因为一国国际收支出现顺差也就意味着世界其他一些国家因其顺差而国际收支出现逆差，从而影响这些国家的经济发展，它们要求顺差国调整国内政策，以调节过大的顺差，这就必然导致国际摩擦。例如，20世纪80年代以来愈演愈烈的欧、美、日贸易摩擦就是因为欧共体国家、美国、日本之间国际收支状况不对称之故。

可见，一国国际收支持续不平衡时，无论是顺差还是逆差，都会给该国经济带来危害，政府必须采取适当的调节措施，以使该国的国内经济和国际经济得到健康的发展。

（三）其他

1.国际收支大量逆差的影响

（1）使本国对外负债超过支付能力，引发债务危机。

（2）耗尽本国外汇储备，金融实力减弱，本币汇率下降，损害该国的国际信誉。

（3）由于出口收汇主要用于还本付息，因而无力进口本国经济发展所必需的生产资料，影响国民经济。

2.国际收支大量顺差的影响

（1）大量的出口意味着本国经济资源的掠夺性开采。

（2）央行需拿出大量本币购买外汇，基础货币供给增大。增加通货膨胀的压力

3.对主要贸易伙伴的长期顺差容易发生贸易摩擦

结　语

　　当前社会企业投资与收益风险并存，企业财务管理在企业经营中的地位越来越重要。为了适应现代财务管理的需要，目前企业财务管理处于不断深化发展的崭新时代，企业更需要充分积极地利用金融工具。金融的创新可以减少或规避企业在融资中的财务风险，为企业的筹资提供更为有效灵活的方法，增加资金收益，减少筹资成本，达到化解企业财务风险、提高融资水平并推进企业资金流动的目的。

参考文献

[1] 叶星月,企业财务风险分析与控制策略探讨[J].行政事业资产与财务,2014(33).

[2] 荆哲,中小企业财务风险成因及其控制[J].合作经济与科技,2015,(1).

[3] 张立恒,财务管理[M].南京：南京大学出版社,2011.

[4] 刘栩,企业财务风险成因分析及防范策略[J].经济视野,2012(4).

[5] 王春峰,金融市场风险管理[M].中国高等教育出版社,2011.

[6] 刘江虹,财务管理在企业管理中作用的探讨[J].赤子,2015(24).

[7] 陈建国,浅析企业财务管理在企业发展中的重要作用[J].科技展望,2015(6).

[8] 孙艳,浅谈会计审核对财务管理的促进作用[J].商场现代化,2015(2).

[9] 吴楠,经济转型期的国有企业财务管理存在的问题与对策[J].中外企业家,2014(36).

[10] 马海燕,论财务分析在企业财务管理中的作用[J].中国总会计师,2015(4).

[11] 申晓艳,企业加强财务管理的重要性分析[J].现代经济信息,2015(11).

[12] 张伟,论企业资产证券化融资管理的实践问题及优化改进[J].现代经济信息,2014
    -8-23.

[13] 周小川,新世纪以来中国货币政策的主要特点[J].中国金融,2013(2).

[14] 金利娟,应用金融学[M].合肥：中国科学技术大学出版社,2012.

[15] 兰琳,基于财政政策分析我国就业形势[J].时代金融,2013(14).

[16] 吴琼,货币银行学[M].上海：上海财经大学出版社,2016.

[17] 法博齐,金融市场与金融机构基础[M].北京：机械工业出版社,2010.